KB129104

진로상담과 연구를 위한

진로상담 척도 핸드북

최윤정 · 김지연 · 김하나 · 최정아 · 이은숙 · 이재선 · 윤병배 · 임효신 · 이미지 공저

학지사

저자 서문

최근 국내 상담 분야에서 진로상담의 실제와 연구에 대한 관심은 나날이 증가하고 있다. 특히 중 · 고등학교 학생의 진로지도와 교육에 대한 국가적 관심과 대학 입학 전형 제도의 변화는 중 · 고등학교 진로진학상담교사와 대학의 취업 지원관 및 입학사정관의 새로운 역할과 기능을 형성하게 하였고 이들의 역할은 그 어느 때보다 강조되고 있다. 이러한 교육 현장에서의 현상은 이들이 진로 지도 및 상담을 보다 전문적으로 실시할 수 있는 역량을 요구하고 있고, 이것은 다시 진로상담 전문가 양성을 위한 교육 컨텐츠 개발을 촉구하고 있다.

이와 같은 실제적 필요성에 의해서 진로상담을 위한 다양한 이론과 상담 실제에 적용할 수 있는 실용 서적이 과거에 비해서 많이 출판되고 있다. 그러나 직업심리학이나 진로상담 관련 교재를 읽으면서, 자신의 진로를 돌아보고 성찰하며 의미를 찾는 데 도움을 받기보다는 다양한 이론이 제시하는 수많은 개념의 홍수에 빠져, 나의 진로에 도움을 받고자 펼쳤던 책에 실망스러운 경험을 해 본 독자가 많을 것이라 생각한다. 여러 가지 이유가 있겠지만, 진로상담 분야의 역사적 발전에서 개인차 심리학의 영향으로 인해 다양한 심리 검사와 척도를 활용하여 내담자의 진로발달을 이해하려 하는 관습이 가장 큰 이유라 생각한다. 진로상담을 배우기 위해 접하는 다양한 진로발달 이론과 진로상담 연구에서 소개되는 많은 검사와 척도는 쉽게 진로상담의 매력에 빠져들게 하기보다는 독자를 압도하게 하는 '불청객' 으로 다가오는 경우가 더 많다. 게다가 진로발달과 상담의 연구 분야에서 연구되고 있는 다양한 연구 구인을 측정하는 척도가 워낙 다양하고, 해외에서 개발된 척도를 국내에서 활용하는 과정에서 오십보백보인 구인이 명칭만 바꿔 연구 구인으로 변신하여 초심 연구자를 혼돈스럽게 하는 것 또한 부인할 수 없는 현실이다.

이 책은 서울대학교 교육학과 박사과정 교과목인 '직업심리 및 상담' 시간에 이와 같은 문제에 대해 대학원생과 논의하던 중, 진로상담과 연구를 위한 다양한 척도를 개관하여 상담 실무자와 연구자에게 좀 더 쉬운 안내서를 제공하자는 '강한 의지와 불타는 열의' 에 의해서 기획되었다. 크게 다섯 개의 부로 구성되는데, 다양한 진로발달 이론에서 사용되는 척도(제1부)와 진로상담 과정에서 활용 가능한 척도(제2부), 진로상담 장면에서 대표적으로 활용되는 흥미, 가치, 능력, 성격의 평가 도구(제3부), 그리고 진로상담의 대표적인 특성 중의 하나인 웹 기반 척도의 소개(제4부), 끝으로 상담 실무자에게 편의성을 제공하고자 이 책에서 소개하는 척도를 청소년, 대학생, 성인, 장애인 대상별로 분류 및 정리하여 별도의 장(제5부)으로 구성하여 개관하였다.

이 책은 직업심리 및 상담의 실제와 연구 영역에서 다양하게 활용할 수 있을 것으로 기대한다. 첫째, 진로상담 실무자에게 자신이 주로 다루고 있는 생애 주기별 단계에 따른 내담자 대상에 적합한 척도를 확인할 수 있으며, 상담과정 동안 과정 목표와 결과 목표의 달성 여부를 평가할 수 있는 도구를 쉽게 찾아 활용할 수 있다는 장점이 있다. 특히 심리적인 문제와 대인관계 문제를 우선적으로 다루어야 할 내담자를 진단하기 위한 비교적 새로운 척도를 손쉽게 활용할 수 있을 것이다. 둘째, 진로 발달과 상담을 공부하는 대학원생에게 복잡 난무하게 열거되어 있는 진로상담 관련 평가 도구와 척도를 좀 더 이해하기 쉽게 영역별로 조직하여 진로상담에 관한 실제와 연구에 대한 관심을 고조시킬 수 있을 것이다. 셋째, 진로상담 관련 연구자에게는 2013년까지의 최신의 다양한 척도를 포함하여 번안하고 각 척도의 출처를 제공하였기 때문에 추후 연구 활동에서 척도의 번안과 타당화 작업을 수행하는 데 도움이 될 것이다.

여러 명의 후배님과 함께 뜻을 모아 아주 짧은 시간 안에 이렇게 뜻 깊은 열매를 얻을 수 있어 정말 기쁘고 감사하다. 3시간의 수업시간 내내 쉬는 시간도 없이 열띤 토론을 하던 학생의 학문적 열정과 노력이 있었기에 가능한 '꿈의 실현' 이지 않나 싶다. 돌맹이는 아주 작은 것이라도 강물에 던지면 금방 가라앉지만, 반면에 배에 실어 나르면 아무리 큰 바위라도 그 배가 가라앉지 않듯이, 우리의 강한 희망과 바람이 이러한 결실을 쉽사리 해낼 수 있게 한 원동력이었다고 생각한다.

이 책을 기획하고 구성하여 출판에 이르기까지 함께 참여한 공동 저자인 서울대 교육학과 교육상담 전공 박사과정 김지연, 김하나, 최정아 선생님, 특수교육 전공 박사과정 이미지 선생님, 농산업교육과 진로교육 박사과정 윤병배, 이재선, 임효신 선생님 그리고 교환학생으로 제 수업에 참여한 중앙대 교육학과 박사과정 이은숙 선생님께 진심으로 감사한 마음을 전한다. 특히 어린 두 자녀를 키우면서 학업을 병행하고 동시에 '직업심리 및 상담' 의 카페지기의 역할까지 도맡아 주신 김지연 선생님과 전체 편집에 시간을 할애해 주신 이재선 선생님의 특별한 헌신에 별도의 감사 인사를 드린다. 끝으로 흔쾌히 이 책의 출판을 맡아 주신 학지사 김진환 사장님을 비롯하여 관계자 모두의 노고에 깊은 감사를 드린다.

2014년

대표저자 최윤정

활용 안내

이 책의 활용에 대한 몇 가지 안내를 하고자 한다.

첫째, 이 책에서 말하는 진로 척도란 진로와 관련된 한 개인의 행동을 관찰하고 숫자 척도나 분류 척도를 가지고 행동을 기술하기 위한 측정 방법으로 개발된 도구를 의미한다. 일반적으로 검사와 척도의 용어를 혼용하여 사용하는 경우가 대부분인데, 이 책에서 검사란 진로와 관련된 개인의 행동을 체계적으로 이해하기 위해 개발되고 표준화된 척도의 모음을 검사라 정의하였다.

둘째, 이 책의 목적은 개인의 진로와 관련된 행동을 이해하기 위한 표준화된 검사도구의 소개보다는 상담과 연구에서 활용할 수 있는 측정 도구로서의 척도에 국한하여 소개하였다. 다만 진로상담에서 대표적으로 활용하는 표준화된 검사의 경우는 검사의 간략한 정보를 소개하여 독자가 검사의 출처나 내용을 확인할 수 있도록 하는 데 주안을 두었다.

셋째, 이 책은 진로상담과 연구에서 활용 가능한 척도를 크게 진로발달 이론에 근거한 척도, 진로상담 과정별 적용 가능한 척도, 진로상담을 위한 평가, 웹기반 척도, 그리고 대상별 적용 가능한 척도의 다섯 가지로 분류하여 구성하였다. 마지막 장에서 소개하는 대상별 적용 가능한 척도의 경우에는 장애인을 대상으로 실시할 수 있는 진로 척도만을 새로이 소개하고 나머지 내용들은 앞 장에서 소개된 척도를 다시 대상별로 분류하여 제목만 소개하였다. 만약 대상자별 척도를 살펴보고자 할 경우에, 세부적인 척도는 앞 장에서 자세히 살펴볼 수 있도록 구성하였다.

넷째, 개발된 척도가 타당화된 경우에 척도명 옆에 별표(*)로 표기하였다. 특히 해외에서 개발된 척도의 경우도, 국내에서 타당화되어 연구된 것이라면 척도 이름 옆에 별표(*)로 표기하였고, 그 외에 해외에서 연구된 척도를 번안하여 연구한 경우는 별도 표기하지 않았다.

다섯째, 척도 중 국내에서 타당화된 척도는 국내 연구로 기재하고, 국내에서 연구된 자료가 없는 것은 원자료 출처를 쓰고 저자들이 번안하여 척도를 제공하였으며 원 척도 저자로부터 척도 사용에 대한 동의를 얻었다.

여섯째, 척도 문항의 내용에서 역산문항의 경우에는 문항의 앞에 '(역문항)' 이라는 표기를 하였다.

마지막으로, 이 책은 진로상담과 연구에 관심에 있는 독자들을 대상으로 진로 관련 개인의 행동을 이해하기 위한 다양한 척도를 좀 더 체계적으로 분류하여 제공함으로써 내용의 이해와 척도 활용에 편의성을 제공하기 위한 목적으로 기획되었기 때문에, 진로발달 이론과 상담 실제의 적용에 관한 구체적이고 자세한 설명은 기타 관련 전문 분야의 서적을 참조하길 바란다.

제1부 진로발달 이론에 근거한 척도

제3부 진로상담을 위한 평가

제5부 대상별 적용 가능한 척도

제 1 부

진로발달 이론에 근거한 척도

제1부에서는 발달 이론, 사회인지 진로 이론, Holland 인성 이론, 인지적 정보처리 이론에 근거하여 개발된 척도를 소개하였다. 이론을 바탕으로 개발되었기 때문에 특정한 이론을 근거로 진로 발달과 상담의 실제를 적용하거나 연구하는 방법을 이해하는 데 도움이 되도록 이론별로 분류하였다.

제1장

발달 이론

진로발달 질문지

진로성숙도 C형 척도

진로적응능력 검사

대학생의 진로적응성 척도

진로미래 검사 개정판

진로발달 질문지

척도 개요

이 척도는 대학생의 진로 발달의 개인적 수준을 측정하기 위해 개발된 척도다. 진로 발달의 개념은 명확하기보다 이론적 접근에 따라 차이가 있다. 진로발달에서 Super(1955)는 개인이 속한 연령 단계에서 달성해야 하는 직업적 발달 과제 수행으로 보았으며, Critees(1978)는 진로선택과정 중 정의적 · 인지적 특성에 대한 같은 연령 대에서의 상대적 비교로 보았다. 여기서는 Sakurako(2004)가 미국 진로장애 발달에 대한 가설을 토대로 만든 진로발달 질문지(Career Development Questionnaire: CDQ)를 국내에서 정미예(2007)가 수정하여 사용한 것을 소개하고자 한다.

척도의 개발

Sakurako(2004)는 미국의 진로장애 발달에 대한 가설을 일본 여대생에게 적용하기 위해 28문항의 진로발달 질문지를 만들었다. 진로발달 질문지의 내적 일관성은 진로 계획과 수행 하위 척도 .81, 직업적 자신감 하위 척도 .92, 미래 직업과 삶에 대한 낙관 하위 척도 .80이다(정미예, 2007에서 재인용). 정미예(2007)의 연구에서는 Sakurako의 진로발달 질문지 중 여성에게만 해당되는 세 문항을 삭제하여 25문항을 사용하였다.

척도의 구성

진로결정능력, 미래낙관, 진로수행, 다양한 직업능력의 네 가지 하위 척도로 총 25문항이다. 문항은 Likert 5점 척도로 '전혀 아니다(+1점)'에서 '아주 그렇다(+5점)'로 점수가 높을수록 그 변인 성향이 높음을 의미한다.

신뢰도 및 타당도

Sakurako(2004) 연구의 내적 일관성은 .80에서 .92이었으며, 정미예(2007) 연구의 각 하위 척도별 내적 일관성은 진로 결정능력 .90, 미래낙관. 65, 진로수행 .68, 다양한 직업능력 .63이다.

원 척도의 출처

Sakurako, C. M. (2004). Anticipated career barriers of female Japanese college. *Students in Japan*. Unpublished doctoral dissertation. California University.

이 척도를 사용한 국내 연구

정미예(2007). 대학생의 진로장애 지각, 진로신화, 진로결정 자기효능감 및 진로발달의 구조적 분석. 영남대학교 대학원 박사학위논문.

정미예(2008). 대학생의 진로장애 예기와 진로발달의 관계에서 자기효능감의 매개효과 검증. 職務教育研究, 27(3), 181-200.

척도의 내용(정미예, 2007)

진로발달 질문지(Career Development Questionnaire: CDQ)

각 문항마다 어느 정도 동의하는지 한 문항도 빠짐없이 응답해 주시기 바랍니다.

1…………2…………3…………4…………5

전혀 그렇지 않다 매우 그렇다

1. 흥미롭고 활기 있는 직업 갖기가 내 삶에 중요한 목표 중 하나다.
2. 앞으로 내 가족이 행복하리라 믿는다.
3. 내가 생각하고 있는 직업에서 성공할 것이다.
4. 앞으로 내 건강에 자신이 없다.
5. 내 직업의 장래가 밝다고 생각한다.
6. 앞으로 내 직업을 위해서 많이 희생하지 않겠다.
7. 앞으로도 친구들과 잘 지낼 수 있을 것이다.
8. 내가 자랑스럽게 여기는 직업을 가질 것이다.
9. 내가 정말 흥미를 느끼는 직업을 앞으로 가질 것이다.
10. 내가 앞으로 여가를 즐길 수 있을지 의심스럽다.
11. 다른 직업에서도 성공할 수 있을 것이다.
12. 앞으로 내 가족이 불행할 것 같다.
13. 내가 만족할 수 있는 직업을 선택할 수 있다.
14. 앞으로 내 직업에서 성공하기 위해서 시간과 에너지를 많이 쏟을 것이다.
15. 장기간 일한 직업경력을 쌓을 수 있을 것이다.

16. 건강할 것이다.
17. 앞으로 내 직업에서 성공하기 위해 시간과 에너지를 거의 쏟지 않겠다.
18. 내가 생각하고 있는 직장에서 꼭 일할 수 있을 것이다.
19. 앞으로 여가를 즐길 수 있을 것이다.
20. 내게 적합한 직업을 선택할 수 있다.
21. 앞으로 친구들과 잘 지낼 수 있을지 자신이 없다.
22. 앞으로 내 직업을 위해 노력을 많이 할 것이다.
23. 내가 생각하고 있는 분야와 다른 직업도 선택할 수 있다.
24. 앞으로 내 진로가 밝지 않을 것 같다.
25. 흥미롭고 활기 있는 직업 갖기가 내 삶의 중요한 목표는 아니다.

진로성숙도 C형 척도

검사 개요

이 검사는 1961년 진로성숙도 척도(Career Maturity Inventory: CMI)라는 지필 척도로 처음 개발되었고 이후 여러 차례 개정되었다. 2011년 개정된 진로성숙도 C형 척도는 9학년에서 12학년 학생을 대상으로 진로 적응성을 진단할 수 있는 24개 문항으로 개발된 도구다. 이 척도는 '전반적인 진로 선택 준비의 정도를 알아볼 수 있는 총점'과 '관심, 호기심, 자신감이라는 진로 적응의 세 가지 하위 척도 점수'와 '직업 선택 과정에서 관계 양식을 반영하는 점수'를 제공한다. 이러한 5개의 점수를 통해서 상담자나 진로 교육자는 내담자와 학생의 서로 다른 특별한 요구에 적합한 개입을 설계할 수 있다.

검사의 개발

진로성숙도 C형(Career Maturity Inventory-The Adaptability Form: CMI-Form C) 척도는 Crites와 Savickas(2011)에 의해 개발되었으나 국내 진로상담 연구에서 번안되어 타당화한 작업은 이루어지지 않았다. 이 척도의 전신은 Crites(1961, 1973)의 진로성숙도 척도로 초기에는 직업 발달 척도(Vocational Development Inventory)로 명명되었다. 이후 진로성숙도 척도는 1973년, 1978년, 1995년, 그리고 최근 2011년에 개정되었다. 개정된 진로성숙도 C형 척도의 특징은 진로선택 준비에 대한 타당하고 신뢰할 만하면서도 간결한 척도를 만들기 위해서 Savickas(2005)의 진로 구성 이론을 바탕으로 Crites의 척도를 개정하였다는 점이다.

Savickas(2005)의 진로 구성 이론을 토대로, CMI B-1(Counseling form)의 척도에서 진로관심(career concerns), 진로통제(career control), 진로호기심(career curiosity), 진로자신감(career confidence)을 대표하는 문항 40개를 선택하여 확증적 요인분석을 실시한 후, CMI C형을 개발, 타당화하였다. 진로통제에 관한 척도의 내용이 진로선택에서 독립적 태도나 의존적 태도로 보게 되는 문제점으로 인해 총점에서는 진로관심, 진로호기심, 진로자신감을 합산하고, 별도로 통제의 척도를 진로선택 과정에서 타인의 의견을 묻고 검토하는 내용을 함축하고 있어 자문(consultation)이라는 용어로 변경되었다. 척도의 원문은 http://www.vocopher.com에서 볼 수 있다.

검사의 구성

최종 점수는 총점, 관심(concern), 호기심(curiosity), 자신감(confidence), 자문(consultation)의 다섯 가지 점수가 산출된다. 문항은 4개의 하위 척도 6문항씩 총 24문항으로 구성된다. 총점의 경우, 진로관심과 호기심 그리고 자신감의 세 가지 하위 척도 점수의 합산을 통해 진로준비의 정도를 측정한다. 진로관심의 척도는 개인이 진로결정 과정에 얼마나 가담하고 참여하는지의 정도를 말하며 진로호기심은 직업세계의 정보와 필요 요건에 대해 정보를 찾고 탐색하는 정도를 의미한다. 진로자신감은 현명한 진로선택과 현실적인 직업 선택을 위해 자신의 능력에 대해 믿는 정도를 말한다. 끝으로 자문의 척도는 타인에게 조언을 구하고 정보를 요청함으로써 진로의사결정 과정에서 도움을 추구하는 정도를 측정한다. 즉, 점수가 높을수록 진로의사결정 과정에서 상호 의존적인 관계 양식을 보여주고 점수가 낮을수록 독립적인 양식을 보여 주는 것으로 해석된다.

 신뢰도 및 타당도

Savickas와 Porfeli(2011)가 신뢰도와 타당도를 입증하였다. 9~12학년 고등학생 453명을 대상으로 타당화한 결과에 근거한 전체 문항의 신뢰도 계수 α는 .86으로 나타났다.

 원 검사의 출처

Savickas, M. L., & Porfeli, E. J. (2011). Revision of the career maturity inventory: The adaptability form. *Journal of Career Assessment, 19*(4), 355-374.

 이 검사를 사용한 국내 연구

활용된 예를 찾을 수 없었음.

검사의 내용(Savickas & Porfeli, 2011)

진로성숙도 C형 척도(Career Maturity Inventory-Form C)

이름:　　　　연령:　　　　성별: 남 / 여

다음은 여러분이 학교를 마친 후 갖게 될 직업이나 일의 종류를 선택하는 과정에 관한 내용입니다. 만일 각 문항의 진술 내용에 동의하거나 대부분 동의할 경우에 '동의함' 에 ○표 하고 다음 문항으로 넘어가세요. 만일 동의하지 않거나 거의 동의하지 않는 경우 '동의하지 않음' 에 ○표 하고 다음 문항으로 넘어가세요.

번호	문항	동의함 (A)	동의하지 않음(D)
1	미래가 너무 불확실할 때는 어떤 직업에 대한 결정은 쓸모없는 일이다.	A	D
2	나는 직업에서 필요로 하는 것에 대해 거의 모른다.	A	D
3	나는 관심 있는 것이 많아 오직 하나의 직업을 선택하는 것이 어렵다.	A	D
4	직업 선택은 자신이 직접 해야 한다.	A	D
5	나는 나의 미래 직업에 관해 많은 관심을 가지기 어렵다.	A	D
6	나는 내가 원하는 직업군으로 가기 위해서 어떻게 해야 하는지 모른다.	A	D
7	주변 사람들이 다소 다른 직업을 나에게 권하는 것 같다. 결과적으로 나는 어떤 일을 선택해야 할지 모르겠다.	A	D
8	만일 당신이 무엇을 하기를 원하는지에 대해 확신이 서지 않는다면, 부모나 친구에게 조언을 구하라.	A	D
9	나는 내가 하고 싶은 직업에 대해 거의 생각하지 않는다.	A	D
10	나는 내가 원하는 일에 대해 스스로 준비하는 것이 어렵다.	A	D
11	나의 직업 선택은 계속 바뀌고 있다.	A	D
12	진로에 관해서라면, 나는 다른 사람들에게 도와달라고 요청할 것이다.	A	D

13	나는 학교를 졸업할 때가 되어서야, 나의 직업 선택에 대해 걱정할 것이다.	A	D
14	나는 학교에서 어떤 과목을 수강해야 할지 모른다.	A	D
15	나는 종종 내가 되고 싶은 것에 대한 백일몽을 꾸지만, 아직 직업을 선택해 본 적은 한 번도 없다.	A	D
16	나는 다른 사람의 감정에 관심을 기울이지 않고 나의 진로를 선택할 것이다.	A	D
17	직업 선택에 관심이 있으면 무엇이든 조만간 될 것이다.	A	D
18	나는 나의 직업적 계획이 현실적인지 아닌지 모른다.	A	D
19	직업을 선택하는 데 고려해야 할 것이 너무 많아 결정 내리기 어렵다.	A	D
20	가까운 친구와 협의하고 직업 선택 전에 그들 생각을 듣는 것은 중요하다.	A	D
21	나는 나에게 매력 있는 어떤 일도 찾을 수 없다.	A	D
22	내가 하고 싶고 원하는 직업에 속한 사람들과 내가 잘 어울릴 수 있는지 궁금하다.	A	D
23	나는 사람들이 어떻게 자신이 하고 싶은 것에 대해 강한 확신을 가질 수 있는지 이해할 수 없다.	A	D
24	진로를 선택하고자 할 때, 가족 구성원의 생각과 감정에 관심을 가져야 한다.	A	D

반응 형태(format) = 동의(A) 또는 동의하지 않음(D)
관심 = 1(D), 5(D), 9(D), 13(D), 17(D), 21(D)
호기심 = 2(D), 6(D), 10(D), 14(D), 18(D), 22(D)
자신감 = 3(D), 7(D), 11(D), 15(D), 19(D), 23(D)
상담 = 4(D), 8(A), 12(A), 16(D), 20(A), 24(A)

진로적응능력 검사*

검사 개요

이 검사는 성인의 진로성숙을 설명하기 위한 진로적응을 측정하기 위해 개발된 것이다. Savickas와 Porfeli(2011)는 기존의 진로성숙도 검사(Career Maturity Inventory: CMI)를 개정하면서 학령기 청소년을 대상으로 진로적응성 척도를 개발한 바 있다. 여기서의 진로적응은 각 개인이 일의 세계와 자신의 개인적 환경 사이에서 추구하는 균형에 초점을 맞추었다. 이는 성인이 진로조건의 변화에 대응함에 따라 개인이 환경에 영향을 주고, 환경이 다시 그 개인에게 영향을 주는 순환적 과정에서 요구되는 것을 의미한다(김봉환 외, 2010). 진로적응성에 대한 선행연구는 진로적응성이 높을수록 진로전환에 대해 성공적일 수 있다고 제안한다. 즉, 진로적응성이 높은 경우 미래 직업으로의 순조로운 전환과 예측 가능한 과제에 대한 준비성 그리고 미래 직업의 예측 불가능성에 대한 대처능력을 증진시킬 수 있다(조태현, 이정란, 현영섭, 2012)는 차원에서 그 가치를 인정받아 상담 및 연구에 활용되고 있다.

 검사의 개발

Savickas와 Profeli(2012)는 진로적응능력 검사(Career Adapt-Abilities Scale: CAAS)를 제안하고 13개 국가에서 구성개념, 신뢰도, 측정의 동질성을 확인하는 연구가 진행되었다. 연구결과 모든 국가에 걸쳐 진로적응 개념에 대한 잠재적인 특성이 유사하다는 결과가 나왔고 각 나라별로 신뢰도의 편차가 존재하는 것으로 나타났다. 이 검사를 한국에서 활용하기 위한 추가적인 분석을 위해 Tak(2012)의 연구가 실시되어 CAAS-한국판이 제안되었다.

 검사의 구성

관심, 통제, 호기심, 자신감이라는 진로적응의 네 가지 차원, 즉 네 가지 영역에서 각각 6문항씩 총 24문항으로 1(강하지 않음)~5점(가장 강함)의 5점 척도로 반응한다.

- 관심: 미래를 준비하기 위해 노력하는 것 또는 마음을 쓰고 있는 정도
- 통제: 의사결정에서 양심적이고 책임감 있는 태도를 통해 나타나는 자기 통제감의 정도
- 호기심: 기회를 찾기 위해 환경이나 정보를 탐색하는 정도
- 자신감: 문제를 해결하는 능력과 장애를 극복하기 위해 필요한 것이 무엇인지 확신하는 정도

신뢰도 및 타당도

네 가지 하위 요인과 관련하여 Savickas와 Profeli(2012)의 연구에서 나타난 신뢰도는 전체 문항의 경우 .92, 관심 .83, 통제 .74, 호기심 .79, 자신감 .85로 나타났다. 이 연구에서 16개 국가에서의 신뢰도를 분석한 결과 타이완 표집에서의 내적 일관성 지수가 가장 높게 나타났고 프랑스, 한국, 이탈리아에서는 상대적으로 가장 낮은 수치를 나타냈다. 확인적 요인분석에 의해 요인 구조를 확인하여 미국 이외의 나라에서도 사용 가능하다는 것이 입증되었으나 나라별로 편차가 존재한다. 자세한 내용은 Savickas와 Profeli(2012)에서 확인할 수 있다.

이 척도의 국내 타당화를 위한 Tak(2012)의 연구에서는 전체 신뢰도는 .93, 관심 .85, 통제 80, 호기심 .82, 자신감 .84로 나타났다. 이러한 결과는 Savickas와 Profeli(2012)에서 활용되었던 국가 간 표집에서의 결과보다 다소 높은 결과다. 확인적 요인분석 결과 CAAS-Korea의 RMSEA =.067, SRMR=.060으로 나타나 구인에 대한 타당도가 적절한 수준으로 검증되었다.

원 검사의 출처

Tak, J. (2012). Career adapt-abilities scale-Korea form: psychometric properties and construct validity. *Journal of Vocational Behavior, 80,* 712-715.

이 검사를 사용한 국내 연구

신윤정(2012). 대학생의 진로소명, 진로자기효능감 및 내적동기와 진로적응성의 관계. 상담학연구, 14(1), 209-226.

검사의 내용(Tak, 2012)

<u>진로적응능력 검사</u>

사람들은 자신의 진로를 확립하기 위해서 서로 다른 강점을 활용합니다. 모든 것에 능숙한 사람은 아무도 없기 때문에 우리 각자는 강점에 좀 더 강조를 둡니다. 다음의 문항을 활용하는 능력을 얼마나 강하게 개발했는지 평정해 주세요.

5=가장 강함, 4=매우 강함, 3=강함, 2=다소 강함, 1=강하지 않음

I. 관심

1. 내 미래 모습은 어떨지에 대해 생각한다.
2. 오늘의 선택이 내 미래를 좌우할 수 있다는 점을 인식한다.
3. 미래에 대한 준비를 한다.
4. 내가 받아야 할 교육 및 직업 선택에 대해 인식한다.
5. 목표 성취를 위한 계획을 세운다.
6. 내 진로에 대해 관심을 갖는다.

Ⅱ. 통제

1. 긍정적인 태도를 유지한다.
2. 내 스스로 결정을 내린다.
3. 내 행동에 대해 책임을 진다.
4. 내 신념에 충실한다.
5. 나 자신을 믿는다.
6. 나에게 적합한 일을 한다.

Ⅲ. 호기심

1. 내 주변 환경을 탐색한다.
2. 개인적으로 성장할 기회를 찾는다.
3. 선택을 하기 전 대안을 탐색한다.
4. 일을 처리하는 다른 방법을 탐색한다.
5. 내가 가지고 있는 문제에 대해 깊숙이 탐색한다.
6. 새로운 기회에 대해 호기심을 갖는다.

Ⅳ. 자신감

1. 과제를 효율적으로 처리한다.
2. 일을 잘 처리한다.
3. 새로운 기술을 배운다.
4. 내 능력을 다 발휘한다.
5. 장애를 극복한다.
6. 문제를 해결한다.

대학생의 진로적응성 척도*

척도 개요

이 척도는 개인의 직업행동을 조절하는 자기조절전략으로 기능하는 진로적응성(career adaptability)에 관한 연구가 그동안 직장 내 근로자를 중심으로 이루어져 왔다는 한계점에 착안하여 국내 대학생을 대상으로 진로 적응성 척도를 개발한 것이다. 이 척도를 개발한 장계영(2009)은 Super의 전생애주기-생애공간적 관점을 기초로 진로적응성을 탐색적으로 구성하여 척도를 개발하였다. 이 척도는 특히 국내에서 개발되고 타당화하였다는 점에서 국내의 직업 환경에 적합도가 상대적으로 높다는 강점이 있다.

척도의 개발

국내 대학생의 진로적응성의 구성개념 정립을 위해 개방형 설문조사를 실시하여 참여자의 응답 내용을 분석하였다. 추출된 14개의 하위 요인을 기초로 2차 개방설문과 집단면접을 통해 394개의 진술문을 도출한 후, 내용 분류과정 및 수정을 통해 92개의 문항을 구성하고 예비 척도를 제작하였다. 예비조사와 본조사를 실시하여 구성요인을 확인하고, 요인 분석을 실시하여 최종 문항을 구성하였다.

척도의 구성

척도의 하위 요인은 책임감 8문항, 목표의식 8문항, 창의성 7문항, 대인관계 5문항, 개방성 4문항, 주도성 5문항, 직무능력 4문항, 긍정적 태도 4문항으로 총 45문항으로 구성되어 있다. 8개의 하위 요인은 전체 분산의 57.2%를 설명하는 것으로 나타났다. 하위 요인 간의 상관관계는 r=.20 이상 .60 이하로 적절한 관련성을 나타내었다.

신뢰도 및 타당도

장계영(2009)의 연구에서 신뢰도 계수 α=.75~.87로 각 하위 요인별 신뢰도는 책임감 .82, 목표의식 .87, 대인관계 .82, 개방성 .79, 주도성 .79, 긍정적 태도 .79로 나타났으며 전체 문항 내적 일치도는 .94다. 검사-재검사 신뢰도 분석결과는 .54~.85로 나타났다. 개발된 척도의 교차 타당도 확인을 위해 확인적 요인분석을 실시한 결과 CFI=.926, RMSEA=.061로 적절한 기준을 충족하여 8요인으로 구성된 척도모형의 적절함이 확인되었고, 수렴 타당도와 준거 관련 타당도 분석 결과, 자아탄력성 척도와 모든 요인에서 유의한 상관을 보였으며 진로정체감 척도의 목표의식, 직무내용과 높은 상관이 있는 것으로 확인되었다. 진로 미래 검사의 하위 요인으로서의 진로 관련 적응성은 장계영(2009)의 진로적응성 척도와 r=.67의 높은 상관을 나타냈다.

 원 척도의 출처

장계영(2009). 대학생의 진로적응성 척도 개발. 숙명여자대학교 박사학위논문.

 이 척도를 사용한 국내 연구

조태현, 이정란, 현영섭(2012). 전문대학생의 인구사회학적 변인, 진로탐색효능감, 진로적응성에 관한 연구. 직업능력개발연구, 15(1), 77-102.

 척도의 내용(장계영, 2009)

대학생의 진로적응성 척도

※ 다음 문항을 읽고 자신의 생각과 일치하는 번호에 표시해 주십시오. 1은 문장이 당신의 경우와 전혀 일치하지 않는 것을 나타내고, 5는 매우 일치하는 것을 나타냅니다. 그리고 5로 갈수록 더 일치하는 것을 나타냅니다.

1…………2…………3…………4…………5

전혀 그렇지 않다 매우 그렇다

I. 책임감

나는 내가 맡은 일을 다른 사람에게 미루지 않는다.

나는 사소한 과제라도 꾸준히 열심히 수행한다.

나는 일을 스스로 알아서 한다.

나는 계획한 것을 끝까지 완수한다.
나는 주어진 과제를 기대에 맞게 적절히 처리할 수 있다.
나는 누군가가 알아주지 않아도 맡은 일에 최선을 다한다.
나는 주변사람들로부터 믿을 만한 사람이라는 평을 듣는다.
나는 일을 시작하기 전에 그 일을 해야 할 이유를 명확히 한다.

Ⅱ. 목표의식
나는 추구하는 목표가 확실하다.
나는 미래에 대한 비전과 목표를 분명하게 인식한다.
나는 목표를 향해 착실히 준비해 나간다.
나는 내가 무엇을 해야 하는지 잘 알고 있다.
나는 내 분야에서 최고가 되기 위해 끊임없이 노력한다.
나는 지금보다 더 나은 모습이 되기 위한 기준이 있다.
나는 더 큰 목표를 위해 끊임없이 자기를 관리한다.
나는 성공을 위해 나만의 장점을 키운다.

Ⅲ. 창의성
나는 남과 다른 독특한 것을 생각해 내는 능력이 있다.
나는 상상력이 풍부하다.
내가 속한 모임에서 내 아이디어가 채택되는 경우가 많다.
나는 새로운 것을 잘 만든다.
나는 문제해결을 위한 새로운 방법을 잘 생각해 낸다.
나는 실패를 무릅쓰고 내 아이디어를 실행해 본다.
나는 유연하게 사고한다.

Ⅳ. 대인관계

나는 선후배 사이에서 균형을 잘 맞춘다.

나는 여러 사람과 잘 어울린다는 평을 듣는다.

나는 동료와 문제를 함께 해결해 나간다.

나는 상사와의 문제를 잘 풀어나갈 수 있다.

나는 여러 사람 간의 의견조율을 잘 이끌어 낸다.

Ⅴ. 개방성

나는 다른 사람들의 의견에 개방적이다.

나는 여러 의견을 최대한 활용한다.

나는 다양한 문화를 편견 없이 받아들인다.

나는 새로운 환경을 잘 받아들인다.

Ⅵ. 주도성

나는 무엇인가를 향상시키기 위해 적극적으로 정보를 구한다.

나는 상황을 개선하는 데 적극적으로 참여한다.

나는 새로운 상황을 창조하기 위해 솔선해서 행동한다.

나는 모임을 주도적으로 이끌어 가려고 한다.

나는 궂은 일을 자청해서 수행한다.

Ⅶ. 직무능력

나는 관심 직업의 직무내용을 잘 알고 있다.

나는 관심 분야에서 필요로 하는 전문적 기술이 무엇인지 잘 안다.

나는 관심 분야에서 필요로 하는 전문적 기술을 가지고 있다.

나는 직장에서 성과를 올릴 수 있는 역량을 갖추고 있다.

Ⅷ. 긍정적 태도

지금 실패라고 생각하는 것도 미래의 자산이 될 것이다.

나는 시련이나 위기를 발전의 원동력으로 삼는다.

나는 어차피 해야 할 일이라면 즐거운 마음으로 한다.

나는 상황을 긍정적으로 해석한다.

진로미래 검사 개정판

검사 개요

이 검사는 성인의 진로와 관련하여 미래에 대한 우호적인 시각이나 적응성을 평가하기 위해 개발된 도구다. 이 척도를 통해 진로적응, 진로에 대한 긍정성, 직업 시장에 대한 지식 등을 평가할 수 있다. 이 척도는 기본적으로 진로적응성의 차원을 측정하려는 의도로 활용되고 있으나, 진로적응능력 검사에 비해 개인이 구성한 자신에 대한 개념과 진로발달의 측면까지 포괄하는 검사로 연구되었다. 특히 접수 면접에서 내담자의 요구를 파악하여 상담 목적에 대한 정보를 제공할 수 있으며 연구자와 기관 관리자가 개인 또는 집단 진로상담의 성과를 측정하거나 학급에 대한 진로 개입의 효과를 평가하는 데 활용 가능하다.

검사의 개발

Rottinghaus, Day와 Borgen(2005)은 Savickas(1997)의 진로적응성 개념을 확장하고 Scheier와 Carver(1985)의 기질적 낙관성 이론을 토대로 진로 관련 적응성 및 낙관성을 측정하는 진로미래 검사(Career Futures

Inventory: CFI)를 개발하였다. 국내 진로상담 연구에서는 최옥현과 김봉환(2006)이 진로미래 검사(CFI)를 번안 및 타당화하여 '진로미래 검사'라는 이름으로 활용하고 있다. 그 이후 진로미래 검사를 Rottinghaus, Buelow, Matyja와 Schneider(2012)가 개정한 진로미래 검사 개정판(Career Futures Inventory-Revised: CFI-R)이 출판되었다.

검사의 구성

기존의 CFI는 진로적응, 진로긍정성, 직업 시장에 대한 지식이라는 세 가지 하위척도에 대해 5점 Likert 척도로 측정하고 총 25문항으로 구성되어 있었으나, 개정판인 CFI-R에서는 진로주체성(Career Agency) 10문항, 직업 인식(Occupational Awareness) 4문항, 지지체계(Support) 6문항, 일-삶의 균형(Work-Life Balance) 4문항, 부정적인 진로전망(Negative Career Outlook) 4문항의 다섯 가지 하위척도로 총 28문항으로 구성되어 있다.

신뢰도 및 타당도

산업심리학 강좌를 수강하는 348명의 대학원생을 대상으로 타당화연구를 실시한 결과, 신뢰도 계수 α는 .75~.88 사이로 나타났다. 진로 결정 상태, 장애, 자아 효능감, 낙관주의 성향과 대처 스타일 등을 측정하여 CFI-R 척도와의 관련성을 살펴봄으로써 수렴 및 변별 타당도를 제시하였다(Rottinghaus et al., 2012).

 원 검사의 출처

최옥현, 김봉환(2006). 대학생의 진로낙관성과 진로적응성: Career Futures Inventory(CFI)의 타당화 연구. 상담학연구, 7(3), 821-833.

Rottinghaus, P. J., Buelow, K., Matyja, A., & Schneider, M. (2012). The Career Futures Inventory-Revised: Assessing multiple dimensions of career adaptability. *Journal of Career Assessment, 20,* 123-139.

 이 검사를 사용한 국내 연구

조성연, 홍지영(2010). 성인 학습자의 인구학적 변인, 진로결정 자기효능감, 진로적응성의 관계연구. 상담학연구, 11(3), 1099-1115.

* 진로미래 검사 개정판(CFI-R)을 활용한 국내 연구는 활용된 예를 찾을 수 없었음.

 검사의 내용(Rottinghaus et al., 2012)

진로미래 검사 개정판(CFI-R)

※ 다음 문항을 읽고 자신과 일치하는 번호에 표시해 주십시오. 1은 문장이 당신의 경우와 전혀 일치하지 않는 것을 나타내고, 5는 매우 일치하는 것을 나타냅니다. 그리고 5로 갈수록 더 일치하는 것을 나타냅니다.

1…………2…………3…………4…………5

전혀 그렇지 않다 매우 그렇다

Ⅰ. 진로주체성

나는 성공적인 직업을 찾을 수 있다.

나는 직업 세계의 변화에 적응할 수 있다.

나는 나의 직업 관련 흥미를 이해한다.

나는 나의 삶의 우선순위를 알고 있다.

나는 나의 미래의 진로에 대한 계획을 세울 수 있다.

나는 나의 강점을 알고 있다.

나는 나의 진로를 관리하고 있다.

나는 성공적으로 나의 현재의 진로 전환 과정을 다룰 것이다.

나는 나의 일 관련 가치들을 이해한다.

나는 나의 진로에서 예상되는 잠재적인 장애요인들을 극복할 수 있다.

Ⅱ. 부정적인 진로전망

나는 나의 진로가 잘 진행될지에 대해 의심스럽다.

나의 진로에서 좋은 일이 일어날 것 같지 않다.

나의 진로 목표를 추구할 에너지가 부족하다.

나의 진로가 나를 좌절시킬 것이라고 생각된다.

Ⅲ. 직업 인식

나는 직업 시장의 흐름을 이해하는 것에 익숙하다.

나는 최소한 관심 있는 한 가지 직업 또는 산업의 흐름을 파악하고 있다.

나는 최근의 직업 시장의 경향성을 알고 있다.

나는 최근의 기술의 변화를 알고 있다.

나는 경제적인 흐름이 내가 이용할 수 있는 진로의 선택기회에 어떻게 영향을 주는지 이해한다.

나는 직업 시장의 흐름을 이해하지 못한다.

Ⅳ. 지지체계

나의 가족은 진로에서 도전을 하는 데 도움이 된다.

나의 진로 목표를 추구할 때 다른 사람에게서 받을 수 있는 모든 격려를 받고 있다.

내 삶에서 다른 사람들은 나의 진로에 매우 지지적이다.

친구들은 나의 진로 전환에 도움을 줄 수 있다.

Ⅴ. 일-삶의 균형

나는 직장, 가족 구성원 또는 친구와 같은 다양한 삶의 역할에서 균형을 맞추고 있다.

나는 일과 개인적인 삶의 균형에 대해 매우 전략적이다.

일과 가족의 균형을 이루어야 한다는 책임을 다룰 수 있다.

나는 나의 욕구와 나의 삶에서 중요한 다른 사람들의 욕구를 쉽게 다룰 수 있다.

검사의 내용(최옥현, 김봉환, 2006)*

<u>진로미래 검사(CFI)*</u>

진로에 대해 자신을 어떻게 생각하고 있는지 알아보고자 합니다. 문항을 읽고 다음과 같은 상황에서 평소에 자신이 느끼는 대로 하나만 골라 V표해 주십시오. 1은 문장이 당신의 경우와 전혀 일치하지 않는 것을 나타내고, 5는 매우 일치하는 것을 나타냅니다. 그리고 5로 갈수록 더 일치하는 것을 나타냅니다.

1…………2…………3…………4…………5

전혀 그렇지 않다 매우 그렇다

Ⅰ. 진로낙관성

7. (역문항) 나는 좀처럼 진로를 관리하지 않는다.
8. 나는 진로에 대해 생각하면 설렌다.
9. 나는 진로에 대해 생각하면 힘이 난다.
10. (역문항) 나는 진로 목표를 설정하는 것이 어렵다.
11. (역문항) 나의 능력을 구체적인 진로 계획과 연결시키는 것이 어렵다.
12. 나는 나 자신의 직업적 흥미를 알고 있다.
13. 나는 나 자신의 진로 희망을 추구함에 있어 열정적이다.
14. (역문항) 나는 나 자신의 미래의 진로 성공을 확신하지 못한다.
15. (역문항) 적당한 진로를 발견하는 것은 나에게는 어려운 일이다.
16. 진로를 계획하는 것은 나에게는 자연스러운 행동이다.
17. 나는 확실히 올바른 진로 결정을 내릴 것이다.

Ⅱ. 진로적응성

1. 나는 새로운 직업 환경에 잘 적응할 것이다.
2. 나는 내 진로에 잠재적으로 존재하는 장벽을 극복할 수 있다.
3. 나는 직업과 관련된 새로운 과제를 시도하는 것을 좋아한다.
4. 나는 일의 세계에서 변화에 적응할 수 있다.
5. 나는 직장에서 변화하는 요구에 쉽게 적응할 것이다.
6. 사람들은 내가 진로 계획에 변화가 생기더라도 잘 적응할 것이라고 말할 것이다.

Ⅲ. 노동시장에 대한 지식

18. 나는 노동 시장 경향을 매우 잘 이해한다.

19. (역문항) 나는 노동 시장 경향을 이해하지 못한다.

20. 미래의 고용 경향을 파악하는 것은 나에게는 쉬운 일이다.

제2장

사회인지 진로 이론

자기효능감 척도 SES

진로결정 자기효능감 척도

결과기대 척도

진로결과기대 척도

목표 척도

자기효능감 척도 SES*

척도 개요

이 척도는 대학생의 자기효능감의 개인적 수준을 측정하기 위함이다. 여기서 자기효능감이란 바람직한 결과를 얻기 위한 방법으로 어떤 행동을 할 수 있다는 능력에 대한 자신감을 의미한다. Bandura의 자기효능감 이론의 개념을 실제 심리치료나 행동수정 등에 적용하면서 자기효능감 수준에 따라 각기 다른 방법의 심리치료나 행동수정을 실시하는 것이 더욱 효과적임이 밝혀졌다. 이를 바탕으로 Sherer, Maddux, Mercandante, Prentice-Dunn, Jacobs와 Rogers(1982)가 개발하였다.

척도의 개발

이 척도는 Sherer 등(1982)이 대학생을 대상으로 개발한 척도를 홍혜영(1995)이 번안하여 타당화하였다.

척도의 구성

이 척도는 2개 하위요인, 총 23문항으로 구성되어 있다. 하위요인에는 일반적인 상황에서 자기효능감인 '일반적 자기효능감(General Self-Efficacy)' 과 대인 관련 사회적 기술 등의 요소와 관련 있는 ' 사회적 자기효능감(Social Self-Efficacy)으로 구분되며, 각각 17문항, 6문항이다.

신뢰도 및 타당도

Sherer 등(1982)은 대학생을 대상으로 36문항의 원 척도에 대한 요인분석을 실시하여, 2개 하위요인인 일반적인 상황에서 자기효능감인 '일반적 자기효능감' 과 대인 관련 사회적 기술 등의 요소와 관련 있는 '사회적 자기효능감' 으로 구분하였다. 최종적으로는 일반적 자기효능감 17문항, 사회적 자기효능감 6문항으로 구성되었으며, 각 하위요인의 신뢰도 계수 α는 .86, .71로 나타났다. 홍혜영(1995)의 연구에서는 Sherer 등(1982)의 도구를 번안하여 신뢰도 계수 α 및 타당도 검증을 위한 요인분석을 실시한 결과, 전체 및 각각의 하위요인별 신뢰도 계수 α는 각각.86, .68이었다.

원 척도의 출처

Sherer, M., Maddux, J., Mercandante, B., Prentice-Dunn, S., Jacobs, B., & Rogers, R. W. (1982). The self-efficacy scale: construction and validation. *Psychological Reports, 73,* 663-671.

홍혜영(1995). 완벽주의 성향, 자기효능감, 우울과의 관계 연구. 이화여자대학교 석사학위논문.

이 척도를 사용한 국내 연구

김봉현, 방명애(2010). 우울장애 위험 중학생의 우울정서에 미치는 변인 분석. 정서 · 행동장애연구, 26(4), 185-205.

김현미(2007). 청소년 내담자의 조기종결 관련 변인. 홍익대학교 박사학위논문.

문미란(2003). 여대생의 성역할정체감과 자기효능감 및 다중역할 갈등이 진로 결정에 미치는 영향. 홍익대학교 박사학위논문.

이장호(2005). 청소년들의 수월성 획득을 위한 플로우 촉진 프로그램과 그 효과의 분석. 상담학연구, 6(2), 469-484.

척도의 내용(홍혜영, 1995)

자기효능감 척도

다음 질문은 평소에 자신에 대해서 어떻게 느끼고 생각하고 있는지를 알아보기 위한 것입니다. 각 문항을 읽으시고 당신의 느낌과 가장 가까운 번호에 ○표 해 주십시오.

전혀 아니다	아니다	보통이다	그렇다	아주 그렇다
1	2	3	4	5

I. 일반적 자기효능감

1. 나는 쉽게 포기한다.
2. 나는 어떤 새로운 일이 너무 어려우면 배우려고 하지 않는다.
3. 나는 어떤 일이 너무 복잡해 보이면 해 볼 시도조차 하지 않는다.
4. 나는 어떤 일을 끝마치기도 전에 포기한다.
5. 나는 어려운 일에 부딪히는 것을 피한다.

6. 나는 자신감이 있다.
7. 나는 인생에서 부딪히는 거의 모든 문제를 다룰 능력이 없는 것 같다.
8. 나는 어떤 일을 첫 번에 잘못했더라도 될 때까지 해 본다.
9. 나는 중요한 목표를 설정하면 성취할 수 있다.
10. 나는 계획을 짤 때 그대로 수행할 수 있다고 확신한다.
11. 나는 예기치 못한 문제가 일어나면 잘 대처할 수 없다.
12. 새로운 어떤 일을 배우려고 시도할 때 처음에 성공할 것 같지 않으면 바로 포기한다.
13. 실패는 나로 하여금 더 열심히 노력하도록 만들 뿐이다.
14. 내 문제점은, 일을 해야 할 때 착수할 수 없다는 점이다.
15. 나는 어떤 일에 대한 내 능력에 불안함을 느낄 때가 있다.
16. 나는 뭔가 할 일이 있을 때 바로 그 일을 시작한다.
17. 나는 별로 유쾌하지 않은 어떤 일을 할 때 그것을 끝마칠 때까지 반드시 한다.

Ⅱ. 사회적 자기효능감

1. 나는 새 친구를 사귀는 일이 어렵다.
2. 나는 사회적(사교적) 모임에서 내 자신을 어찌해야 좋을지를 모르겠다.
3. 나는 내 사교성 덕분에 지금의 내 친구들을 사귀었다.
4. 나는 어떤 사람을 보고 싶으면 그 사람이 와 주기를 기다리는 대신 내가 먼저 간다.
5. 나는 내가 관심을 가지는 어떤 사람이 사귀기 어려운 사람이라면 사귀는 것을 금방 포기한다.
6. 나는 첫눈에 호감이 가지 않는 사람이라 해도 그 사람과 사귀는 것을 쉽게 그만두지 않는다.

진로결정 자기효능감 척도*

척도 개요

이 척도는 중 · 고등학생 및 대학생을 대상으로 진로결정 자기효능감(career decision-making self-efficacy)을 측정하기 위함이다. 진로결정 자기효능감은 Bandura(1997)의 자기효능감의 정의에 근거한 개념으로, 개인이 진로와 관련된 다양한 진로탐색 활동을 성공적으로 수행할 수 있는지에 대한 확신성의 정도로 정의된다. 또한 이 척도의 점수가 높을수록, 진로 결정에서 요구되는 과제를 성공적으로 완성할 수 있다는 개인적인 신념이 강하다는 것을 의미한다(Taylor & Betz, 1983).

척도의 개발

이 척도는 Taylor와 Betz(1983)가 개발한 50문항의 진로결정 자기효능감 척도(Career Decision-Making Self-Efficacy Scale: CDMSES)를 Betz와 Voyten(1997)이 자기평가, 직업 정보 수집, 목표 선택, 계획수립, 문제해결의 5개 영역별로 5문항씩을 선발하여 구성한 총 25문항의 진로 결정 자기효능감 단축형 척도(CDMSES-SF)(Betz, Klein, & Taylor, 1996)다. 국내에서 이은경(2001)은 대학생뿐 아니라 중 · 고등학생 2,000명을 대상으로 한 원 척도에서는 10점 척도인 것을 피검사자의 편의성을 위해 6점 척도로 변환하여 측정한 결과, 원 척도의 자기평가의 요인이 제외되어 4개 요인으로 타당화하였다.

척도의 구성

이은경(2001)이 타당화한 척도는 총 4개의 하위요인으로 목표선택(11문항), 직업정보(6문항), 문제해결(3문항), 미래계획(5문항)의 총 25문항으로 구성되어 있다. 스물다섯 가지의 진로 결정과 관련된 과제에 대해서 자신의 자신감 정도를 6점 Likert 척도로 응답하게 되는데, 높은 점수를 보일수록 강한 자신감을 나타낸다.

신뢰도 및 타당도

이은경(2001)의 연구에서 이 척도의 신뢰도 계수 α는 직업정보 .64, 목표선택 .76, 미래계획 .78, 문제해결 .79이며 전체 척도의 계수는 .85였다. 원 척도 CDMSES-SF의 신뢰도 계수 α의 범위는 .73에서 .83까지이며, 전체 신뢰도 계수 α는 .94로 나타났다(Betz, Klein, & Taylor, 1996). CDMSES-SF의 타당도는 준거 관련 타당도에 의해 산출되었는데 진로미결정 척도(Osipow, 1987)와 5개 하위요인 및 총점과의 상관은 -.45에서 -.66까지의 범위를 나타냈다. 한편, 국내에서 이루어지는 이기학과 이학주(2000)의 연구에서는 대학생 370명을 대상으로 원 척도의 5개 하위요인이 확인되었으며, 신뢰도 계수 α는 자기평가 .76, 직업정보 .68, 목표선택 .75, 미래계획 .79, 문제해결 .70, 그리고 전체 신뢰도 계수 α는 .91로 나타났다.

원 척도의 출처

이은경(2001). 자기효능감이 진로발달에 미치는 영향. 이화여자대학교 박사학위논문.

Betz, N. E., Klien, K. L., & Taylor, K. M. (1996). Evaluation of short form of the CareerDecision-Making Self-Efficacy Scale. *Journal of Career Assessment, 4*, 47-57.

이 척도를 사용한 국내 연구

유미정, 최애경(2008). 진로장벽, 진로결정 자기효능감이 진로준비행동에 미치는 영향에 관한 연구-전문대학 비서학 전공생을 중심으로. 상업교육연구, 19, 129-153.

이성식(2007). 여대생이 인식한 진로장벽과 진로결정 자기효능감 및 진로결정 수준의 인과모형. 서울대학교 박사학위논문.

최정인(2007). 진로결정 자기효능감, 진로상담 태도, 진로상담에 대한 기대와 상담성과 간의 관계모형. 홍익대학교 박사학위논문.

한주옥(2004). 여대생의 자기결정성 수준과 진로미결정과의 관계에서 진로결정 효능감의 매개효과 검증. 이화여자대학교 석사학위논문.

척도의 내용(이은경, 2001)

진로결정 자기효능감 척도

전혀 아니다	아니다	약간 아니다	약간 그렇다	그렇다	매우 그렇다
1	2	3	4	5	6

Ⅰ. 목표선택

1. 내가 관심 있는 직업에 대한 정보를 도서관이나 인터넷에서 찾을 수 있다.
2. 여러 가지 전공이 나열되어 있는 목록 중에서 내가 원하는 전공을 선택할 수 있다.
3. 앞으로 5년간의 계획을 세울 수 있다.
4. 마음에 두고 있는 직업목록에서 한 가지 직업을 선택할 수 있다.
5. 힘든 상황에서도 내가 선택한 전공이나 진로목표를 이루기 위한 일을 지속적으로 수행할 수 있다.
6. 나에게 이상적인 직업이 무엇인지 알 수 있다.
7. 내가 선호하는 생활방식에 맞는 진로를 결정할 수 있다.
8. 나는 직업 선택과 관련된 여러 가지 가치에 대해 우선순위를 정할 수 있다.
9. 진로 목표를 달성하기 위해 내가 어떤 희생은 감수할 수 있고, 어떤 것은 감수하기 어려운지를 구분해 낼 수 있다.
10. 나는 관심 있는 전공이나 진로를 선택할 수 있다.
11. 내가 원하는 생활방식이 무엇인지 알 수 있다.

Ⅱ. 직업정보

1. 선택한 전공을 이수하는 데 어떤 교과과정(교육과정)이 요구되는지 알 수 있다.
2. 생각하고 있는 직업의 평균수입과 연봉을 알아볼 수 있다.
3. 내가 관심 있는 분야에서 현재 일하고 있는 사람들을 만나 이야기할 기회를 가질 수 있다.
4. 나의 적성이나 능력에 맞는 직종과 관련된 기관이나 기업에 대해 알아볼 수 있다.
5. 대학 혹은 대학원에 대한 정보를 찾을 수 있다.

6. 취업면접과 관련하여 필요한 절차를 잘 통과할 수 있다.

Ⅲ. 문제해결

1. 처음 선택한 전공이 만족스럽지 않다면 바꿀 수 있다.
2. 선택한 진로가 만족스럽지 않다면 바꿀 수 있다.
3. 처음 선택한 진로나 분야가 불가능하다면 다른 전공이나 진로의 대안을 생각해 볼 수 있다.

Ⅳ. 미래계획

1. 만약 내가 선택한 전공을 공부하는 데 학업상 어려움이 있을 경우, 어떤 방법을 취할 것인지 결정할 수 있다.
2. 나의 능력을 정확히 평가할 수 있다.
3. 향후 10년간의 직업 고용 경향을 알 수 있다.
4. 나는 나의 이력서를 멋지게 쓸 수 있다.
5. 진로 결정을 하고 나면, 그것이 잘한 것인지 못한 것인지에 대해 걱정하지 않는다.

결과기대 척도*

척도 개요

이 척도는 대학생 이상의 성인대상으로 특정 행동을 수행할 경우 예상되는 결과에 대한 기대를 측정한다. 자기효능감은 '내가 이것을 할 수 있나' 라는 질문에 답하는 것이라면, 결과기대는 '이것을 한다면 무슨 일이 일어날까' 와 같이 구체적 행동수행의 결과를 예상하는 것이다(Lent & Brown, 2006).

척도의 개발

이 척도는 Lent 등(2003b)의 결과기대 척도를 참고하여 이정애(2009)가 개발하였다.

척도의 구성

이 척도는 단일 요인으로 구성되어 있으며 총 4문항이다. 어떤 특정 직업을 선택했을 때 기대되는 긍정적인 결과(예, 능력발휘, 사회적 인정,

보수, 자율성 등)에 대한 인식에 초점을 두고, 이를 어느 정도로 얻을 수 있다고 생각하는지를 5점 Likert 척도를 사용하여 평가하도록 구성되어 있다. 각 문항 점수 평균값의 합계를 결과기대 총점으로 사용하며, 점수가 높을수록 결과 기대가 높다는 것을 의미한다.

신뢰도 및 타당도

이정애(2009) 연구에서의 신뢰도 계수 α는 .80인 것으로 보고되었다.

원 척도의 출처

이정애(2009). 자기효능감과 직업가치 및 직업획득 가능성이 진로목표 추구활동에 미치는 영향. 대구대학교 박사학위논문.

Lent, R. W., Brown. S. D., Nota, L., & Soresi, S. (2003a). Testing social cognitive interest and choice hypotheses across Holland types in Italian high school student. *Journal of Vocational Behavior, 62,* 101-118.

Lent, R. W., Brown. S. D., Schmidt, J., Brenner, B. R., Lyons, H., & Treistman, D. (2003b). Relation of contextual supports and barriers to choice behavior in engineering majors: Test of alternative social cognitive models. *Journal of Counseling Psychology, 50,* 458-465.

이 척도를 사용한 국내 연구

정미예, 조남근(2012). 사회인지진로 이론을 적용한 대학생의 주관적 안녕 예측모형. 상담학 연구, 13(2), 401-415.

척도의 내용(이정애, 2009)

결과기대 척도

사람들은 희망직업을 선택할 때 그 직업이 지닌 매우 다양한 장점을 고려합니다. 사람마다 차이가 있지만 어떤 사람은 자신의 능력이나 창의성을 발휘할 수 있고 전문성을 습득할 수 있는 직업을 좋아하고, 어떤 사람은 보수가 많고 사회적으로 인정받는 직업을 좋아합니다. 당신이 가장 원하는 직업을 생각하면서 답변해 주시기 바랍니다.

1. 당신이 선택한 직업은 다른 직업에 비해 얼마나 많은 장점을 가지고 있다고 생각하십니까?

① 매우 적음 ②대체로 적은 편 ③ 보통 정도
④ 대체로 많은 편 ⑤ 매우 많음

2. 당신이 선택한 직업의 장점은 다른 직업이 지닌 장점에 비해 얼마나 좋다고 생각하십니까?

① 매우 좋지 않음 ② 대체로 좋지 않음 ③ 보통 정도
④ 대체로 좋음 ⑤ 매우 좋음

3. 당신이 선택한 직업은 당신이 원하는 것을 어느 정도나 충족시켜 주리라고 생각하십니까?

① 매우 낮음 ② 대체로 낮은 편 ③ 보통 정도
④ 대체로 높은 편 ⑤ 매우 높음

4. 당신이 선택한 직업이 당신이 가장 원하는 것을 가지게 해 줄 가능성은 어느 정도라고 생각하십니까?

① 매우 낮음 ② 대체로 낮은 편 ③ 보통 정도
④ 대체로 높은 편 ⑤ 매우 높음

진로결과기대 척도*

척도 개요

이 척도는 대학생을 대상으로 진로결정에서 학문적 결과기대와 진로결과기대를 측정한다. 진로결정과 관련된 결과기대는 크게 학문적 결과기대와 진로결과기대로 살펴볼 수가 있다(Betz & Voyten, 1997). 진로상담에서 자기효능감은 높지만 목표를 추구하는 행동으로 연결되지 못하는 내담자의 경우, 결과기대에 대한 평가의 정보를 수집하여 진로결정과제와 진로결정 간의 관련성에 대한 믿음을 살펴보는 데 이 척도를 활용할 수 있다.

척도의 개발

이 척도는 Betz와 Voyten(1997)의 진로결과기대 척도를 양난미(2005)가 번안하여 타당화한 것이다. 이 척도는 Bandura(1977, 1986)의 결과기대에 대한 개념적 정의에 근거하여 Lent, Brown과 Hackett(1994) 그리고 Fouad와 Smith(1996)의 연구에서 사용한 척도를 참고하여 Betz와 Voyten(1997)이 개발한 것이다.

척도의 구성

이 척도는 학문적 결과기대(5문항)와 진로결과기대(4문항)의 2개 하위요인 총 9문항으로 이루어져 있으며 5점 Likert 척도(1=전혀 그렇지 않다, 5=매우 그렇다)를 사용한다. 학문적 결과기대는 미래의 진로선택과 성공에 대한 교육적 수행에 관한 믿음을 평가한다(예, 충분히 노력한다면, 성적을 잘 받을 것이다). 유사하게 진로결과기대는 이러한 행동이 결과적으로 진로선택과 의사결정에 유용한가에 대한 믿음을 평가한다(예, 내가 다른 진로에 대해 더 많이 알게 되면 그중에 더 나은 진로 결정을 할 수 있을 것이다).

신뢰도 및 타당도

원 척도의 신뢰도 계수 α는 학문적 결과기대 .77, 진로결과기대 .79로 나타났으며(Betz & Voyten, 1997), 양난미(2005)의 연구에서는 학문적 결과기대 .75, 진로결과기대 .80으로 나타났다.

원 척도의 출처

Betz, N. E., & Voyten, K. K. (1997). Efficacy and Outcome expectations influence career exploration and decidedness. *The Career Development Quarterly, 46,* 179-189.

양난미(2005). 한국 대학생의 사회인지 진로선택 모형 검증. 이화여자대학교 박사학위논문.

 이 척도를 사용한 국내 연구

김순미, 이현림(2008). 대학생의 자기효능감, 진로결과기대, 진로결정 몰입 및 진로탐색 행동의 구조 관계 분석. 진로교육연구, 21(3), 27-48.

 척도의 내용(양난미, 2005)

결과기대 척도

전혀 그렇지 않다 1	그렇지 않다 2	보통이다 3	그렇다 4	매우 그렇다 5

1. 충분히 노력한다면, 성적을 잘 받을 것이다.
2. 내가 학교에서 잘한다면, 장래목표를 성취하기 쉬울 것이다.
3. 좋은 성적을 받는다면, 내가 선택한 진로로 나아갈 수 있을 것이다.
4. 내가 다른 진로에 대해 더 많이 알게 되면 그중에 더 나은 진로 결정을 할 수 있을 것이다.
5. 내가 나의 흥미와 능력을 안다면 좋은 진로를 선택할 수 있을 것이다.
6. 학교에서 잘한다는 것은 나머지 삶에서도 잘할 수 있다는 뜻이다.
7. 내가 좋은 성적을 받으면 좀 더 다양한 직업세계로 진입할 수 있을 것이다.
8. 좋은 성적을 받으면 나중에 돈을 더 많이 벌 수 있을 것이다.
9. 다른 진로(직업)에 필요한 교육과정을 안다면 더 나은 진로 결정을 할 수 있을 것이다.

목표 척도*

척도 개요

이 척도는 대학생의 특정한 결과를 만들거나 특정한 활동에 참여하고자하는 의도를 측정한다. Lent 등(1994)의 사회인지 진로 이론에서 목표는 계획, 의사결정, 포부, 행동선택 등을 포함한다. 즉, 목표는 특정한 결과를 만들거나 특정한 활동에 참여하는 개인의 의도로 정의된다(양난미, 2005). 진로상담에서 목표를 설정하고 추구하는 데 어려움이 있는 내담자를 확인하는 데 활용할 수 있으나, 목표설정 및 실행과 관련된 자기조절의 특성을 함께 고려할 필요가 있다(Lent, 2013).

척도의 개발

원 척도는 Bandura(1977, 1986)의 개념적 정의에 근거하여 Lent 등(1994), Fouad와 Smith(1996)의 연구에 사용한 척도를 참고하여 Betz와 Voyten이 개발하였다. 국내에서는 Betz와 Voyten(1997)의 탐색적 의도(exploratory intentions) 척도를 양난미(2005)가 번안하여 타당화하였다.

척도의 구성

이 척도는 탐색의도라는 단일요인으로 총 5문항으로 구성되며 5점 Likert 척도(1 = 전혀 그렇지 않다, 5 = 매우 그렇다)를 이용하여 측정한다.

신뢰도 및 타당도

Betz와 Voyten(1997)의 원 척도에서 문항 간 신뢰도 계수 α는 .73이었으며, 양난미(2005)의 연구에서 .73으로 나타났다.

원 척도의 출처

양난미(2005). 한국 대학생의 사회인지 진로선택 모형 검증. 이화여자대학교 박사학위논문.

Betz, N. E., & Voyten, K. K. (1997). Efficacy and Outcome expectations influence career exploration and decidedness. *The Career Development Quarterly, 46,* 179-189.

이 척도를 사용한 국내 연구

이지연, 양난미(2007). 남녀대학생의 진로선택 모형 검증. 사회과학연구논총, 17(2), 75-100.

척도의 내용(양난미, 2005)

목표 척도

전혀 그렇지 않다 1	그렇지 않다 2	보통이다 3	그렇다 4	매우 그렇다 5

1. 나는 진로 관련 지식을 얻기 위해 이제까지보다 더 많은 시간을 보낼 용의가 있다.
2. 나는 진로에 관해 많은 사람과 이야기할 계획이 있다.
3. 나는 내가 가진 능력과 흥미가 무엇인지를 알기 위해 노력하고 있다.
4. 나는 진로선택에 필요한 모든 교육을 받을 용의가 있다.
5. 나는 다른 전공의 진로선택 가능성에 대해 우리 대학의 선배(조언자)나 상담자와 이야기할 계획이 있다.

제3장

Holland 인성 이론

진로정체감 척도

진로정체감 척도

척도 개요

진로정체감이란 자신의 목표, 흥미, 성격, 재능 등에 관하여 개인이 가지고 있는 심상을 의미한다(김봉환, 1997). 이 척도는 Holland, Daiger와 Powe(1980)의 직업정체감 검사의 정체감 척도(Identity scale)를 김봉환(1997)이 번안하여 사용한 척도다. 이 척도를 통해 직업에 대한 자신의 목표(goals), 흥미(interests), 성격(personality), 재능(talents) 등에 대해 얼마나 구체적으로 인식하고 있는지를 측정할 수 있다.

척도의 개발

Holland, Daiger와 Power(1980)가 개발한 진로결정상황 척도(My Vocational Situation: MVS)의 정체감 척도(Identity scale)를 김봉환(1997)이 번안하여 사용하였으나 국내에서 타당화한 작업은 이루어지지 않았다.

척도의 구성

Holland 등(1980)의 척도는 총 18개 문항으로 '그렇다' 혹은 '아니다'로 대답하도록 되어 있고, 이 척도의 점수는 '아니다'를 응답한 반응의 총 수로 계산된다. 높은 점수는 자신의 목표(goals), 흥미(interests), 성격(personality), 재능(talents)에 대해 심층적이고 객관적인 이해의 수준이 높음을 나타낸다. 이에 대해 김봉환(1997)은 '아니다' '그렇다'를 4점 척도로 수정하여 사용하였으며, 채점을 역으로 실시하여 총점이 높을수록 진로정체감이 높은 것을 나타낸다.

신뢰도 및 타당도

Holland 등(1980) 연구에서 Identity Scale의 합치도 계수 α는 .87이다. Tinsley, Bowman과 York(1989)는 직업정체성 도구와 진로 관련 세 가지 도구 간에 상당히 중첩되는 부분이 있다고 하며, 이 도구가 진로자아개념 명료성(vocational self-concept crystallization)을 측정한다고 하였다. Holland, Johnson과 Asama(1993)는 이 도구를 사용한 50여 편의 연구 검토 결과, 이 척도가 적정 수준의 구인타당도(construct validity)와 검사-재검사 신뢰도를 가진다고 하였다(김봉환, 1997에서 재인용). 김봉환(1997) 연구에서는 identity Scale을 우리말로 번안하여 사범대학생 293명 대상으로 예비 검사를 실시한 결과 신뢰도 계수 α의 .89, 반분신뢰도 .86, 거트만 반분계수 .85로 각각 나타났다.

원 척도의 출처

Holland, J. L., Daiger, D. C., & Power, P. G. (1980). *My Vocational Situation*. Palo Alto, CA: Consulting Psychologists Press.

이 척도를 사용한 국내 연구

김봉환(1997). 대학생의 진로결정수준과 진로준비행동의 발달 및 이차원적 유형화. 서울대학교 박사학위논문.

박용두, 김나래, 이기학, 김영아(2012). 대학생용 진로발달 검사 개발 및 타당화 연구. 한국심리학회지: 학교, 9(2), 133-156.

이형국(2009). 인지적 정보처리 접근 중심 대학생 진로발달 증진 프로그램 개발. 경북대학교 박사학위논문.

척도의 내용(김봉환, 1997)

진로정체감 척도

다음에 제시된 검사는 현재 여러분의 진로에 대한 생각을 알아보기 위한 것입니다. 각 문항을 읽고 자신에게 가장 적합하다고 생각되는 정도를 답안지의 4점 척도에 ○표 해 주시기 바랍니다.

1··················2··················3··················4

전혀 그렇지 않다 　　　　　　　　매우 그렇다

1. 나는 직업선택을 올바르게 했는가에 대해서 다시 검토해 볼 필요가

있다.

2. 나는 현재의 나의 흥미가 시간이 지남에 따라 바뀔지 몰라서 염려된다.
3. 나는 내가 잘할 수 있는 직업에 무엇인지에 대해서 아직 확신이 없다.
4. 나는 나의 장점이 무엇이고 약점은 무엇인지를 모른다.
5. 내가 할 수 있는 직업은 내가 원하는 종류의 삶을 살 수 있을 만큼 충분한 급여를 줄 수 없을지도 모른다.
6. 만약 내가 지금 당장 직업을 선택해야만 한다면, 잘못된 선택을 할까봐 걱정된다.
7. 나는 내가 어떤 종류의 진로를 탐색해야만 할 것인가를 알아야 할 필요를 느낀다.
8. 나에게 있어서 진로에 관한 결심을 하는 것은 오래된 문제임과 동시에 어려운 문제다.
9. 나는 진로에 관한 결정의 전반적인 문제에 관하여 혼란을 느낀다.
10. 나는 직업선택에 관한 현재의 내 결정이 올바른지에 대해서 확신이 없다.
11. 나는 여러 가지 직업 분야에서 근로자가 실제로 어떤 일을 하고 있는지에 대해서 충분히 알지 못한다.
12. 특정한 어느 한 직업이 나에게 강한 매력을 주지는 않는다.
13. 나는 내가 즐겁게 일할 수 있는 직업이 어느 것인지에 대해서 확신이 없다.
14. 나는 내가 고려할 수 있는 직업의 숫자를 늘리고 싶다.
15. 나의 능력이나 재능에 관한 나의 평가는 해마다 다소간의 변화가 있다.
16. 여러 가지 생활 영역에 있어서 나 자신에 관하여 확신이 없다.
17. 내가 원하는 직업이 무엇인가를 알아낸 지는 채 일 년이 되지 않았다.
18. 나는 사람들이 어떻게 자신이 원하는 것을 그렇게 착수할 수 있는지를 이해할 수 없다.

제4장

인지적 정보처리 이론

진로사고 척도

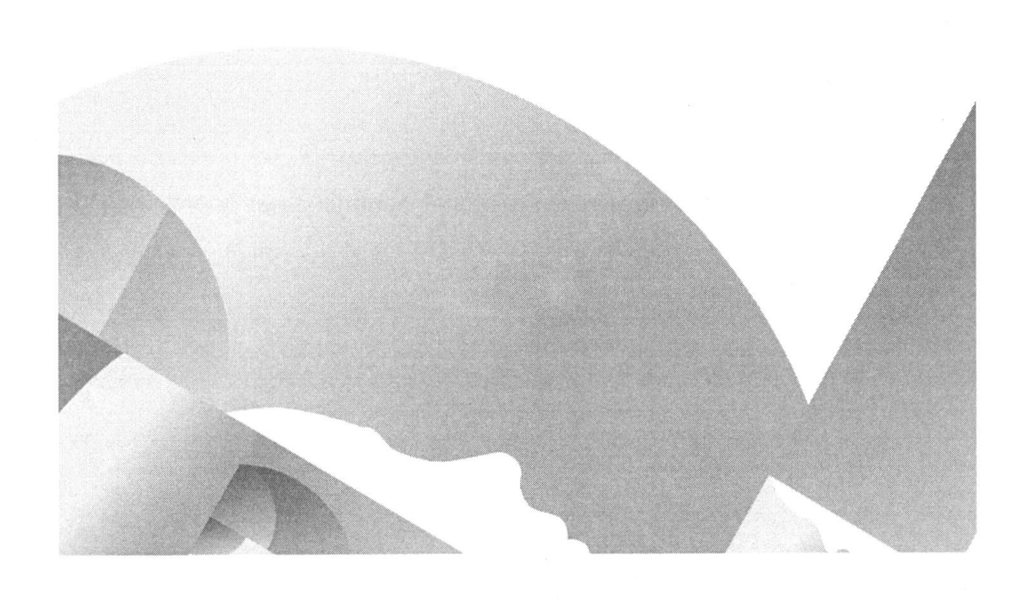

진로사고 척도*

척도 개요

이 척도는 Sampson, Peterson, Lenz, Reardon과 Saunder(1996)에 의해 개발된 척도로 진로문제해결과 진로의사결정에 손상을 일으킬 수 있는 진로와 관련된 역기능적 사고를 측정한다. 진로사고 검사는 인지적 정보처리 이론(cognitive information processing: CIP)과 인지치료(cognitive therapy)를 이론적 근거로 하여 개발되었다.

척도의 개발

Sampson, Peterson, Lenz, Reardon과 Saunder(1996)에 의해 개발되었으며, 국내 진로상담 연구에서는 이재창, 최인화, 박미진(2003)에 의해 번안되고 타당화되었다.

척도의 구성

총 3개의 하위 척도와 전체 점수 척도로 구성되어 있다. 하위 척도는 의사결정혼란, 수행불안, 외적 갈등으로 구성되었으며, 진로 사고 척도(Career Thoughts Inventory Scale: CTI)의 한국판은 2004년 한국 가이던스에서 출판되었다.

신뢰도 및 타당도

고등학생(N=1,449), 대학생(N=1,327), 성인(N=1,035)을 대상으로 타당화한 결과에 근거해 하위 차원의 신뢰도 계수 α는 다음과 같다. 전체 신뢰도는 의사결정혼란 .89, 수행불안 .62, 외적갈등 .84로 나타났고 CTI 전체는 .95으로 나타났다. 주성분 분석을 통한 요인 분석결과는 이론적인 3개의 모든 차원을 지지하는 것으로 나타났다.

원 척도의 출처

Sampson, J. P. Jr., Peterson, G. W., Lenz, J. G., Reardon, R. C., & Saunders, D. E. (1996). *Career Thought Inventory: Professional manual.* Odessa, FL: Psychological Assenment Resources.

이재창, 최인화, 박미진(2003). 진로 사고 검사의 한국 표준화 연구. 한국심리학회지: 상담 및 심리치료, 15(3), 529-550.

이 척도를 사용한 국내 연구

성영순(2012). 고등학생의 역기능적 진로 사고와 자아탄력성 및 성별이 진로성숙도에 미치는 영향. 충남대학교 석사학위논문.
이재창, 최인화, 박미진(2002). 역기능적 진로 사고가 진로미결정에 미치는 영향. 한국심리학회지: 상담 및 심리치료, 14(2), 401-414.

척도의 내용(이재창, 최인화, 박미진, 2003)

이 장에서는 진로 사고 척도 전체 48문항 중 일부인 23문항만을 소개하고자 한다.

진로 사고 척도

다음은 여러분이 자신의 진로에 대해 어떻게 생각하는지를 알아보는 검사입니다. 각 문항을 잘 읽고 당신의 느낌과 가장 가까운 번호에 ○표 해 주십시오.

전혀 아니다 1	아니다 2	그렇다 3	아주 그렇다 4

1. 나는 어떠한 전공이나 직업에도 흥미가 없다.
2. 거의 모든 직업정보는 그 직업의 좋은 면만을 보여 준다.

3. 전공이나 직업을 선택하는 일은 나를 우울하게 만들기 때문에 시작조차 할 수 없다.
4. 나는 최선의 진로선택을 할 수 있을 만큼 나에 대하여 알지 못할 것이다.
5. 나는 나에게 맞는 전공이나 직업을 잘 생각해 낼 수 없다.
6. 나에게 중요한 사람들의 의견이 나의 전공이나 직업 선택을 더욱 어렵게 한다.
7. 나는 내가 하고 싶은 일이 무엇인지 알지만, 그것을 실현하기 위한 계획은 세울 수가 없다.
8. 중요한 결정을 해야 할 때, 나는 너무 불안해서 생각조차 하기 어렵다.
9. 나에게 중요한 사람들은 내가 무언가에 관심을 가질 때마다 그것을 인정해 주지 않는다.
10. 나에게는 정말 의미 있는 직업이 별로 없다.
11. 나는 전공이나 직업의 선택 과정에서 너무 실망을 해서 지금은 잊어버리고만 싶다.
12. 나는 내가 흥미를 가지는 전공이나 직업을 결코 찾지 못할 것이다.
13. 나는 내가 정말 좋아하는 전공이나 직업을 결코 찾지 못할 것이다.
14. 나에게 중요한 사람들에게서 듣는 진로 선택에 관한 이야기는 늘 혼란스럽다.
15. 내가 고려 중인 전공이나 직업이 필요로 하는 요구사항이 나의 경우에는 해당되지 않는다고 생각한다.
16. 나는 나에게 맞는 직업을 찾기 위해 여러 번 노력했으나, 매번 만족스러운 결정을 할 수가 없었다.
17. 내 관심사가 자주 변한다.
18. 직업세계는 너무 빠르게 변화하기 때문에 그것에 대해 배우는 일은 의미가 없다.
19. 만일 전공이나 직업을 바꾸게 된다면 나는 실패자처럼 느껴질 것이다.

20. 직업 선택은 너무 복잡한 일이기 때문에 나는 시작할 엄두도 내지 못한다.
21. 나는 직업이란 것에 대해 잘 모르고 있는 것 같다.
22. 나는 나에게 맞는 여러 개의 전공이나 직업 중에서 가장 알맞은 하나를 결정할 수가 없다.
23. 나에게는 하고 싶은 일이 있지만, 항상 누군가가 그것을 방해한다.

제1부 참고문헌

김봉환(1997). 대학생의 진로결정수준과 진로준비행동의 발달 및 이차원적 유형화. 서울대학교 박사학위논문.

김봉환, 이제경, 유현실, 황매향, 공윤정, 손진희, 강혜영, 김지현, 유정이, 임은미, 손은령(2010). 진로상담 이론-한국 내담자에 대한 적용-. 서울: 학지사.

박용두, 김나래, 이기학, 김영아(2012). 대학생용 진로발달 검사 개발 및 타당화 연구. 한국심리학회지: 학교, 9(2), 133-156.

성영순(2012). 고등학생의 역기능적 진로사고와 자아탄력성 및 성별이 진로성숙도에 미치는 영향. 충남대학교 석사학위논문.

양난미(2005). 한국 대학생의 사회인지 진로선택 모형 검증. 이화여자대학교 박사학위논문.

이은경(2001). 자기효능감이 진로발달에 미치는 영향. 이화여자대학교 박사학위논문.

이재창, 최인화, 박미진(2003). 진로사고 검사의 한국 표준화 연구. 한국심리학회지: 상담 및 심리치료, 15(3), 529-550.

이재창, 최인화, 박미진(2002). 역기능적 진로사고가 진로미결정에 미치는 영향. 한국심리학회지: 상담 및 심리치료, 14(2), 401-414.

이정애(2009). 자기효능감과 직업가치 및 직업 획득 가능성이 진로목표 추구활동에 미치는 영향. 대구대학교 박사학위논문.

이형국(2009). 인지적 정보처리접근 중심 대학생 진로발달 증진 프로그램 개발. 경북대학교 박사학위논문.

장계영(2009). 대학생의 진로적응성 척도 개발. 숙명여자대학교 박사학위논문.

정미예(2007). 대학생의 진로장애 지각, 진로신화, 진로결정 자기효능감 및 진로발달의 구조적 분석. 영남대학교 대학원 박사학위 논문.

정미예(2008). 대학생의 진로장애 예기와 진로발달의 관계에서 자기효능감의 매개효과 검증. 職務教育研究, 27(3), 181-200.

최옥현, 김봉환(2006). 대학생의 진로낙관성과 진로적응성: Career Futures Inventory(CFI)의 타당화 연구. 상담학연구, 7(3), 821-833.

홍혜영(1995). 완벽주의 성향, 자기효능감, 우울과의 관계연구. 이화여자대학교 석사학위논문.

Bandura, A. (1977). Self-efficacy: Toward a unifying theory of behavioral change. *Psychology Review, 84,* 191-215.

Bandura, A. (1986). *Social foundations of thought and action.* Englewood Cliffs, NJ: Prentice Hall.

Betz, N. E., Klein, K. L., & Taylor, K. M. (1996). Evaluation of a short form of the Career Decision-Making Self-Efficacy Scale. *Journal of Career Assessment, 4,* 47-57.

Betz, N. E., & Voyten, K. K. (1997). Efficacy and outcome expectations influence career exploration and decidedness. *Career Development Quarterly, 46,* 179-189.

Crites, J. O. (1978). *Careeer Maturity Inventory: Administration & Use Manual, Monterey.* CA: CBT McGraw-Hill.

Fouad, N. A., & Smith, P. L. (1996). A test of a social cognitive model for middle school students: Math and science. *Journal of Counseling Psychology, 43,* 338-346.

Holland, J. L., Daiger, D. C., & Power, P. G. (1980). *My Vocational Situation.* Palo Alto, CA: Consulting Psychologists Press.

Holland, J. L., Johnson, J. A., & Asama, N. F. (1993). The Vocational Identity Scale: A dignostic and treatment tool. *Journal of Career Assessment, 1,* 1-12.

Lent, R. W., Lopez, F., & Bieeehke, K. J. (1993). predicting mathematics related choice and success behaviors: Test of an expanded social cognitive model. *Journal of Vocational Behavior, 42,* 223-236.

Lent, R. W. (2013). Social cognitive career theory. In S. D. Brown & R. W. Lent. (Eds.), *Career development and counseling: Putting theory and research to work*(2nd ed., pp. 115-146). Hoboken, NJ: John Wiley & Sons.

Lent, R. W., & Brown, S. D. (2006). On conceptualizing and assessing social cognitive constructs in career research: A measurement guide. *Journal of Career Assessment, 14,* 12-35.

Lent, R. W., Brown, S. D., & Hackett, G. (1994). Toward a unifying social cognitive theory of career and academic interest, choice, and performance. *Journal of Vocational Behavior, 46,* 79-122.

Lent, R. W., Brown, S. D., Nota, L., & Soresi, S. (2003a). Testing social cognitive interest and choice hypotheses across Holland types in Italian high school student. *Journal of Vocational Behavior, 62,* 101-118.

Lent, R. W., Brown. S. D., Schmidt, J., Brenner, B. R., Lyons, H., & Treistman, D. (2003b). Relation of contextual supports and barriers to choice behavior in engineering majors: Test of alternative social cognitive models. *Journal of Counseling Psychology, 50,* 458-465.

Rottinghaus, P. J., Buelow, K., Matyja, A., & Schneider, M. (2012). The Career Futures Inventory-Revised: Assessing multiple dimensions of career adaptability. *Journal of Career Assessment, 20,* 123-139.

Rottinghaus, P. J., Day, S. X., & Borgen, F. H. (2005). The Career Futures Inventory: A measure of career-related adaptability and optimism. *Journal of Career Assessment, 13,* 3-24.

Sampson, J. P. Jr., Peterson, G. W., Lenz, J. G., & Reardon, R. C., & Saunders, D. E. (1996). Career Thought Inventory: Professional manual. Odessa, FL: Psychological Assenment Resources.

Sakurako, C. M. (2004). Anticipated career barriers of female Japanese college. *Students in Japan*. Unpublished doctoral dissertation. California University.

Savickas, M. L. (2005). The theory and practice of career construction. In S. D. Brown & R. W. Lent (Eds.), *Career development and counseling: Putting theory and research to work*(pp. 42-70). Hoboken, NJ: John Wiley & Sons.

Savickas, M. L. (1997). Career adaptability: An integrative construct for life-span theory. *Career Development Quarterly, 45*(3), 247-259.

Savickas, M. L., & Porfeli, E. J. (2011). Revision of the career maturity inventory: The adaptability form. *Journal of Career Assessment, 19*(4), 355-374.

Savickas, M. L., & Profeli, E. J. (2012). The Career-Adapt-Abilities Scale: Construction, reliability, and measurement equivalence across 13 countries. *Journal of Vocational Behavior, 80,* 661-673.

Sherer, M., Maddux, J., Mercandante, B., Prentice-Dunn, S., Jacobs, B., & Rogers, R. W. (1982). The self-efficacy scale: construction and validation. *Psychological Reports, 73,* 663-671.

Super, D. E. (1955). The dimension and measurement of vocational maturity. *Teachers College Record*, 16, 282-298.

Super, D. E., & Knasel, E. G. (1981). Career development in adulthood: some theoretical problems and a possible solution. *British Journal of Guidance and Counselling, 9*(2), 194-201.

Tak, J. (2012). Career adapt-abilities scale-Korea form: psychometric porperties and construct validity. *Journal of Vocational Behavior, 80,* 712-715.

Taylor, K. M., & Betz, N. E. (1983). Applications of self-efficacy theory to the understanding and treatment of career indecision. *Journal of Vocational Behavior, 22,* 63-81.

Tinsley, H. E. A., Bowman, S. L., & York, D. C. (1989). Career Decision Scale, My Vocational Situation, Vocational Rating Scale: Do they measure the same construct? *Journal of Counseling Psychology, 36,* 115-120.

제 2 부

진로상담 과정별 활용 가능한 척도

제2부에서는 진로상담 실무자와 연구자가 가장 관심을 갖는 주제로서, 진로상담의 과정에서 활용할 수 있는 척도를 크게 '문제의 진단과 목표 설정의 단계'와 '상담 이후의 성과를 알아볼 수 있는 단계'로 구분지어 소개하였다. 상담 실무자에게는 진로상담에서 다루어질 문제가 무엇인지 그동안 개발된 척도를 통해서 개념화와 진단이 가능할 것이다. 연구자에게는 진로상담의 효과 내지는 성과를 무엇으로 보고 측정해야 하는지에 대한 개략적 분류를 통해 소개된 척도를 확인할 수 있다.

제5장

문제의 진단과 목표 설정의 단계

- 진로미래 검사
- 진로장벽 척도
- 여대생용 진로장벽 척도
- 청소년용 여성 진로장벽 척도
- 청소년용 남성 진로장벽 척도
- 생애 역할 중요도 척도
- 일-가족 갈등 척도 1
- 일-가족 갈등 척도 2
- 한국인 직무스트레스 측정도구
- 진로결정문제 척도
- 정서 · 성격 진로문제 척도
- 진로미결정 프로파일
- 한국판 진로결정 척도
- 진로결정자율성 척도
- 사회적 지지 척도

진로미래 검사

진로미래 검사는 진로주체성(Career Agency), 직업 인식(Occupational Awareness), 지지체계(Support), 일과 삶의 균형(Work-Life Balance) 그리고 부정적 진로전망(Negative Career Outlook)의 하위척도로 구성되어 있으며, 성인 내담자의 진로 관련 문제를 진단하는 데 사용 가능하다. 진로주체성 하위척도를 통해서는 자기에 대한 자각과 자신의 삶에 대한 통제의 정도, 그리고 진로 전환을 다루기 위한 자기효능감이 어느 정도인지 진단할 수 있으며, 직업 인식의 척도를 통해서는 내담자가 현재 진로 전환을 위해 얼마나 관심을 갖고 직업 시장의 경향에 대해 파악하고 있는지를 알 수 있다. 성인 내담자의 삶의 중요한 과제인 일과 삶의 균형의 측면에서 현재의 삶의 만족을 평가할 수 있으며, 지지체계의 척도를 통해서 내담자가 원하는 진로를 추구하는 데 가족이나 가까운 친구들이 얼마나 도움을 줄 수 있는지에 대해 살펴볼 수 있다. 이 검사의 구체적인 내용은 제1부 진로발달 이론에 근거한 척도에서 확인할 수가 있다.

진로장벽 척도

척도 개요

이 척도는 남녀 대학생을 대상으로 '직업이나 진로계획상의 진전을 방해하는 요인'으로 진로장벽을 정의하고, 진로선택과 진로결정에 부정적 영향을 주는 다양한 요인을 측정하기 위해 개발된 도구다.

척도의 개발

Swanson과 Daniels(1995)에 의해서 개발되었으며, 국내 진로상담 연구에서 번안되어 타당화한 작업은 이루어지지 않았다. 이 척도의 전신은 Swanson과 Tokar(1991)에 의해 개발된 진로장벽 검사(Career Barriers Inventory: CBI)다. CBI 개발 이후 너무 많은 문항수와 하위척도(n=16)로 인해 연구 결과의 해석이 어려워짐에 따라 두 차례의 개정과정이 있었다. 단축형 진로장벽 검사(Career Barriers Inventory-Short Form: CBI-S)(Swanson, 1994)의 경우 CBI의 28개 문항을 삭제하거나 표현을 수정했다. 그 후 CBI-S의 21개 문항을 다시 삭제하였고, 이전 개정 작업에서 탈락했던 4개의 문항을 재진술하여 70문항으로 구성된 CBI-R을 제작하였다.

 척도의 구성

총 70문항으로 구성되었으며 총 13개 하위요인으로는 성차별, 자신감 부족, 다중 역할 갈등, 자녀와 진로 요구사항 간의 갈등, 인종 차별, 부적절한 준비, 의미 있는 타인의 불인정, 의사결정의 어려움, 진로 불만족, 비전통적 진로 선택에 대한 지지 부족, 장애/건강 염려, 노동 시장의 제약, 관계망 만들기/사회화 어려움이 있다.

 신뢰도 및 타당도

남녀 대학생을 대상으로 타당화한 결과에 근거해 하위 차원의 신뢰도 계수 α는 .64에서 .86으로 나타났으며 전체 신뢰도 계수 α는 .77이었다(Swanson, Daniels, & Tokar, 1996). 그리고 하위 척도의 상호 상관은 .27에서 .80으로 나타났다.

 원 척도의 출처

Swanson, J. L., & Daniels, K. K. (1995). *The Career Barriers Inventory-Revised.* Unpulished manuscript, Southern Illinois University, Carbondale.

 이 척도를 사용한 국내 연구

활용된 예를 찾을 수 없었음.

척도의 내용(Swanson & Daniels, 1995)

진로장벽 척도

다음은 직업 선택이나 진로선택 시에 여러분의 태도에 관한 진술입니다. 읽어 보시고 자신과 가장 가까우면 5점, 가장 거리가 멀면 1점에 표시하십시오.

전혀 아니다 1	아니다 2	보통이다 3	그렇다 4	아주 그렇다 5

Ⅰ. 성차별

1. 자녀를 갖고 있거나 자녀를 가질 계획이 있기 때문에 고용주가 차별한다.
2. 반대편 성의 직장동료만큼 보수를 받지 못한다.
3. 취업시 성차별을 경험한다.
4. 결혼했기 때문에 차별을 받는다.
5. 나와 같은 성의 사람들보다 반대 성의 사람들이 더 자주 승진한다.
6. 직업에서 성추행을 경험한다.
7. 내 성에 대해 편견을 갖고 있는 상사나 감독자가 있다.

Ⅱ. 자신감 부족

1. 직업에 관한 능력에 자신감이 없다.
2. 일반적으로 나 자신에 대해 자신감이 없다.
3. 성숙 부족이 나의 진로를 방해한다.
4. 자존감이 낮다.

III. 다중 역할 갈등

1. 배우자/파트너의 직업으로 인해 재배치될 필요가 있다.
2. 직업과 가정(배우자나 자녀 사이)에서 갈등을 느낀다.
3. '모든 것을 잘 해야 한다'는 압박감을 느낀다. 부모, 배우자, 직업인으로서 잘해야 한다는 기대를 받는다.
4. 가정에서의 스트레스(배우자나 자녀)가 직장에서의 수행에 영향을 미친다.
5. 결혼/가사 계획과 진로 계획 간에 갈등이 있다.
6. 가사 책임을 방해하는 융통성 없는 직업 스케줄을 가진다.
7. 직장에서의 스트레스가 가정생활에 영향을 미친다.

IV. 자녀와 진로 요구사항 간의 갈등

1. 자녀가 아플 때나 방학 때 직장을 쉴 필요가 있다.
2. 나의 진로목표보다 자녀를 우선순위에 두기를 원하는 배우자의 희망을 수용한다.
3. 자녀를 위해 좋은 양육 서비스를 찾을 수 없을 것이다.
4. 자녀가 어릴 때 일하는 것에 대해 죄의식을 느낀다.
5. 자녀양육을 위해 직장을 쉰 후 직업시장에 재진입하는 것이 어렵다.
6. 자녀를 가진 이후에 내 직업에서 획득한 기반을 유지하기 힘들다.
7. 진로 계획상 '좋지 못한 시기'에 자녀를 가진다.

V. 인종차별

1. 취업 시 인종차별을 경험한다.
2. 인종/민족에 대해 편견이 있는 상사나 감독자가 있다.
3. 직무에서 인종적 추행을 경험한다.
4. 승진 시 인종차별을 경험한다.
5. 다른 인종/민족의 동료만큼 보수를 받지 못한다.

6. 다른 인종/민족의 사람들이 내 인종/민족의 사람들보다 더 자주 승진한다.

Ⅵ. 부적절한 준비

1. 직업에서 요구하는 성격 특성(예,주장성)이 부족하다.
2. 직업에 요구되는 기술(예, 의사소통, 지도력, 의사결정)이 부족하다.
3. 내 직업의 물리적 · 정서적 요구사항을 다룰 수가 없다.
4. 내가 원하는 직업에 필요한 교육적 배경이 부족하다.
5. 내가 원하는 직업에 요구되는 실제적인 경험이 부족하다.

Ⅶ. 의미 있는 타인의 불인정

1. 배우자/파트너가 내 직업/진로 선택을 허용하지 않는다.
2. 배우자/가족이 내 직업/진로 선택을 인정하지 않는다.
3. 친구들이 나의 직업/진로 선택을 인정하지 않는다.
4. 배우자/파트너로부터 지지를 받지 못한다.

Ⅷ. 의사결정의 어려움

1. 진로목표가 불확실하다.
2. 진로계획에 대한 결심이 자꾸 바뀐다.
3. 직업 관련 가치에 대해서 불확실하다.
4. 어떤 직업/진로를 원하는지를 결정하지 못한다.
5. 어떻게 진로 방향을 선택해야 하는지 확실하지 않다.
6. 어떤 진로 대안이 있는지 불확실하다.
7. 직업/진로에 대해 정보가 부족하다.
8. 인생에서 내가 원하는 것이 불확실하다.

IX. 진로 불만족

1. 직업/진로에 따분함을 느낀다.
2. 나의 직업/진로 때문에 재배치되고 싶지 않다.
3. 나의 진로 진전(예,내가 원하는 것만큼 자주 승진하지 못함)에 실망한다.
4. 직업/진로에 흥미를 잃는다.
5. 직업/진로가 불만족스럽다.

X. 비전통적 진로 선택에 대한 지지 부족

1. 비전통적인 분야를 추구하는 것에 대해(예, 여성이 공학, 남성이 간호사)지지받지 못한다.
2. 특정 진로가 나와 동성인 사람들에게는 적합하지 않다고 다른 사람들이 믿는다.
3. 성 때문에 나에게 있어서 특정 진로는 적합하지 않다고 믿는다.
4. 비전통적인 직무/진로로 인해 사람들이 나를 '여성적이지 않은' / '남성적이지 않은' 사람으로 생각할까 봐 두렵다.
5. 나와 동성인 사람은 비전통적인 분야에 취업할 기회가 부족하다.

XI. 장애/건강 염려

1. 진로선택을 제한하는 장애가 있다.
2. 직업/진로를 방해하는 건강상의 문제를 경험한다.
3. 내가 가진 장애로 인해 취업상에 차별을 경험한다.

XII. 노동 시장의 제약

1. 꽉 짜인 직업시장으로 인해 직업을 찾는 데 어려움이 있다.
2. 경제의 변화로 인해 진로 계획을 세우는 것이 어렵다.
3. 내 직업 분야에서 향후 고용 전망이 밝지 않다.
4. 내 분야에서 요구하는 교육/훈련사항을 갖추지 못하였다.

XIII. 관계망 만들기/사회화의 어려움

1. 고용주에게 어떻게 '자신을 팔아야 하는지'에 대해서 불확실하다.
2. 직장에서의 역할 모델이나 지도자가 없다.
3. 나의 진로는 승진의 기회가 없다.
4. 진로에 있어서 어떻게 진전해 갈지 불확실하다.
5. 내 진로에 있어서 앞서 나간 선배를 알지 못한다.

여대생용 진로장벽 척도*

척도 개요

이 척도는 우리나라 여대생을 대상으로 '직업이나 진로계획상의 진전을 방해하는 요인'으로 진로장벽을 정의하고, 진로선택과 진로결정에 부정적 영향을 주는 다양한 요인의 방해 정도를 측정하기 위해 손은령(2001)에 의해 개발된 도구다.

척도의 개발

우리나라 여자 대학생이 지각하는 진로장벽의 내용과 지각 정도를 측정하기 위하여 손은령(2001)이 개발하였다. 여자 대학생용 진로장벽 검사는 7점 척도의 자기보고 식 검사로서 총 57문항으로 구성되어 있다. 또한 '직업이나 진로계획에 있어서 자신의 진로목표 실현을 방해하거나 가로막는 내적 · 외적 장벽'을 진로장벽으로 정의하고 그 방해 정도를 측정하도록 구성되었다.

척도의 구성

총 57문항으로 구성되었으며 총 7개 하위요인으로는 차별, 직장생활에 필요한 개인특성의 부족, 다중역할로 인한 갈등, 미결정 및 직업 준비 부족, 노동시장과 관습의 제약, 기대보다 낮은 직업 전망, 여성취업에 대한 고정관념이라는 7개 진로장벽 등이 있다.

신뢰도 및 타당도

서울과 지방의 8개 대학 여대생 895명을 대상으로 타당화한 결과에 근거해 하위차원의 신뢰도 계수 α는 차별 .90, 직장생활에 필요한 개인특성의 부족 .89, 다중 역할로 인한 갈등 .87, 미결정 및 직업 준비 부족 .86, 노동시장과 관습의 제약 .72, 기대보다 낮은 직업 전망 .74, 여성취업에 대한 고정관념 .67로 나타났다.

원 척도의 출처

손은령(2001). 여자대학생이 지각한 진로장벽. 서울대학교 박사학위논문.

이 척도를 사용한 국내 연구

손은령(2002). 여자대학생이 지각한 진로장벽과 개인 · 심리적 변인의 관계. 한국심리학회지:상담 및 심리치료, 14(2), 415-427.

척도의 내용(손은령, 2001)

여대생용 진로장벽 척도

다음에 제시된 검사는 당신이 진로를 결정하거나 직장생활을 해 나갈 때 다음의 진로장벽이 당신의 진로 목표실현을 어느 정도 방해할 것으로 예상하는지를 알아보기 위한 것입니다. 진로장벽이란 '직업이나 진로계획에 있어서 자신의 진로목표 실현을 방해하거나 가로막는 내적 · 외적 요인'을 의미합니다. 여기서 외적 장벽은 주로 환경에서 발견될 수 있는 장벽이며, 내적 장벽은 보다 심리적인 측면의 장벽입니다. 이 장벽은 당신의 진로 선택, 구직, 취업과 관련해서 발생할 수 있습니다. 그리고 당신이 직장생활을 해 나가거나, 가정생활과 직장생활을 조화롭게 하고자 할 경우에도 발생할 수 있습니다. 다음에 나열된 문항을 읽고 다음의 진로장벽이 당신의 진로 목표실현을 어느 정도 방해할(가로막을) 것으로 예상하는지 답안지의 7점 척도에 ○표 해 주시기 바랍니다.

전혀 방해하지 않을 것이다						매우 방해할 것이다
1	2	3	4	5	6	7

I. 차별

1. 상사가 나의 성에 대해 편견을 갖고 있다.
2. 배우자(애인)의 직장이 바뀌어서 내 직장이나 직무를 바꾸어야 한다.
3. 연령 때문에 취업이나 직무에 있어서 차별을 받는다.
4. 남성 위주의 조직사회에서 생활해 나가야 하는 것이 부담스럽다.
5. 내가 기혼자이기 때문에 차별을 받는다.

6. 내가 여성이기 때문에 취업, 승진, 보수 등에서 불이익을 당한다.
7. 배우자가 내 진로 목표보다 자녀양육을 우선순위에 두어야 한다고 생각한다.
8. 내 성에 대한 사회의 고정관념 때문에 직장에서 처신하기가 곤란하다.
9. 직장분위기(상사 및 직장동료)가 여성의 능력에 대해 편견을 갖고 있다.
10. 내 연고지나 학벌로 인해 직장생활에 불이익이 있다.
11. 전통적으로 내 성에 어울리지 않다고 인식된 직업을 구하기가 어렵다.
12. 직장상사나 동료로부터 성적으로 희롱당한다.
13. 직무분담에 있어서 내가 여성이기 때문에 차별을 받는다.
14. 남성이 주로 하는 분야의 직업(예, 토목 기사)을 원하기 때문에 취업이나 직장생활이 힘들다.

Ⅱ. 직장생활에 필요한 개인특성의 부족

1. 직장생활을 잘해 나갈 자신이 없다.
2. 내 자신에 대해 매사 부정적으로 생각한다.
3. 직장생활이 결국에는 실패로 끝날까 봐 두렵다.
4. 내 성격 특성이 직장생활이나 사회생활에 적합하지 않다.
5. 직장생활을 유지할 만한 체력을 갖추지 못하였다.
6. 나는 위계적인 직장에서 근무하는 것이 힘들다.
7. 직장에서 요구하는 기술(예, 의사 표현력, 지도력, 의사 결정력 등)이 부족하다.
8. 직장생활을 잘해 나갈 만한 끈기가 없다.
9. 직장에서 대인관계를 잘 형성해 나가지 못해 스트레스를 받는다.
10. 직장생활을 잘해 나가고자 하는 의욕이 부족하다.

Ⅲ. 다중 역할로 인한 갈등

1. 나의 가사책임과 직장에서의 직무책임을 조화롭게 하기가 힘들다.
2. 결혼 및 출산 계획과 진로 계획을 조화롭게 하는 것이 어렵다.
3. 자녀가 있거나, 자녀를 가질 계획이 있기 때문에 직장에서 차별을 받는다.
4. 어린 자녀를 두고 직장생활을 하는 것에 대해 죄책감을 느낀다.
5. 가정에서의 스트레스가 내 직장생활에 영향을 준다.
6. 자녀로 인해 내 직장생활이 방해받는다.
7. 자녀로 인해 직장에서 어렵게 얻은 기반을 유지하기 힘들다.
8. 나의 모든 역할(부모, 배우자, 직업인 등)을 잘해 나가야 한다는 것이 큰 부담이다.
9. 부모 역할과 직장인 역할을 함께 수행해 나가기가 어렵다.

Ⅳ. 미결정 및 직업 준비 부족

1. 직업을 통해 내가 바라는 것이 무엇인지 잘 모르겠다.
2. 어떻게 취직해야 할지 방법을 모른다.
3. 직업의 종류와 그 전망 등에 대해 제대로 알고 있지 못하다.
4. 나의 진로 목표가 불확실하기 때문에 진로 계획이 계속 바뀐다.
5. 직장생활을 해 나가는 데 필요한 자격증이 없다.
6. 내가 갖고 싶은 직업이 무엇인지 모르기 때문에 진로를 결정하기 힘들다.
7. 내가 원하는 직업과 내 대학 전공이 다르다.
8. 내가 잘할 수 있는 일이 무엇인지 잘 모르겠다.

Ⅴ. 노동시장과 관습의 제약

1. 직장에서 나를 이끌어 줄 만한 선배나 동문을 모른다.
2. 국내 경제상황의 변화 때문에 내 진로를 계획하기 힘들다.

3. 특별한 인맥이나 배경이 없기 때문에 직업적으로 성공할 것 같지 않다.
4. 부모님이나 주변 사람이 나에게 거는 기대가 너무 높아 부담스럽다.
5. 지금의 경제상황에서 내가 취업할 수 있을지 모르겠다.
6. 직장에서 승진해 나가는 방법을 모른다.

Ⅵ. 기대보다 낮은 직업 전망

1. 직장에서 필요한 능력에 비해 내가 너무 많은 능력을 갖고 있다.
2. 내가 원하는 직업의 보수가 낮기 때문에 경제적 어려움이 뒤따를 것 같아 염려된다.
3. 내가 원하는 직장의 보수가 너무 낮다.
4. 내가 원하는 직장에서는 승진 기회가 적어 보인다.
5. 내가 원하는 직업의 사회적 지위가 낮다.

Ⅶ. 여성 취업에 대한 고정관념

1. 내 직업 선택을 주변 사람(부모, 친구, 친지 등)이 인정하지 않는다.
2. 나의 신체적 조건이나 외모로 인해 취업 시 차별을 받는다.
3. 내가 원하는 직업이 나의 성에는 적합하지 않다는 사회적 통념 때문에 자신감을 잃는다.
4. 나는 여성이기 때문에 특정 직업은 나에게 어울리지 않는다고 생각한다.
5. 내 직업 선택을 애인이나 배우자가 지지해 주지 않는다.

청소년용 여성 진로장벽 척도*

척도 개요

이 척도는 초 · 중 · 고등학교 여학생을 대상으로 '직업이나 진로계획상의 진전을 방해하는 요인'으로 진로장벽을 정의하고, 진로선택과 진로결정에 부정적 영향을 주는 다양한 요인을 측정하기 위해 개발된 도구(황매향, 이은설, 유성경, 2005)다.

척도의 개발

문헌연구를 통해 Swanson의 CBI-R(Career Barriers Inventory-Revised) 등의 외국 척도와 국내의 진로장벽 척도를 참고하여 개발되었으며, 서울과 경기도 소재의 초 · 중 · 고등학교 여학생 729명을 대상으로 한 예비연구를 통해 42문항의 진로장벽 척도를 구성했고, 650명의 초 · 중 · 고등학교 여학생을 대상으로 한 이 검사를 통해 양호도 분석, 구인타당도 검증을 실시하여 적정수준인 것으로 확인되었다.

척도의 구성

총 42문항으로 구성되었으며 총 7개 하위요인으로는 자기이해의 부족, 자신감 부족, 성역할 갈등 성차별, 중요한 타인과의 갈등, 미래에 대한 불확실성, 진로 및 직업 정보의 부족, 경제적 어려움 등이다. 모든 문항은 '전혀 아니다(1)'에서 '매우 그렇다(4)'의 Likert 식 4점 척도로 구성되었다.

신뢰도 및 타당도

초 · 중 · 고등학교 여학생을 대상으로 타당화한 결과에 근거해 하위차원들의 신뢰도 계수 α는 자기이해의 부족 .86, 자신감 부족 .83, 성역할 갈등 및 성차별 .73, 중요한 타인과의 갈등 .67, 미래에 대한 불확실성 .70, 진로 직업정보의 부족 .80, 경제적 어려움 .78로 나타났다.

원 척도의 출처

황매향, 이은설, 유성경(2005). 청소년용 여성 진로장벽 척도의 개발 및 구인타당도 검증. 상담학연구, 6(4), 1205-1223.

이 척도를 사용한 국내 연구

김수지, 이정자(2013). 진로장벽, 진로 결정 자기효능감이 진로준비행동에 미치는 영향: 중학교, 인문고, 특성화고 비교. 재활심리연구, 20(1) 119-136.

이윤주, 김경화, 민하영(2008). 인문계 고등학생의 자살생각 및 시도와 소외감 및 진로장벽의 관계. 청소년상담연구, 16(1), 69-85.

척도의 내용(황매향, 이은설, 유성경, 2005)

청소년용 여성 진로장벽 척도

다음은 직업선택이나 진로선택 시에 여러분의 태도에 관한 진술입니다. 각 문항을 읽으시고 당신의 느낌과 가장 가까운 번호에 ○표 해 주십시오.

1··················2··················3··················4

전혀 아니다 ………… 매우 그렇다

Ⅰ. 자기이해 부족

1. 나는 내가 어떤 일을 잘할 수 있는지 모르겠다.
2. 나는 나를 잘 몰라서 앞으로 무엇을 해야 할지 모르겠다.
3. 나는 나에게 중요한 것이 무엇인지 모르겠다.
4. 나는 내가 어떤 일을 좋아하는지 모르겠다.

Ⅱ. 자신감 부족

1. 나는 무엇을 하든 자신감이 부족하다.
2. 나는 끈기가 부족해서 내가 이루고 싶은 꿈을 이루기 어려울 것이다.
3. 나는 수학을 못해서 내가 원하는 직업을 가질 수 없을 것이다.
4. TV와 컴퓨터 등 주위 유혹을 이기지 못해서 미래가 걱정된다.
5. 나는 컴퓨터를 못해서 원하는 직업을 갖기 어려울 것이다.
6. 나는 힘든 일이 생기면 해결할 수 없을 것이다.
7. 나는 잠이 많아서 성공하지 못할 것 같다.
8. 내가 고등학교에 가서도 공부를 잘할 수 있을지 걱정이다.
9. 내가 원하는 직업을 가질 만큼 실력이 안 된다.
10. 나는 공부방법을 몰라서 실력발휘를 못할 것이다.

11. 나는 몸이 약해서 내가 원하는 직업을 갖기 어려울 것이다.

Ⅲ. 성역할 갈등 및 성차별

1. 나는 결혼을 하면 직업을 갖지 않을 것이다.
2. 내가 원하는 직업은 주로 남자가 하는 직업이라서 걱정이다.
3. 나의 행복은 내 능력보다도 미래의 남편의 능력에 따라 달라질 것이다.
4. 나는 여자라서 너무 많이 공부할 필요는 없다.
5. 내가 공부를 너무 잘하면 남자가 싫어할 것이다.
6. 나는 여자라서 돈을 많이 벌지 못할 것이다.
7. 내가 여자이기 때문에 직장에서 차별대우를 받을 것이다.
8. 내가 여자이기 때문에 선택할 수 있는 직업은 적다.

Ⅳ. 중요한 타인과의 갈등

1. 나는 남자친구가 내가 선택한 직업을 좋아하지 않을까 봐 걱정이 된다.
2. 앞으로 내 직업 선택은 부모님의 반대나 참견으로 인해 영향을 많이 받을 것이다.
3. 부모님이나 집안의 기대 때문에 내가 하고 싶은 일을 하지 못할 것이다.
4. 부모님이나 주변 사람이 나에게 거는 기대가 너무 높아 부담스럽다.
5. 내가 선택한 직업을 친구들이 좋지 않게 얘기하면 그 직업이 싫어진다.
6. 우리 선생님(학교, 학원, 과외 선생님 등)께서 내가 원하는 직업이 나와 맞지 않는다고 하면 포기할 것이다.

Ⅴ. 미래의 대한 불확실성

1. 나중에 내가 직업이 없는 사람이 될까 봐 두렵다.
2. 나는 앞으로 내가 원하는 직업을 찾지 못할까 봐 불안하다.
3. 내가 원하는 직업은 인기가 많아서 불안하다.
4. 내가 선택한 직업이 앞으로 인기가 떨어질까 봐 걱정이다.

VI. 진로 및 직업 정보의 부족

1. 나는 내가 원하는 직업에서 사람들이 실제로 어떤 일을 하는지 모른다.
2. 내가 원하는 직업을 가지기 위해 어떤 준비를 해야 하는지 모른다.
3. 나는 직업의 다양한 종류에 대해서 모른다.
4. 나는 관심 있는 직업에 대한 정보를 어디서 얻을 수 있는지 모른다.

VII. 경제적 어려움

1. 우리 집에 돈이 없어서 돈을 많이 벌 수 있는 직업을 선택해야만 한다.
2. 가정형편이 좋지 않아서 원하는 직업을 갖지 못할 것이다.
3. 내가 원하는 직업(전공)을 갖기 위해서는 돈이 많이 들어 고민이 된다.
4. 대학을 생각하면 돈 걱정이 앞선다.
5. 원하는 학원(과외)에 다닐 형편이 안 돼서 꿈을 이룰 수 없을 것이다.

청소년용 남성 진로장벽 척도*

척도 개요

이 척도는 초 · 중 · 고등학교 남학생을 대상으로 '직업이나 진로계획상의 진전을 방해하는 요인'으로 진로장벽을 정의하고, 진로선택과 진로결정에 부정적 영향을 주는 다양한 요인을 측정하기 위해 황매향, 이아라, 박은혜(2005)에 의해 개발된 도구다.

척도의 개발

문헌연구를 통해 Swanson의 CBI-R(Career Barriers Inventory-Revised)과 O' Neil 등(1986)의 성역할 갈등 척도(Gender Role Conflict Scale: GRCS)의 네 가지 하위요인인 '성공 권력 경쟁, 감정 억제, 남성 간 애정 행동 억제, 일과 가족 간의 갈등'을 토대로 문항이 개발되었다. 초 · 중 · 고등학교 남학생 705명을 대상으로 진로장벽 검사를 시행하여 요인분석을 통해 구인타당도가 확인되었다. 또한 진로장벽 척도가 초 · 중 · 고등학교에 동일하게 사용될 수 있는지 확인하기 위해 구조방정식 모형을 이용하여 다집단 분석을 통해 형태동일성, 측정동일성, 척도동일성 검증을 한 결과, 청소년용 남성 진로장벽 척도는 초 · 중 · 고등학교 남학생에게 동일하게 사용될 수 있는 것으로 나타났다.

척도의 구성

총 42문항으로 구성되었으며 총 7개 하위요인으로는 자기이해의 부족, 자신감 부족(낮은 학습 효능감), 성역할 갈등 성차별, 중요한 타인과의 갈등, 미래에 대한 불확실성, 진로 및 직업 정보의 부족, 경제적 어려움 등이다. 모든 문항은 '전혀 아니다(1)' 에서 '매우 그렇다(4)' 의 Likert 식 4점 척도로 구성되었다.

신뢰도 및 타당도

초 · 중 · 고등학교 남학생을 대상으로 타당화한 결과에 근거해, 하위차원의 신뢰도 계수 α는 자기이해의 부족 .84, 자신감 부족(낮은 학습 효능감) .83, 성역할 갈등 및 성차별 .80, 중요한 타인과의 갈등 .68, 미래에 대한 불확실성 .68, 진로 직업정보의 부족 .77, 경제적 어려움 .72로 나타났다.

원 척도의 출처

황매향, 이아라, 박은혜(2005) 청소년용 남성 진로장벽 척도의 타당도 검증 및 잠재평균 비교. 한국청소년연구, 16(2), 125-159.

이 척도를 사용한 국내 연구

김수지, 이정자(2013). 진로장벽, 진로 결정 자기효능감이 진로준비행동에 미치는 영향: 중학교, 인문고, 특성화고 비교. 재활심리연구, 20(1), 119-136.

이윤주, 김경화, 민하영(2008). 인문계 고등학생의 자살 생각 및 시도와 소외감 및 진로장벽의 관계. 청소년상담연구, 16(1), 69-85.

척도의 내용(황매향, 이아라, 박은혜, 2005)

청소년용 남성 진로장벽 척도

다음은 직업선택이나 진로선택 시에 여러분의 태도에 관한 진술입니다. 각 문항을 읽고 당신의 느낌과 가장 가까운 번호에 ○표 해 주십시오.

1	2	3	4
전혀 아니다			매우 그렇다

Ⅰ. 자기이해 부족

1. 나는 내가 어떤 일을 잘할 수 있는지 모르겠다.
2. 나는 나를 잘 몰라서 앞으로 무엇을 해야 할지 모르겠다.
3. 나는 나에게 중요한 것이 무엇인지 모르겠다.
4. 나는 내가 어떤 일을 좋아하는지 모르겠다.

Ⅱ. 자신감 부족(낮은 학습 효능감)

1. 나는 무엇을 하든 자신감이 부족하다.
2. 나는 끈기가 부족해서 내가 이루고 싶은 꿈을 이루기 어려울 것이다.
3. 나는 수학을 못해서 내가 원하는 직업을 가질 수 없을 것이다.

4. TV와 컴퓨터 등 주위 유혹을 이기지 못해서 미래가 걱정된다.
5. 나는 컴퓨터를 못해서 원하는 직업을 갖기 어려울 것이다.
6. 나는 힘든 일이 생기면 해결할 수 없을 것이다.
7. 나는 잠이 많아서 성공하지 못할 것 같다.
8. 내가 고등학교에 가서도 공부를 잘할 수 있을지 걱정이다.
9. 내가 원하는 직업을 가질 만큼 실력이 안 된다.
10. 나는 공부방법을 몰라서 실력발휘를 못할 것이다.
11. 나는 몸이 약해서 내가 원하는 직업을 갖기 어려울 것이다.

Ⅲ. 성역할 갈등 및 성차별

1. 나는 남자이기 때문에 남이 알아주는 직업을 가져야 한다.
2. 나는 남자이기 때문에 가족을 위해 돈을 잘 버는 직업을 선택해야 한다.
3. 나는 남자이기 때문에 직장에서 성공해야 한다.
4. 나는 남자라서 여자보다 일을 더 많이 해야 한다.
5. 나는 남자이기 때문에 직장에서 리더가 되어야 한다.
6. 나는 여자라서 돈을 많이 벌지 못할 것이다.
7. 나는 남자라서 공부를 많이 해야 한다.
8. 내가 공부를 못하면 여자에게 인기가 없을 것이다.

Ⅳ. 중요한 타인과의 갈등

1. 나는 여자친구가 내가 선택한 직업을 좋아하지 않을까 봐 걱정이 된다.
2. 앞으로 내 직업 선택은 부모님의 반대나 참견으로 인해 영향을 많이 받을 것이다.
3. 부모님이나 집안의 기대 때문에 내가 하고 싶은 일을 하지 못할 것이다.
4. 부모님이나 주변 사람이 나에게 거는 기대가 너무 높아 부담스럽다.
5. 내가 선택한 직업을 친구들이 좋지 않게 얘기하면 그 직업이 싫어진다.
6. 우리 선생님(학교, 학원, 과외 선생님 등)께서 내가 원하는 직업이 나

와 맞지 않는다고 하면 포기할 것이다.

V. 미래의 대한 불확실성

1. 나중에 내가 직업이 없는 사람이 될까 봐 두렵다.
2. 나는 앞으로 내가 원하는 직업을 찾지 못할까 봐 불안하다.
3. 내가 원하는 직업은 인기가 많아서 불안하다.
4. 내가 선택한 직업이 앞으로 인기가 떨어질까 봐 걱정이다.

VI. 진로 및 직업 정보의 부족

1. 나는 내가 원하는 직업에서 사람들이 실제로 어떤 일을 하는지 모른다.
2. 내가 원하는 직업을 가지기 위해 어떤 준비를 해야 하는지 모른다.
3. 나는 직업의 다양한 종류에 대해서 모른다.
4. 나는 관심 있는 직업에 대한 정보를 어디서 얻을 수 있는지 모른다.

VII. 경제적 어려움

1. 우리 집에 돈이 없어서 돈을 많이 벌 수 있는 직업을 선택해야만 한다.
2. 가정형편이 좋지 않아서 원하는 직업을 갖지 못할 것이다.
3. 내가 원하는 직업(전공)을 갖기 위해서는 돈이 많이 들어 고민이 된다.
4. 대학을 생각하면 돈 걱정이 앞선다.
5. 원하는 학원(과외)에 다닐 형편이 안돼서 꿈을 이룰 수 없을 것이다.

생애 역할 중요도 척도

척도 개요

이 척도는 성인 남성과 여성을 대상으로 직업, 결혼, 부모, 가사의 역할과 관련된 개인의 기대를 측정하기 위해 개발된 도구다. 이 척도를 통해서 개인적 역할 기대의 두 가지 측면을 평가할 수 있다. 특정한 역할에 참여하고자 하는 개인적 중요성이나 가치 그리고 의도적으로 어떤 역할을 수행하기 위해 필요한 시간과 에너지를 들이는 정도를 각 역할에 대한 태도 문항을 이용하여 측정한다.

척도의 개발

Amatea, Cross, Clark와 Bobby(1986)에 의해서 개발되었으며, 국내 진로상담 연구에서 번안되어 타당화한 작업은 이루어지지 않았다. 이 척도의 전신은 Super와 Neville(1983)에 의해 개발된 역할 중요도 척도(Role Salience Inventory)로, 가정의 역할(부모, 결혼, 가사의 역할)에 국한된 점을 보완하고자 현대 사회에서 일과 가정의 역할 모두를 측정할 수 있도록 직업의 역할 부분을 추가하여 남녀 대학생, 여교수 집단, 맞벌이 부부들을 대상으로 타당화하였다.

척도의 구성

네 가지 역할의 중요도와 헌신의 두 가지 측면, 즉 총 8개의 영역에서 각각 5문항씩 총 40문항으로 5점 척도로 반응한다.

신뢰도 및 타당도

부부를 대상으로 타당화한 결과에 근거해 하위차원의 내적 합치도 계수는 부모 역할 가치/헌신의 경우 .84/.80, 결혼 역할 가치/헌신 .94/.81, 직업 역할 가치/헌신 .86/.83, 가사 역할의 가치/헌신 .82/.79다. 주성분 분석을 통한 요인분석 결과는 이론적인 8개의 모든 차원을 지지하는 것으로 나타났다.

원 척도의 출처

Amatea, E. S., Cross, E. G., Clark, J. E., & Bobby, C. L. (1986). Assessing the work and family role expectations of career-oriented men and women: the life role salience scales. *Journal of Marriage and the Family, 48*, 831-838.

이 척도를 사용한 국내 연구

활용된 예를 찾을 수 없었음.

척도의 내용(Amatea, Cross, Clark, & Bobby, 1986)

생애 역할 중요도 척도

다음은 직업, 부모, 결혼, 가사의 역할에 대한 여러분의 태도를 진술한 것입니다. 읽어 보시고 자신과 가장 가까우면 5점, 가장 거리가 멀면 1점에 표시하십시오.

1············2············3············4············5

전혀 그렇지 않다 매우 그렇다

I. 직업역할 보상 가치

1. 나에게 직업/일을 갖는 것은 재미있고 흥분되는 일이고 나의 가장 중요한 인생의 목표다.
2. 나는 내 직업/일이 나에게 내가 하는 그 어떤 것보다도 더 많은 현실적 만족을 제공할 것이라 기대한다.
3. 직업/일을 통해서 나 자신의 이름을 날리고 명성을 얻는 것은 내 인생의 목표가 아니다.
4. 중요한 무엇인가를 성취할 수 있는 직업/일을 갖는다는 것은 나에게 중요하다.
5. 나의 직업/일에서 성공한다는 것을 느끼는 것은 중요하다.

II. 직업역할에 대한 헌신

1. 나는 일하기를 원하지만 요구가 많은 직업을 갖는 것은 원하지 않는다.
2. 나는 나의 직업/일에서 승진하기 위해서 가능한 한 많은 희생을 하기를 기대한다.

3. 나는 어떤 직업에 몰두하고 있는 것에 가치를 두고 커리어를 개발하기 위해 시간과 노력을 투자할 것을 기대한다.
4. 나는 내 직업에서 승진하기 위해 필요한 기술을 개발하고 나의 경력을 쌓기 위해 상당히 많은 시간을 투자할 것을 기대한다.
5. 나는 나의 직업/일 분야에서 올라가기 위해 필요한 시간과 노력이 무엇이든지 간에 투자할 것을 기대한다.

Ⅲ. 부모 역할 보상 가치

1. 비록 부모됨이 많은 희생을 요구한다 할지라도, 자신의 아이들에 대한 사랑과 즐거움은 가치가 있다.
2. 만약 내가 아이를 갖지 않기로 선택한다면, 나는 후회할 것이다.
3. 내가 효과적인 부모라고(부모가 될 거라고) 느끼는 것은 나에게 중요하다.
4. 아이들을 낳고 기른다는 생각은 나에게 매력적이지 않다.
5. 만약 내가 결코 아이를 갖지 않는다면 내 인생은 공허할 것이다.

Ⅳ. 부모 역할에 대한 헌신

1. 아이들을 낳고 그들을 돌보는 책임이 있는 것보다 오히려 나 자신을 위해서 시간을 갖는 것이 나에게 중요하다.
2. 나는 나의 아이들을 양육하는 데 상당한 양의 시간과 노력을 투자할 것을 기대한다.
3. 나는 나의 아이들을 양육하는 일상의 문제에 깊이 관계될 것을 기대한다.
4. 일상적인 육아의 세부사항에 연루되는 것은 내 인생의 다른 영역에서 희생을 포함하게 된다.
5. 나는 육아에 깊이 연루되는 것을 원하지 않는다.

V. 결혼역할 보상 가치

1. 만약 내가 결혼하지 않는다면 내 인생은 공허할 것 같아 보인다.
2. 성공적인 결혼을 한다는 것은 내 인생에서 가장 중요하다.
3. 나는 결혼이 내가 연루되어 있는 그 어떤 것보다도 더욱 현실적인 개인적 만족을 줄 것이라고 기대한다.
4. 내가 사랑하는 사람과 결혼하는 것은 그 밖의 다른 것보다 더 중요하다.
5. 나는 내 인생에서의 주된 만족은 결혼 관계에서 파생된다고 기대한다.

VI. 결혼역할에 대한 헌신

1. 나는 내 배우자가 사랑받고 지지받고 보살핌을 받고 있다고 느끼게 하기 위해 필요한 어떤 시간이라도 투자할 것을 기대한다.
2. 내 배우자와 함께 있거나 무엇을 함께하는 데 시간을 많이 투자할 것으로 기대하지 않는다.
3. 나는 결혼 관계를 유지하기 위해 많은 시간과 노력을 투자할 것을 기대한다.
4. 현실적으로 내 자신이 결혼 관계에 엮인다는 것은 내가 기꺼이 수용하지 않는 내 삶의 다른 영역에서의 희생을 포함한다.
5. 나는 만약 결혼이 다른 개인적인 목표를 추구하는 데 기회를 제한시키는 것을 의미한다 할지라도 좋은 결혼 관계를 확립하기 위해 열심히 노력할 것을 기대한다.

VII. 가사역할 보상 가치

1. 자랑할 수 있는 가정이 있다는 것은 나에게 중요하다.
2. 편안하고 매력적인 가정을 갖는다는 것은 나에게 매우 중요하다.
3. 잘 운영되는 가정을 갖는다는 것은 내 삶의 목표 중 하나다.
4. 훌륭한 가정을 갖는 것은 내가 매우 헌신해야 함을 의미한다.
5. 나는 살 장소를 원하지만 정말로 그것이 어떠해야 하는지는 별 상관이

없다.

VIII. 가사역할에 대한 헌신

1. 나는 가사를 꾸려 가는 대부분의 일상적인 노력을 다른 사람에게 이양하기를 기대한다.
2. 나는 깨끗하고 매력적인 가정을 갖기 위해서 필요한 시간과 주의를 투자할 것을 기대한다.
3. 나는 가정을 돌보고 멋지게 만들기 위해서 매우 노력할 것을 기대한다.
4. 나는 내 가정이 잘 유지되고 운영되는 것에 대한 책임감을 가정하는 것을 기대한다.
5. 가정을 돌보고 운영하는 데 상당한 시간을 투자하는 것은 내가 기대하는 바가 아니다.

일-가족 갈등 척도 1*

척도 개요

이 척도는 성인 남녀를 대상으로 일이 가족의 역할을 수행하는 데 방해가 되는 갈등과 반대로 가족의 역할이 일의 역할에 방해를 주는 갈등을, 시간 · 긴장 · 행동에 기반된 갈등의 내용으로써 측정한다. 기업체 상담 장면에서 부모의 역할과 동시에 승진을 앞둔 내담자와 상담을 진행할 경우, 이 내담자가 경험하는 일-가족 갈등 현상의 본질을 좀 더 살펴보고자 할 때 활용할 수 있다. 조직 안에서의 어려움인지, 아니면 가족 내부에서 발생하는 갈등인지, 또 그 내용이 시간 관리의 어려움인지, 정서적 긴장과 스트레스에 기인한 것인지, 행동전략의 부족인지를 점검할 수 있다. 일-가족 갈등은 심리적 행복, 직업 만족도, 조직 헌신, 그리고 삶의 만족 등과 같은 성과에 영향을 미치는 중요한 요인으로서 연구되고 있다(최윤정, 김계현, 2009).

척도의 개발

Carlson, Kacmar와 Williams(1998; 2000)에 의해서 남녀 대학생과 대

학원생을 대상으로 문항을 개발하고 난 후, 근로자를 대상으로 척도를 타당화하였다. Greenhaus와 Beutell(1985)의 일-가족 갈등에 대한 방향(일 → 가족, 가족 → 일)과 내용(시간, 긴장, 행동에 기반한 갈등)의 두 가지 차원 구조를 이론적 근거로 문항을 구성하여 3차의 연구 과정을 거쳐 타당화되었다(다음 표 참조). 국내 진로상담 연구에서는 최윤정(2010)이 번안하여 예비 연구에서 구인 타당도를 확인한 후에 대졸 기혼 직장 여성을 대상으로 일-가족 갈등의 현상을 연구한 바 있다. 최윤정(2010)의 연구에서는 행동에 기반한 하위 차원에 대한 신뢰도 문제로 인해 제외하고 시간과 긴장을 기반으로 하는 일-가족 갈등, 가족-일 갈등에 관한 문항만을 이용하여 구조방정식 모형 분석을 통해 4개의 요인 구조를 확인하였다.

척도의 구성

원 척도의 구성은 다음 표에서처럼, '시간을 기반으로 하는 일-가족 갈등' '가족-일 갈등' '긴장을 기반으로 하는 일-가족 갈등' '가족-일 갈등' '행동을 기반으로 하는 일-가족 갈등' '가족-일 갈등' 의 여섯 가지 차원으로 구성된다. 각 차원별로 3문항씩 총 18문항으로, 5점 척도를

〈표〉 일-가족 갈등의 방향과 내용(최윤정, 2010)

내용 / 방향	일-가족	가족-일
시간	시간을 기반으로 하는 일-가족 갈등	시간을 기반으로 하는 가족-일 갈등
긴장	긴장을 기반으로 하는 일-가족 갈등	긴장을 기반으로 하는 가족-일 갈등
행동	행동을 기반으로 하는 일-가족 갈등	행동을 기반으로 하는 가족-일 갈등

사용한다.

신뢰도 및 타당도

원 척도에서 신뢰도 계수 α는, 시간을 기반으로 하는 일-가족 갈등은 .81, 시간을 기반으로 하는 가족-일 갈등은 .82, 긴장을 기반으로 하는 일-가족 갈등은 .87, 긴장을 기반으로 하는 가족-일 갈등은 .87, 행동을 기반으로 하는 일-가족 갈등은 .78, 행동을 기반으로 하는 가족-일 갈등은 .85로 보고되었다. 행동을 기반으로 하는 차원을 뺀 최윤정(2010)의 연구에서 신뢰도 계수 α는 차원별로 각각 .87, .78, .84, .87이었으며, 전체 신뢰도 계수 α는 .86이었다.

원 척도의 출처

Carlson, D. S., Kacmar, K. M., & Willimas, L. J. (2000). Construction and Initial Validation of a Multidimensional Measure of Work-Family Conflict. *Journal of Vocational Behavior. 56,* 249-276.

이 척도를 사용한 국내 연구

최윤정(2010). 대졸 기혼 직장 여성의 일-가족 다중역할 갈등 완화과정: 개인특성과 환경적 지지와의 관계. 서울대학교 박사학위논문.

 척도의 내용(최윤정, 2010)

일-가족 갈등 척도

여러분의 경험에 비추어 각 문항에 대해서 동의 또는 반대의 정도를 일치하는 숫자에 표시해 주시기 바랍니다.

1…………2…………3…………4…………5

전혀 그렇지 않다 매우 그렇다

I. 시간을 기반으로 하는 일-가족 갈등

1. 내 직업은 내가 원하는 것 이상으로 가족과 함께하는 활동(예, 가족 간의 대화, 영화보기, 여행가기, 장보기 등등)을 하지 못하게 한다.
2. 나는 내 직업을 위해 써야 할 시간 때문에 가정의 책임과 활동에 충분히 참여하지 못 한다.
3. 나는 업무 책임으로 써야만 하는 시간의 양 때문에 가족과 함께하는 활동을 놓칠 수밖에 없다.

II. 시간을 기반으로 하는 가족-일 갈등

4. 가정의 책임(예, 육아, 자녀교육, 가사의 일, 시부모 모시기 등)에 사용하는 시간은 자주 업무 책임에 방해를 준다.
5. 가족과 함께 보내는 시간은 내가 직장에서 경력에 도움이 될 수 있는 활동을 하는 데 시간을 쓰지 못하게 한다.
6. 나는 가족과 함께 보내는 시간의 양 때문에 업무활동을 놓칠 수밖에 없다.

Ⅲ. 긴장을 기반으로 하는 일-가족 갈등

7. 퇴근 후, 나는 기진맥진해서 가족 활동/책임에 참여할 수가 없다.
8. 직장 일로 퇴근 후 매우 힘들고 지쳐 가족에게 헌신하기가 어렵다.
9. 직장에서의 압박감 때문에, 나는 퇴근 후에 스트레스를 많이 받아서 내가 좋아하는 것을 할 수가 없다.

Ⅳ. 긴장을 기반으로 하는 가족-일 갈등

10. 집에서의 스트레스 때문에, 직장에서 나는 자주 가족 문제에 열중한다.
11. 나는 가정의 책임(예, 육아, 자녀교육, 가사 일, 시부모 모시기 등)으로부터 스트레스를 받기 때문에 내 일에 집중하는 것이 어렵다.
12. 나의 가정생활로 인한 긴장과 불안은 일을 하기 위한 내 능력을 자주 떨어뜨리게 한다.

일-가족 갈등 척도 2*

척도 개요

이 척도는 일과 가족 영역에서의 다중역할을 더 잘 이해하기 위하여, 일에서 가족으로, 그리고 가족에서 일로의 두 방향성을 모두 고려한 검사다(유성경, 홍세희, 박지아, 김수정, 2012). '일 → 가족' 갈등 및 '가족 → 일' 갈등으로 구분하여 살펴볼 수 있으므로 일-가족 경험을 보다 분명하게 이해하고, 일-가족 갈등을 줄이기 위해 개입해야 하는 부분에 대한 정보를 제공할 수 있다. 특히 한국형 척도의 경우 기혼 취업 여성을 대상으로 타당화가 이루어졌으므로, 한국 여성의 일-가족 갈등과 관련된 상담이나 연구를 진행할 때 활용성이 높다.

척도의 개발

Cinamon과 Rich(2002)가 컴퓨터 관련 업계 종사자 및 변호사인 기혼 남녀를 대상으로 이 척도를 수정 · 개발하였다. 이들은 Gutek, Searle과 Klewpa(1991)이 개발한 '일 → 가족' 갈등과 '가족 → 일' 갈등의 두 가지 하위요인으로 구성된 양방향의 일-가족 갈등 측정 도구에서 8개 문항을 발췌하고, 여섯 가지 문항을 추가하여 총 14개 문항의 척도를 개발하였다(Cinamon & Rich, 2002에서 재인용). Cinamon과 Rich(2002)는 일-가족 갈등에 앞에서 언급한 두 가지 방향성이 있음을 확인하였다. 국내에서는 유성경 등(2012) 3인의 연구자가 한국의 기혼 취업모를 대상으로 타당화 작업을 실시하였다.

 척도의 구성

이 척도는 '일 → 가족' 갈등 요인, '가족 → 일' 갈등 요인으로 구성되어 있으며 각 7문항씩 총 14개 문항으로 이루어져 있다. 반응 척도는 5점 Likert 형식으로 측정한다. 각 문항에 대한 점수를 합산하여, 총점이 높을수록 일-가족 갈등의 정도가 심한 것을 의미한다.

 신뢰도 및 타당도

Cinamon과 Rich(2002)의 연구에서 신뢰도 계수 α는 '일 → 가족' 갈등 요인이 .78, '가족 → 일' 갈등 요인이 .81이었다. 국내 타당화 작업을 실시한 유성경 등(2012)의 연구에서의 신뢰도 계수 α는 '일→가족' 갈등 요인이 .87, '가족 → 일' 갈등 요인이 .84, 전체 척도 .91로 나타났다. 확인적 요인분석과 변별 타당도 분석을 통해 두 하위요인을 확인하였다. 또한 일-가족 갈등 척도와 우울 간의 유의한 상관을 통해 예측타당도를 검증하였다.

원 척도의 출처

Cinamon, R. G., & Rich, Y. (2002). Profiles of attribution of importance to life roles: Implications for the work-family conflict. *Journal of Counseling Psychology, 49,* 212-220.

이 척도를 사용한 국내 연구

유성경, 홍세희, 박지아, 김수정(2012). 한국 여성의 일-가족 갈등 척도 타당화 연구. 한국심리학회지: 여성, 17(1), 1-29.
한영주, 박지아, 손난희(2013). 기혼 취업모의 일-가족 갈등과 일-가족 향상의 관계: 대처 방식가 배우자 지지의 조절효과. 상담학연구, 14(2), 1443-1468.

척도의 내용(유성경 외, 2012)

일-가족 갈등 척도

다음을 읽고 여러분의 경험에 비추어 동의하는 정도를 표시해 주세요.

1…………2…………3…………4…………5

전혀 그렇지 않다 매우 그렇다

I. '일→가족' 갈등

1. 나는 직장 일을 마치고 집에 돌아올 때면, 너무 지쳐서 집안일을 하기 어렵다.

3. 나는 직장 일하는 데 너무 바빠서 집안일을 할 시간이 없다.
5. 나는 심지어 집에 있을 때도 직장 일에 대해서 걱정한다.
7. 가족과 시간을 보내고 싶지만, 직장 일하는 데 시간을 보낸다.
9. 직장 일에 투자하는 시간으로 인해 나는 가족에 대한 책임을 다하기가 어렵다.
11. 직장 일은 가족생활을 방해한다.
13. 직장 일을 완수하려고 할 때, 나는 가족에 대한 책임을 다하기가 어렵다.

II. '가족→일' 갈등

2. 나는 직장 일을 하는 데 보내야 할 시간을 개인적인 일을 하는 데에 사용한다.
4. 나의 가족과 개인적인 일은 직장 일을 방해한다.
6. 나는 집에서 해야 할 일 때문에 보통 지쳐서 직장에 도착한다.
8. 나는 직장 일을 하고 있을 때도 가족과 집안일에 대해서 걱정한다.
10. 가족에 투자하는 시간으로 인해 직장에서의 책임을 다하기가 어렵다.
12. 나는 가족에 대한 책임을 다하려고 할 때, 직장 일을 완수하기가 어렵다.
14. 나의 가족생활은 직장 일을 방해한다.

한국인 직무스트레스 측정도구*

척도 개요

이 척도는 한국인 직무스트레스 측정도구의 표준화 전국조사연구를 통해서 개발된 도구다. 전국의 사업장에 근무하는 근로자 12,631명(남자 77%, 여자 23%) 대상으로 우리나라 직장인에게 발생할 수 있는 일반적이면서도 한국적인 직무스트레스 요인을 찾아내기 위한 목적으로 개발되었기 때문에 이 척도를 통해서 직장인의 직무스트레스의 원인(물리환경, 직무요구, 직무자율성 결여, 관계 갈등, 직무불안정, 조직체계, 보상 부적절, 직장문화)을 진단하고 직무스트레스 수준을 평가하는 데 활용할 수가 있다.

척도의 개발

예방 의학 및 정신 보건 관련 전문가 회의와 사전조사를 통해 작성한 구조화된 설문지를 이용하여, 1, 2차 표본 추출과정을 거쳐 근로자 인구분포를 고려하여 확률 추출하여 선정된 12,631명을 대상으로 표준화 작업과 규준이 제작되었다(장세진 외 24명, 2005). 외국의 연구 결과와 한국인의 직무스트레스 요인으로 간주될 수 있는 요인에 대해 전문가 회의를 거쳐 8개 하위 영역을 도출하여 해당하는 문항을 제작한 후 1차 표본 추출과정에서 43개 문항의 표준화된 측정도구를 개발하였다. 2차의 표본 추출을 통해 산업 현장에서 간편하게 사용할 수 있는 24개 문항으로 구성된 단축형 설문지가 개발되었다.

척도의 구성

물리환경, 직무요구, 직무자율성 결여, 관계 갈등, 직무불안정, 조직체계, 보상 부적절, 직장문화의 여덟 가지 하위영역으로 구성되며, 4점 척도로 단축형의 경우 24문항이다. 하위영역에 대한 내용은 다음과 같다.

하위영역	내용
물리환경	직무스트레스에 영향을 줄 수 있는, 즉 근로자가 처해 있는 일반적인 물리적인 환경을 일컬음(예, 작업방식의 위험성, 공기의 오염, 신체부담 등)
직무요구	직무에 대한 부담 정도를 의미함(예, 시간적 압박, 업무량 증가, 업무 중 중단, 책임감, 과도한 직무부담 등)
직무자율성 결여	직무에 대한 의사결정의 권한과 자신의 직무에 대한 재량활용성의 수준을 의미함(예, 기술적 재량 및 자율성, 업무 예측가능성, 직무수행 권한 등)
직무불안정	자신의 직업 또는 직무에 대한 안정성의 정도로 구직 기회, 고용 불안정성 등을 말함
관계 갈등	회사 내에서 상사 및 동료 간의 도움 또는 지지 부족 등의 대인관계를 평가하는 것(예, 동료의 지지, 상사의 지지, 전반적 지지 등)
조직체계	조직의 정략 및 운영체계, 조직의 자원, 조직 내 갈등, 합리적 의사소통 등의 직무스트레스 요인을 평가하는 것
보상부적절	업무에 대하여 기대하고 있는 보상의 정도가 적절한지를 평가하는 것(예, 존중, 내적동기, 기대 부적합 등)
직장문화	서양의 형식적 합리주의 직장문화와는 달리 한국적인 집단주의적 문화, 비합리적인 의사소통체계, 비공식적 직장문화 등의 직장문화 특징이 스트레스 요인으로 작용하는지를 평가함

 신뢰도 및 타당도

하위 영역별 문항 간 신뢰도 계수 α는 물리환경 .56, 직무 요구 .71, 직무 자율성 결여 .66, 대인관계 갈등 .67, 직무 불안정 .61, 조직 체계 .82, 보상 부적절 .76, 직장문화 .51로 대체로 양호한 것으로 보고되었다. 척도의 타당성 평가 결과를 살펴보면, 43개 문항에 대한 주성분분석 결과 총 8개 요인으로 분류되었고 8개 하위 요인의 설명량은 전체 분산의 약 50%로 나타났다. 대표적인 전반적 직무스트레스 척도로 알려진 JCQ (Job Content Questionnaire)와의 상관분석 결과, 이 척도의 8개의 하위 영역과 JCQ의 직무요구도, 직무통제성, 그리고 사회적 지지와 유의한 상관관계가 발견되었다. 특히 사회심리적 스트레스와 피로의 수치가 증가할수록 직무스트레스 하위 영역의 값이 모든 영역에서 유의하게 증가하는 양상을 보여 구인 및 수렴 타당도가 확인되었다.

 원 척도의 출처

장세진 외(2005). 한국인 직무 스트레 측정도구의 개발 및 표준화. 대한산업의학회지, 17(4), 297-317.

 이 척도를 사용한 국내 연구

이정도(2011). 한국형 직무스트레스 측정도구의 감정영역 보완을 위한 타당성 검토. 중앙대학교 대학원 석사학위논문.

척도의 내용(장세진 외, 2005)

한국인 직무스트레스 측정도구-단축형

다음 문항은 직장에서 겪는 어려움이나 문제에 관한 것입니다. 자신의 상황과 일치하는 번호에 ∨표 해 주십시오. 기술하고 있는 문장이 당신의 경우와 전혀 일치하지 않을 경우는 1점, 4점에 갈수록 보다 더 일치하는 것을 나타냅니다.

1…………2…………3…………4

전혀 그렇지 않다 매우 그렇다

1. 나는 일이 많아 항상 시간에 쫓기며 일한다.
2. 업무량이 현저하게 증가하였다.
3. 업무 수행 중에 충분한 휴식(짬)이 주어진다.
4. 여러 가지 일을 동시에 해야 한다.
5. 내 업무는 창의력을 필요로 한다.
6. 내 업무를 수행하기 위해서는 높은 수준의 기술이나 지식이 필요하다.
7. 작업시간, 업무수행 과정에서 나에게 결정할 권한이 주어지며 영향력을 행사할 수 있다.
8. 나의 업무량과 작업스케줄을 스스로 조절할 수 있다.
9. 나의 상사는 업무를 완료하는 데 도움을 준다.
10. 나의 동료는 업무를 완료하는 데 도움을 준다.
11. 직장에서 내가 힘들 때 내가 힘들다는 것을 알아주고 이해해 주는 사람이 있다.
12. 직장 사정이 불안하여 미래가 불확실하다.

13. 나의 근무조건이나 상황에 바람직하지 못한 변화(예, 구조조정)가 있었거나 있을 것으로 예상된다.
14. 우리 직장은 근무평가, 인사제도(승진, 부서배치 등)가 공정하고 합리적이다.
15. 업무수행에 필요한 인원, 공간, 시설, 장비, 훈련 등의 지원이 잘 이루어지고 있다.
16. 우리 부서와 타 부서 간에는 마찰이 없고 업무협조가 잘 이루어진다.
17. 일에 대한 나의 생각을 반영할 수 있는 기회와 통로가 있다.
18. 나의 모든 노력과 업적을 고려할 때, 나는 직장에서 제대로 존중과 신임을 받고 있다.
19. 내 사정이 앞으로 더 좋아질 것을 생각하면 힘든 줄 모르고 일하게 된다.
20. 나의 능력을 개발하고 발휘할 수 있는 기회가 주어진다.
21. 회식 자리가 불편하다.
22. 기준이나 일관성이 없는 상태로 업무 지시를 받는다.
23. 직장의 분위기가 권위적이고 수직적이다.
24. 남성 또는 여성이라는 성적인 차이 때문에 불이익을 받는다.

진로결정문제 척도*

척도 개요

이 척도는 대학생을 대상으로 진로미결정을 다루는 이론과 진로미결정 분류에 관한 경험적 연구를 토대로 진로미결정을 야기하는 다양한 문제를 측정하기 위해 개발된 도구다. 이 척도는 우리나라에서 진로미결정 척도로 가장 잘 알려진 진로결정 척도(Career Decision Scale: CDS)(Osipow et al., 1987)처럼 진로미결정의 하위 차원을 살펴보고자 하는 도구가 아니라, 진로미결정의 상태를 가져오는 다양한 문제(준비부족, 정보부족, 모순된 정보)를 분류하는 데 초점을 두고 있다. 즉, 진로를 결정하는 데 어려움을 겪는 내담자의 문제를 진단하고 이해하는 데 적용할 수가 있다.

척도의 개발

Gati, Krausz와 Osipow(1996)는 의사결정 이론을 바탕으로 진로결정 이전에 겪을 수 있는 문제와 진로 결정과정 중에 나타날 수 있는 문제에 대한 이론적 분류를 먼저 만든 다음 이에 맞는 문항을 개발하여 경험적으로 그러한 분류가 지지되는지 확인하였다. 이 척도는 이스라엘 대학생과 미국 대학생 두 집단을 대상으로 타당화되었다. 국내 진로상담 연구에서 김동준(1997)에 의해 번안되어 타당화된 후 다양하게 활용되어 왔다. 단 김동준(1997)은 이 척도를 번안 및 타당화하는 과정에서 역기능적 신념 척도를 제외시켰다. 그 이유는 역기능적 신념의 문항 간 신뢰도가 $\alpha=.50$으로 낮게 나왔고, 진로미결정 검사(CDS)를 통해 CDDQ 공인타당도를 검증한 결과 역기능적 신념과 진로미결정 간 신뢰도가 r=.15로 부적인 상관관계가 나왔기 때문이다(김동준, 1997). 한편 최근 김영화(2010)는 척도의 번안을 보완, 수정하여 수정된 CDDQ를 제시한 바 있다.

 척도의 구성

Gati 등(1996)의 원 척도는 세 가지 진로의사결정문제의 분류에 따라 총 세 가지 영역, 10개의 하위 구성요소, 44문항의 9점 Likert 척도의 형태로 구성되어 있다. 진로의사결정문제는 진로를 준비 과정 이전에 발생하는 '진로에 대한 준비 부족', 진로준비 과정 동안에 발생하는 '정보의 부족', '모순된 정보'의 세 부분으로 구성된다. 먼저 진로준비 부족은 동기의 부족, 우유부단함, 역기능적 신념 때문에 기인하는 것으로 분류된다. 둘째, 정보의 부족은 진로 의사결정 과정과 절차에 대한 정보의 부족, 자기 자신, 그리고 직업, 기타 정보 획득 방법에 대한 정보의 부족으로 살펴볼 수가 있다. 셋째, 모순된 정보는 신뢰할 수 없는 정보, 내적 갈등, 외적 갈등에 기인하는 것으로 분류된다. 한편 김동준(1997), 김영화(2010)가 역기능적 신념 문항을 제외한 CDDQ는 9점 Likert 척도로 총 24문항이다.

신뢰도 및 타당도

Gati 등(1996)의 원 척도에서 10개 하위 구성요소에 대한 median Cronbach의 신뢰도는 이스라엘 표집의 경우 .78을, 미국 표집의 경우 .77을 보였다. 2일 간격으로 측정한 검사-재검사 신뢰도의 경우 총 문항에 대한 검사-재검사 신뢰도는 .80이었고, 세 개의 주요 영역별 검사-재검사 신뢰도는 각각 .67, .74, .72를, 전체 .80임을 보고하였다. 한편 김동준(1997)이 세 번째 하위 척도인 역기능적 신념 척도를 배제한 후 한국어로 번안 및 타당화하였다. 역기능적 신념 척도의 신뢰도 계수 α가 .5로 낮고 진로 미결정 척도와의 부적 상관관계를 보였기 때문이다. 김동준(1997)이 타당화한 문항을 김영화(2010)가 대학생 433명을 대상으로 약간 수정 및 보완한 검사의 신뢰도 계수 α는 .92로 양호한 결과를 보였다.

원 척도의 출처

Gati, I., Krausz, M., & Osipow, S. H. (1996). A taxonomy of difficulties in career decision making. *Journal of Counseling Psychology, 43,* 510-526.

이 척도를 사용한 국내 연구

고홍월(2008). 대학생의 진로의사결정 성숙수준에 따른 진로결정문제 분석. 상담학연구, 9, 1137-1149.

김영화, 김계현(2011). 자아정체감 지위에 따른 대학생의 진로결정문제, 진로준비행동의 차이, 청소년상담연구, 19, 169-182.

최소영(2012). 여고생의 진로신념과 자아분화, 부모의 진로신념이 진로결정문제에 미치는 영향. 건국대학교 석사학위논문.

척도의 내용(김영화, 2010)

진로결정문제 척도*

다음 문항은 진로와 관련된 결정을 할 때 직면하게 되는 어려움이나 문제에 관한 것입니다. 자신의 생각과 일치하는 번호에 ∨표 해 주십시오. 기술하고 있는 문장이 당신의 경우와 전혀 일치하지 않을 경우는 1점, 9점으로 갈수록 보다 더 일치하는 것을 나타냅니다.

1·········2·········3·········4·········5·········6·········7·········8·········9

전혀 그렇지 않다 매우 그렇다

1. 나는 진로를 선택해야 한다는 것을 알지만, 지금은 그 결정을 내릴 생각이 없다.
2. 직업이 나의 인생에서 가장 중요한 것은 아니라서, 진로선택에 대해서 별로 걱정하지 않는다.
3. 적당한 때가 되면 나에게 좋은 진로가 보일 것으로 믿기 때문에 지금 진로를 선택하지 않아도 된다고 생각한다.
4. 나는 일반적으로 어떠한 결정을 내리는 것이 어렵다.
5. 대개의 경우 나는 내가 믿는 어떤 사람이나 전문가가 나의 결정에 대하여 인정해 주고 지지해 주기를 바란다.
6. 나는 대개 책임질 일을 피하려는 경향이 있다.
7. 나는 일반적으로 실패할까 봐 두려워하는 경향이 있다.
8. 나는 진로를 결정하는 데 있어 어떤 과정을 밟아야 할지 모르기 때문에 결정을 내리기가 어렵다.
9. 나는 진로를 결정하는 데 고려해야 할 점이 무엇인지를 모르기 때문에

결정을 내리기가 어렵다.

10. 나 자신의 특성과 진로에 관한 다양한 정보를 어떻게 연결시켜야 할지 몰라서 진로를 결정하는 것이 어렵다.
11. 내가 관심이 있는 진로가 무엇인지 아직 모르기 때문에 진로를 결정하는 것이 어렵다.
12. 나의 진로선호에 대해 아직 확신이 없기 때문에 진로를 결정하는 것이 어렵다(진로선호란 진로를 비교하거나 평가할 때 고려하는 많은 특성 중 내가 원하는 것을 말한다. 예를 들어, 내가 사람들과 어떤 관계를 맺기 원하는가, 어떤 직업환경을 좋아하는가 등을 말한다).
13. 나의 능력(예, 수리력, 언어능력)에 대한 충분한 정보가 없기 때문에 진로를 결정하는 것이 어렵다.
14. 내 성격 특성(예, 지구력, 창의성, 인내력)에 대한 충분한 정보가 없어서 진로를 결정하는 것이 어렵다.
15. 미래에 내가 어떤 진로에 관심을 가지게 될지 알지 못해서 진로를 결정하는 것이 어렵다.
16. 미래에 내가 어떤 진로를 선호할지 알지 못해서 진로를 결정하는 것이 어렵다.
17. 미래에 내 능력이 어떻게 바뀔지 알지 못하기 때문에 진로를 결정하는 것이 어렵다.
18. 미래에 내 성격 특성이 어떻게 변할지 알지 못하기 때문에 진로를 결정하는 것이 어렵다.
19. 나는 어떤 다양한 직업이나 진로 훈련프로그램이 있는지에 대한 충분한 정보가 없기 때문에 진로를 결정하는 것이 어렵다(진로 훈련프로그램이란, 예를 들면 방송기자가 되기 위한 방송기자 아카데미 프로그램, 그래픽 디자이너가 되기 위한 AUTO CAD 프로그램 등을 말한다).
20. 내가 관심을 가지는 직업이나 진로 훈련프로그램의 특성(예, 시장 수

요, 봉급, 유망성, 일의 성격 등)에 대해서 충분히 알지 못하기 때문에 진로를 결정하는 것이 어렵다.

21. 나는 미래에 어떤 직업이나 진로 훈련프로그램이 있을지 모르기 때문에 진로를 결정하는 것이 어렵다.
22. 나는 미래에 있을 직업이나 진로 훈련프로그램이 어떤 특성을 지닐지 모르기 때문에 진로를 결정하기가 어렵다.
23. 나 자신에 대한 정보(예, 나의 능력, 성격특성)를 어떻게 추가적으로 얻을 수 있는지 방법을 충분히 알지 못해서 진로를 결정하기 어렵다.
24. 나는 현재의 직업이나 진로 훈련프로그램에 대한 정확한 최신 정보를 어떻게 얻어야 할지 모르기 때문에 진로를 결정하기가 어렵다.

정서 · 성격 진로문제 척도*

척도 개요

이 척도는 성인(19~30세)을 대상으로 진로결정문제와 관련된 정서 · 성격적 양상을 측정하기 위해 개발된 도구다. 앞서 살펴 본 진로결정문제 질문지(CDDQ)(Gati et al., 1996)가 진로결정 과정에서 발생하는 인지적 측면의 어려움을 측정하는 것이라면, 이 척도는 '진로 의사결정 과정에서 경험하는 주관적인 정서'와 '개인의 성격적인 부분과 관련된 어려움'을 측정하기 위해 개발된 도구다. 진로상담에서 정서의 역할이 강조되고 있고, 특히 진로상담으로 진행하기 어려운 내담자를 진단하는 도구가 필요했던 점을 고려할 때, 이 척도는 진로상담 연구뿐만이 아니라 상담 실제에서 내담자가 바로 진로 의사결정을 진행해도 될지에 대한 진단 도구로서의 활용도가 높은 척도라 하겠다.

척도의 개발

Saka, Gati와 Kelly(1996)에 의해서 개발되었으며, 국내 진로상담 연구에서는 최근 민경희(2012)가 대학생을 대상으로 번안하고 타당화하였다. 이 척도는 진로 의사결정문제와 관련된 정서에 관한 경험적 선행 연구를 기초로 크게 비관적 관점, 불안, 자아개념 및 자아 정체감의 세 가지 하위 영역의 문항으로 구성하여 총 53개의 문항으로 개발되었다. 원 저자에 의해서 공인타당도, 예언타당도, 구성타당도 수렴타당도 그리고 진로상담 요구가 높은 집단을 변별할 수 있는 집단 변별타당도가 검증되었다.

 척도의 구성

EPCD 척도는 1개의 연습문항과 두 개의 타당도 문항, 진로 의사결정에서 나타나는 정서적 · 성격적 문제를 포함해 총 53문항, 9점 척도로 구성되어 있다. 진로의사결정과 관련된 정서, 성격의 문제를 비관적 관점, 불안, 자아개념 및 자아정체감 세 가지 하위척도로 살펴볼 수 있으며, 세 가지 하위 척도는 또 다시 각각 3개, 4개, 4개 총 11개의 소 하위 척도로 구성되어 있다. 간략히 소 하위 척도를 살펴보면 다음과 같다. 첫째, 비관적 관점(pessimisti views about)은 진로의사결정 과정과 상담 과정 그리고 직업세계, 자신의 통제에 대한 세 가지를 측정한다. 둘째, 불안(anxiety about)은 과정에 대한 불안, 불확실성에 대한 불안, 선택에 대한 불안, 결과에 대한 불안 네 가지를 측정한다. 셋째, 자기 및 정체감은 범불안, 자아-존중감, 확립되지 않은 정체감, 갈등적 애착과 분리의 네 가지를 측정한다. 총점이 높을수록 개인 상담의 필요성과 진로의사결정 어려움에 대한 주관적 인식이 높다는 것을 의미한다.

 신뢰도 및 타당도

원 척도에서 대학생을 대상으로 타당화한 결과, 신뢰도 계수 α는 .94로 나타났다(Gati et al., 2008). 민경희(2012)에 의해서 국내 대학생을 대상으로 EPCD 척도를 타당화한 경우, 7요인 3차 위계 모형이 검증되어 원 척도처럼 세 가지 하위 척도에 대한 타당도는 확보되었으나, 원 척도와는 달리, 11개의 소 척도가 아니라 7개의 요인으로 확인되었으며 공인타당도를 확보하였다. 신뢰도 계수 α는 .86인 것으로 나타났다(민경화, 2012).

 원 척도의 출처

Saka, N., Gati, I., & Kelly, K. R. (2008). Emotional and personality-related paspects of career-decision-making difficulties. *Journal of Career Assessment, 16*(4), 403-424.

 이 척도를 사용한 국내 연구

민경희(2012). 대학생용 정서 · 성격 진로문제(EPCD) 척도 타당화 연구. 숙명여자대학교 석사학위논문.

척도의 내용(민경희, 2012)

정서 · 성격 진로문제 척도*

다음 문항은 진로와 관련된 결정을 할 때 직면하게 되는 어려움이나 문제에 관한 것입니다. 자신과 일치하는 번호에 ∨표 해 주십시오(전혀 일치하지 않는다면, 1점을, 매우 일치한다면 9점을 체크하시면 됩니다).

1………2………3………4………5………6………7………8………9

전혀 그렇지 않다 매우 그렇다

1. 최근에 나는 직업을 선택하는 것에 대해 생각해 본 적이 있다.
2. 직업과 관련된 정보가 너무 방대해서 그것들을 깊이 있게 알아보기란 내게 불가능하다.
3. 나는 올바른 선택을 하기 위해 모든 직업에 대해 충분히 찾아보기 어렵다.
4. 나는 진로를 선택할 때 직업에 관한 모든 것을 참고할 수 없다.
5. 당신이 공부하는 것은 실제로 당신이 하고자 하는 일과 거의 관련이 없다.
6. 정말 흥미 있는 직업은 거의 없다.
7. 당신은 대부분의 직업에서 당신의 노력에 대해 공정한 보상을 받지 못했다.
8. 대부분의 사람들은 자신의 직업을 좋아하지 않는다.
9. 대부분의 분야에서 직업을 찾는 것은 매우 어렵다.
10. 나는 미래에 내가 가질 수 있는 진로 가능성을 스스로 조절하고 이루어낼 수가 없다(통제).

11. 올바른 직업을 선택하는 것은 주로 운에 달려 있다.
12. 나는 내가 결국 가지게 될 직업에 대해 아주 적은 영향만을 끼칠 수 있다.
13. 좋은 직업을 찾는 것은 주로 우연한 기회로 일어난다.
14. 나는 내게 어떤 좋은 일이 일어났을 때 만족한다.
15. 진로를 결정하는 과정은 많은 노력을 요구하고 복잡하기 때문에 스트레스를 유발한다.
16. 나는 진로 의사결정을 포함한 복잡한 과정을 겪는 것이 걱정된다.
17. 나는 모든 사항을 고려하여 확실한 결정을 내리기 원하기 때문에 진로 의사결정 과정이 걱정된다.
18. 나는 모든 정보를 수집하여 확실한 결정을 내리기 원하기 때문에 진로 의사결정 과정이 걱정된다.
19. 나는 내가 미래에 무슨 일을 할지 아직 모르기 때문에 걱정된다(예, 대학을 졸업한 후에).
20. 나는 내가 무엇을 공부하거나 어떤 직업을 가질지 아직 모르기 때문에 걱정된다.
21. 나는 나의 선호나 바람이 바뀌어, 오늘의 결정이 미래에 내게 적합하지 않을까 봐 두렵다.
22. 세계가 빠르게 변화하고 있어서 진로선택과 같이 중요한 결정을 이 시점에서 내리기가 두렵다.
23. 나는 어떤 수업이나 직업이 내 삶에 많은 변화를 일으킬지도 모르기 때문에 이들을 선택하는 것이 걱정된다.
24. 직업 선택을 명쾌하게 결정하기 어려워서 예측하기 어려운 문제가 일어날까 봐 걱정된다.
25. 나는 최선의 지업을 선택하지 않을까 봐 걱정된다.
26. 나는 내게 가장 잘 맞는 직업에 종사하지 못할까 봐 두렵다.
27. 나는 내게 적합한 진로를 그냥 지나칠까 봐 두렵다.

28. 나는 내게 적합한 다른 직업을 모른 채 한 직업을 결정하게 될까 봐 걱정된다.
29. 나는 내가 진로 결정에서 실수를 범할지도 모르고, 내게 맞지 않는 직업을 선택할지도 몰라서 두렵다.
30. 나는 후에 이 선택을 후회하고 그 실수에 대해 책임감을 느낄까 봐 직업을 선택하는 것이 두렵다.
31. 내가 선택한 직업이 옳지 않다면 내 책임이기 때문에 진로를 결정하는 것이 두렵다.
32. 나는 이미 어떤 진로를 생각하고 있지만 그것이 내 능력과 맞지 않을까 봐 두렵다.
33. 나는 이미 어떤 진로를 생각하고 있지만 그것이 내 성격과 맞지 않을까 봐 두렵다.
34. 나는 이미 어떤 진로를 생각하고 있지만 그것이 내 선호와 맞지 않을까 봐 두렵다.
35. 나는 이미 어떤 진로를 생각하고 있지만 그것이 내가 예상한 것과 다를까 봐 두렵다.
36. 나는 내 예상이 실현되든 안 되든 신경 쓰지 않는다.
37. 나는 종종 인생의 많은 것에 관해 걱정한다.
38. 나는 종종 걱정과 방해되는 생각을 떨쳐 내는 것이 어렵다.
39. 나는 종종 내가 한 일을 후회하거나 그 때문에 스트레스를 받는다.
40. 나는 종종 내가 성공적이지 못하다고 느낀다.
41. 나는 종종 다른 사람들에게 열등감을 느낀다.
42. 나는 종종 중요한 직업에 필요한 기술이 부족하다고 느낀다.
43. 나는 많은 직업에서 성공하기 위해 요구되는 적합한 기술을 갖고 있지 않다.
44. 나는 내 가치가 무엇이고 내가 무엇을 믿는지 아직 모른다.
45. 내 기술과 능력에 관한 나의 평가는 매우 자주 변한다.

46. 나는 내가 어떤 직업에 흥미가 있는지 아직 모른다.
47. 나는 내게 어떤 직업이 최선인지 알기 위해 아직 나 자신을 충분히 알지 못한다.
48. 나에게 중요한 사람들(부모나 친구들)이 내 결정을 지지해 주지 않을까 봐 걱정한다.
49. 나에게 중요한 사람들은 종종 내가 흥미 있어 하는 것을 좋아하지 않는다.
50. 나의 가족은 나를 제한하거나 좌절시키는 방식으로 내 일에 간섭하는 경향이 있다.
51. 나에게 중요한 사람에게서 내 선택에 대한 인정이 필요하다.
52. 나의 가족이 허락하지 않은 선택을 하고 싶지 않다.
53. 내 결정에 대해 다른 사람들이 어떻게 생각하는가는 내게 중요하다.

진로미결정 프로파일

척도 개요

이 척도는 대학생의 진로미결정문제를 측정하기 위해 개발되었다. Brown과 Rector(2008)는 진로미결정과 관련된 경험적 연구물을 망라하여, 진로미결정과 관련이 있다고 여겨지는 모든 변인을 수집하여 요인분석을 통해 진로미결정의 요인을 네 가지 주요 잠재 요인으로 추출하였다. 이는 지금까지의 진로미결정문제에 대한 가장 최신의 척도이자 진로미결정문제에 대한 모든 것을 종합하여 만든 도구로서 매우 유망한 도구라고 할 수 있다. Hacker, Carr, Abrams와 Brown(2013)이 65문항으로 구성한 간략형 진로미결정 프로파일(Career Indecision Profile-65: CIP-65)은 대학생의 진로상담 및 연구장면에서 대학생이 부딪힐 진로와 관련된 어려움의 원인을 네 가지로 파악할 수 있도록 하였고, 이러한 진로미결정문제에 대해 적절한 상담학적 개입을 제공하는 데 유용하게 활용할 수 있을 것으로 보인다.

척도의 개발

Brown과 Rector(2008)에 의해 4요인이 발굴되었으며, 이를 토대로 Brown 등(2012)이 167문항을 만들고, 타당화하였다. 그 후 척도를 실용적으로 활용하기 위해 Hacker, Carr, Abrams와 Brown(2013)이 65문항으로 구성된 간략형 진로미결정 척도를 개발하고 타당화하였다. 아직까지 국내에서 이 척도는 타당화되지 않았다.

척도의 구성

이 척도는 6점 Likert 척도의 총 65문항으로 구성되어 있으며, 신경증 및 부적 정서, 선택 및 전념하는 것에 대한 불안, 준비부족, 대인관계에서의 갈등의 네 가지 하위 영역으로 구분되어 있다.

신뢰도 및 타당도

미국 중서부 지역 대학생을 대상으로 실시한 결과, 신경증 및 부적 정서, 선택 및 전념하는 것에 대한 불안, 준비부족, 대인관계에서의 갈등의 네 가지 하위영역별 Chronbach의 신뢰도는 .93, .97, .88, .89로 양호하다.

 원 척도의 출처

Hacker, J., Carr, A., Abrams, M., & Brown, S. D. (2013). Development of the Career Indecision Profile: Factor Structure, Reliability, and Validity. *Journal of Career Assessment, 21*(1), 32-41.

 이 척도를 사용한 국내 연구

활용된 예를 찾을 수 없었음.

 척도의 내용(Hacker, Carr, Abrams, & Brown, 2013)

<u>진로미결정 척도 65문항</u>

다음 문항은 진로와 관련된 결정을 할 때 직면하게 되는 어려움이나 문제에 관한 것입니다. 자신의 생각과 일치하는 번호에 표시해 주십시오. 1은 전혀 일치하지 않는 것을 나타내고, 6은 매우 일치하는 것을 나타냅니다. 그리고 6으로 갈수록 더 일치하는 것을 나타냅니다.

1··············2··············3··············4··············5··············6

전혀 그렇지 않다 매우 그렇다

I. 신경증 및 부적 정서(neuroticism/negative affectivity)

1. 종종 불안과 공포를 느낀다.
2. 일이 잘못되면 잊기가 힘들다.

3. 종종 불안정감을 느낀다.
4. 좌절 후 기분을 회복하는 데 오랜 시간이 걸린다.
5. 종종 압도감을 느낀다.
6. 스트레스를 받으면 몸이 아프다.
7. 다른 사람들보다 좌절을 심하게 받아들인다.
8. 종종 수치심을 느낀다.
9. 나는 걱정이 많은 사람이다.
10. 친구들이 지지해 주지 않으면 의사결정을 내리는 데 확신이 서질 않는다.
11. 지속하기가 힘들어서 슬프다.
12. 의사결정을 할 때 일이 잘못되는 방향에 초점이 간다.
13. 다른 사람들이 나를 어떻게 생각할지가 걱정된다.
14. 쉽게 당황한다.
15. 종종 울고 싶어진다.
16. 종종 피로해지고, 지친다.
17. 결정을 내릴 때 다른 사람의 격려가 필요하다.
18. 결정을 내린 뒤에 대안에 대해 생각한다.
19. 도움 없이는 결정을 내리기가 힘들다.
20. 내 문제가 사라지기만을 바란다.
21. 잠을 더 많이 자거나 적게 잔다.

II. 선택 및 전념하는 것에 대한 불안(Choice/Commitment anxiety)

22. 진로가 어떤 것인지에 대한 정보가 필요하다.
23. 선택지를 좁히기가 어렵다.
24. 의사결정할 때 초조하다.
25. 직업정보를 충분히 알지 못한 것 같다.
26. 전념할 수가 없고, 다른 선택지를 모른다.

27. 직업에 대해 충분히 알지 못한다.
28. 성공적인 선택지를 위해서는 더 많은 정보가 필요하다.
29. 의사결정을 하는 것에 대해 종종 낙심한다.
30. 나 자신에 대해 더 알아야 할 필요가 있다.
31. 의사결정에 대해 더 배워야 할 필요가 있다.
32. 내가 원하는 것이 무엇인지에 대해 좀 더 알아야 할 필요가 있다.
33. 내 흥미가 무엇인지에 대해 더 알 필요가 있다.
34. 목표가 변할까 봐 걱정이다.
35. 여러 가지로 어려움을 느낀다.
36. 흥미가 변할까 봐 걱정된다.
37. 내 재능에 대해 더 많은 생각을 해 볼 필요가 있다.
38. 관심이 가는 진로가 너무 많아서 갈등된다.
39. 선택지는 있지만 전념할 준비가 아직 안 되었다.
40. 흥미가 너무 많이 변할지 모른다.
41. 두 가지 좋은 선택지 사이에서 결정을 내리기가 힘들다.
42. 직업에 대해서 많이 모른다.
43. 하나에 전념하기보다는 가능성을 열어 두는 것이 더 나을 듯 싶다.
44. 종종 방향감을 상실하곤 한다.
45. 지금 전념하는 게 불편하다.

III. 준비부족(Lack of readiness)

46. (역문항) 목표를 성취할 것이라고 확신한다.
47. (역문항) 방해물을 극복할 것이라고 확신한다.
48. (역문항) 내가 잘할 만한 진로를 찾아낼 것이라고 확신한다.
49. (역문항) 진로를 찾아낼 수 있을 것이다.
50. (역문항) 노력을 한다면, 대부분의 문제를 해결해 낼 수 있다.
51. (역문항) 항상 일을 생산적으로 한다.

52. (역문항) 모든 것에서 뛰어나고자 노력한다.
53. (역문항) 나쁜 일이 생길 때에도 계속한다.
54. (역문항) 목표달성을 위해 열심히 노력한다.
55. (역문항) 나는 가치 있는 사람이다.
56. (역문항) 결정을 내리기 전에 항상 심사숙고한다.
57. (역문항) 대개 내가 계획한 바는 수행해 낼 수 있다.
58. (역문항) 결과에 대해 철저하게 고려한다.
59. (역문항) 결정을 내릴 때 정보의 진위여부를 확인한다.
60. (역문항) 중요한 결정을 위해 미리 계획을 세운다.

Ⅳ. 대인관계에서의 갈등(interpersonal conflicts)

61. 내게 중요한 사람이 내 계획에 반대한다.
62. 내게 중요한 사람이 내 계획에 대한 의욕을 꺾는다.
63. 내게 중요한 사람이 내 계획을 지지해 주지 않는다.
64. 나는 다른 사람들이 바라는 것과 반대로 가고 있다.
65. 내가 가진 정보가 다른 사람들이 알고 있는 내용과 모순된다.

한국판 진로결정 척도*

척도 개요

이 척도는 대학생의 진로결정문제를 측정하기 위해 개발된 도구다. 한국사회의 특성을 반영하여 개발되었다는 장점이 있다. 한국의 대학생이 진로결정에 어려움을 겪는 원인으로 진로정보가 부족해서, 자아정체감이 아직 제대로 형성되지 않아서, 우유부단해서, 진로를 결정해야 할 필요성을 별로 느끼지 못해서, 그리고 부모님 등 자신에게 가깝고 중요한 사람들로부터의 영향력 때문에, 학연문제 등 외부로부터 오는 장벽의 총 다섯 가지 요인이 있을 수 있다고 보았다. 이 척도는 진로상담자가 대학생의 진로문제를 다섯 가지로 진단하고, 이 중 해당되는 진로결정문제를 해결할 수 있는 진로상담을 제공하는 데 활용할 수 있다.

척도의 개발

이 척도는 탁진국과 이기학에 의해서 개발되었으며, 남녀대학생을 대상으로 타당화되었다. 먼저 대학생 집단을 대상을 장래의 진로를 결정하는 데 있어 어려움을 겪고 있는 이유를 개방형으로 작성하게 하여 수거한 후, 이를 토대로 요인별 범주화를 하여 실제문항을 만들어서 주성분 분석을 통한 요인분석으로 요인을 확인하고, 변경하는 과정, 최종문항 선정 후 다시 주성분 요인분석, 신뢰도 분석, 타당도 분석을 거쳤다.

척도의 구성

5점 Likert 척도 22문항, 진로정보의 부족 6문항, 자아정체감의 부족 4문항, 우유부단함 4문항, 필요성 인식의 부족 4문항, 외부 장벽 4문항의 총 5개 요인구조로 구성되어 있다.

신뢰도 및 타당도

6개 대학 총 306명의 대학생을 대상으로 타당화한 결과에 근거해 하위차원의 신뢰도 계수 α는 진로정보의 부족 .68, 자아정체감의 부족 .69, 우유부단함 .77, 필요성 인식의 부족 .54, 외부 장벽 .62와 같다. 주성분 분석을 통한 요인분석 결과는 이론적인 5개의 모든 차원을 지지하는 것으로 나타났다.

원 척도의 출처

Tak, J., & Lee, K. (2003). Development of the Korean Career Indecision Inventory. *Journal of Career Assessment, 11*(3), 328-345.

이 척도를 사용한 국내 연구

한효정(2012). 대학생의 진로미결정과 내적통제성, 부적응적 완벽주의, 진로 결정 자기효능감 및 특성불안에 관한 구조방정식 모형. 서울대학교 석사학위논문.

척도의 내용(탁진국, 이기학, 2003)

한국판 직업결정 척도*

당신은 현 시점에서 미래에 구체적으로 어떤 직업을 선택할 것인지를 확실하게 정하신 상태입니까?

(1) 예　　　(2) 아니요

다음 문항은 여러분이 나중에 선택하게 될 직업을 결정하는 데 장애가 되는 요인에 관한 내용입니다. 각 문항이 여러분이 현재 처해 있는 상황과 얼마나 일치하는지를 다음의 방법에 의해 적당한 번호에 ○표 하십시오. 1은 문장이 현재 당신이 처한 상황과 전혀 관련 없는 것을 나타내고, 5는 현재 내가 처한 상황과 매우 관련이 있는 것을 나타냅니다. 그리고 5로 갈수록 더 관련이 있는 것을 나타냅니다.

1…………2…………3…………4…………5

전혀 그렇지 않다　　　　　매우 그렇다

I. 직업정보 부족

1. 직업과 관련된 정보를 얻는 방법을 잘 모르겠다.

2. 어떤 종류의 직업이 있는지 잘 모르겠다.
3. 내가 바라는 직업의 장래성에 대한 정보가 부족하다.
4. 어떤 직업이 전망이나 보수가 좋고 사회의 수요가 많은지 모르겠다.
5. 내가 바라는 직업이 있으나 어떻게 해야 그 직업을 가질 수 있을지 모르겠다.
6. 내 전공에 적합한 직업에 대한 정보가 부족하다.

Ⅱ. 자기명확성 부족

7. 내 흥미가 무엇이지 모르겠다.
8. 내가 바라는 것이 무엇인지 모르겠다.
9. 내 적성이 무엇인지 모르겠다
10. 내 장점과 단점이 무엇인지 모르겠다.

Ⅲ. 우유부단한 성격

11. 나는 매사에 소극적이다.
12. 내가 바라는 직업에서 잘 해낼 수 있을지 모르겠다.
13. 중요한 결정을 내릴 때 우물쭈물하는 경향이 있다.
14. 나는 어떤 결정을 내리기가 힘들다.

Ⅳ. 필요성 인식 부족

15. 현재로서는 직업선택을 할 필요성을 느끼지 않는다.
16. 아직 이르기 때문에 직업선택에 대해 생각해 보지 않았다.
17. 미래의 직업을 현 시점에서 결정해야 한다는 필요성이 피부에 와 닿지 않는다.
18. 내 인생에서 직업이 왜 필요한지 잘 모르겠다.

V. 외적 장애

19. 내가 바라는 직업을 주변에서 반대하는 사람이 많다.
20. 내가 바라는 직업을 부모님이 반대하시기 때문에 갈등된다.
21. 집안의 경제적 사정 때문에 내가 바라는 직업을 추구하기가 어렵다.
22. 학벌이나 연령 때문에 내가 바라는 직업을 갖기가 어렵다.

척도 사용 및 채점, 해석 가이드라인

각 요인별로 문항의 평균점수(예, 요인 1: 5개 문항점수를 더한 후 5로 나눔)를 계산한다. 이때 점수가 높을수록 진로를 결정하는 데 더 많은 어려움을 겪고 있는 것으로 해석한다. 또한 척도에서 '직업'을 '진로'로 바꾸어 사용해도 무방하다.

진로결정자율성 척도*

척도 개요

이 척도는 자기결정 동기 이론(Decy & Ryan, 2002)에 기초하여, 대학생을 대상으로 진로결정 과정에서 스스로 선택하고 즐겁게 진로의사결정을 수행하는지, 아니면 외적인 불안에 의해서 또는 외부의 압력과 가치의 주입에 따라 진로를 결정하는지 그 동기의 유형을 측정하는 척도다. 진로상담 장면에서 내담자가 얼마나 내적인 동기에 따라서 스스로 자신의 진로를 결정한 것인지에 대한 평가는 내담자의 가치와 진정성을 확인할 수 있는 유용한 평가도구가 된다(최윤정, 구본정, 2010).

척도의 개발

Guay(2005)는 대학원생과 전문가로 구성된 전문가 위원을 대상으로 진로의사결정 행동에 관한 14개의 문항을 산출하고 그중에서 8개의 문항을 선택하였다. 각각의 문항에 대해 내적인 동기, 외적조절, 주입된 조절, 동일시된 조절을 측정할 수 있는 진술문에 대해 응답자의 생각과 느낌에 대해 반응하도록 한 도구를 개발한 후에 대학생을 대상으로 확증적 요인 분석을 통해 구인 타당도를 검증하였다. 진로 결정 척도 및 진로의사결정 척도와의 정적 상관, 신경증과의 관계 검증을 통해서 수렴 타당도를 제시하였다. 국내에서는 한주옥(2004)이 번안하여 사용하여 소개되었다.

척도의 구성

진로결정자율성 척도의 세부 내용은 8개의 행동에 대한 4개의 이유(동기)를 묻는 32개의 문항으로 구성되어 있다. 8개의 행동 지표 예를 보면, '학교에서 제공하는 프로그램에 대한 정보를 구한다.' 라는 행동 지표에 대해서 네 가지 동기(내적 동기, 동일시된 조절, 주입된 조절, 외적 조절)를 근거로 하위 문항이 구성되어 있다. 각 문항은 1점에서 7점으로 평가되며, 점수가 높을수록 해당 동기 수준이 높은 것을 의미한다. 측정된 4유형 동기를 통해 자율성 지수를 산출하기 위하여 Guay 등(2003)은 '(내적동기+동일시된 조절)−(주입된 조절+외적 조절)' 의 방법을 사용한다. 자율성 지수가 양의 점수를 보이면 내적동기와 동일시된 조절에 의한 행동으로 간주하고 자율성 지수가 음의 점수를 나타내면 주입된 조절과 외적 조절에 의한 행동으로 해석한다(Guay et al., 2003). 결과적으로 자율성 지수가 높을수록 진로결정자율성 수준이 높음을 의미한다.

신뢰도 및 타당도

Guay(2005)는 CDMAS를 개발하여 2000, 2001, 2003년의 종단 연구와 다특성 다방법(MTMM)을 통해 진로결정자율성 척도의 구인 타당도와 수렴 및 판별 타당도를 제시하였다. 진로결정자율성 척도는 내적동기, 동일시된 조절, 주입된 조절, 외적 조절 4개의 하위요인으로 구성되어 있으며, 확증적 요인분석을 통해 4개 요인구조가 확인되었다(Guay et al., 2003; Guay, 2005). 원 척도의 신뢰도 계수 α는 .91~.95 수준으로 나타났으며, 국내 한주옥(2004)의 연구에서 전체 신뢰도 계수는 .93, 구본정(2010)의 연구에서 내적동기 .92, 동일시된 조절 .90, 주입된 조절 .92, 외적조절 .94였으며 전체 신뢰도 계수 α는 .88인 것으로 보고되었다.

원 척도의 출처

Guay. F. (2005). Motivation underlying Career Decision-Making Activities: The Career Decision-Making Autonomy Scale(CDMAS). *Journal of Career Assessment, 13*(1), 77-97.

이 척도를 사용한 국내 연구

구본정(2010). 대학생의 진로결정자율성과 진로결정 수준의 관계. 한국기술교육대학교 테크노인력개발전문대학원 석사학위논문.

최윤정, 구본정(2010). 대학생의 진로결정자율성 하위유형에 의한 진로결정 수준의 차별적 진단. 상담학 연구, 11(4), 1675-1690.

한주옥(2004). 여대생의 자기결정성 수준과 진로미결정과의 관계에서 진로결정 효능감의 매개효과 검증. 이화여자대학교 석사학위논문.

척도의 내용(구본정, 2010)

진로결정자율성 척도

다음 문항은 진로를 결정하는 과정에 있어 여러분의 생각과 태도에 대해 알아보기 위한 것입니다. 각 문항을 읽고 자신의 생각과 느낌에 가장 가깝다고 생각하는 곳에 ∨표 해 주세요.

1…………2…………3…………4…………5…………6…………7

전혀 그렇지 않다 매우 그렇다

Ⅰ. 학교에서 제공되는 프로그램에 대한 정보를 구한다
(학교에서 제공되는 프로그램을 알아보기 위해 대학 요람을 읽는다.)

1. 내가 이 행위를 하는 것은, 다른 사람이 원하기 때문이거나 다른 사람으로부터 보상이나 칭찬, 인정 등을 받을 수 있기 때문이다.
2. 내가 이 행위를 하지 않는다면, 죄책감이나 불안을 느낄 것 같아서다.
3. 이 행위가 중요하다고 생각하기 때문이다.
4. 이 행위를 하는 것이 즐겁기 때문이다.

Ⅱ. 학교 프로그램이나 진로와 관련하여 내게 주어진 대안을 알아본다

1. 내가 이 행위를 하는 것은, 다른 사람이 원하기 때문이거나 다른 사람으로부터 보상이나 칭찬, 인정 등을 받을 수 있기 때문이다.
2. 내가 이 행위를 하지 않는다면, 죄책감이나 불안을 느낄 것 같아서다.
3. 이 행위가 중요하다고 생각하기 때문이다.
4. 이 행위를 하는 것이 즐겁기 때문이다.

Ⅲ. 진로 목표를 달성하기 위해 열심히 공부한다

1. 내가 이 행위를 하는 것은, 다른 사람이 원하기 때문이거나 다른 사람으로부터 보상이나 칭찬, 인정 등을 받을 수 있기 때문이다.
2. 내가 이 행위를 하지 않는다면, 죄책감이나 불안을 느낄 것 같아서다.
3. 이 행위가 중요하다고 생각하기 때문이다.
4. 이 행위를 하는 것이 즐겁기 때문이다.

Ⅳ. 진로 목표와 부합하여 선택할 수 있는 직업을 알아본다

1. 내가 이 행위를 하는 것은, 다른 사람이 원하기 때문이거나 다른 사람으로부터 보상이나 칭찬, 인정 등을 받을 수 있기 때문이다.
2. 내가 이 행위를 하지 않는다면, 죄책감이나 불안을 느낄 것 같아서다.
3. 이 행위가 중요하다고 생각하기 때문이다.
4. 이 행위를 하는 것이 즐겁기 때문이다.

Ⅴ. 학교 프로그램을 마치기 위해 따라야 하는 절차를 알아본다

1. 내가 이 행위를 하는 것은, 다른 사람이 원하기 때문이거나 다른 사람으로부터 보상이나 칭찬, 인정 등을 받을 수 있기 때문이다.
2. 내가 이 행위를 하지 않는다면, 죄책감이나 불안을 느낄 것 같아서다.
3. 이 행위가 중요하다고 생각하기 때문이다.
4. 이 행위를 하는 것이 즐겁기 때문이다.

Ⅵ. 진로 선택에 있어서 내게 가장 중요한 가치가 무엇인지 찾는다

1. 내가 이 행위를 하는 것은, 다른 사람이 원하기 때문이거나 다른 사람으로부터 보상이나 칭찬, 인정 등을 받을 수 있기 때문이다.
2. 내가 이 행위를 하지 않는다면, 죄책감이나 불안을 느낄 것 같아서다.
3. 이 행위가 중요하다고 생각하기 때문이다.
4. 이 행위를 하는 것이 즐겁기 때문이다.

Ⅶ. 자신의 흥미, 성격과 어울리는 진로를 알아본다

1. 내가 이 행위를 하는 것은, 다른 사람이 원하기 때문이거나 다른 사람으로부터 보상이나 칭찬, 인정 등을 받을 수 있기 때문이다.
2. 내가 이 행위를 하지 않는다면, 죄책감이나 불안을 느낄 것 같아서다.
3. 이 행위가 중요하다고 생각하기 때문이다.
4. 이 행위를 하는 것이 즐겁기 때문이다.

사회적 지지 척도

척도 개요

이 척도는 Vaux, Riedel과 Stewart(1987)에 의해 개발된 척도로 성인 남녀가 지각한 사회적 지지를 정서적 지지, 사교적 지지, 물질적 지지, 재정적 지지, 충고/안내 지지의 차원에서 가족과 친구에 대한 지지원으로 구분하여 5점 척도로 반응하도록 구성된 척도다.

척도의 개발

Vaux, Riedel과 Stewart(1987)가 Barrera 등의 ISSB(Inventory of Socially Supportive Behavior)를 수정 보완하여 개발하였으며, 국내 진로상담 연구에서는 번안되고 타당화한 연구는 없다.

척도의 구성

총 5개의 하위 척도와 전체 점수 척도로 구성되어 있으며, 정서적 지지 10문항, 사교적 지지 7문항, 물질적 지지 8문항, 재정적 지지 8문항,

충고/안내 지지 12문항으로 전체 45문항이다. 5점 Likert 척도를 사용하며 가족과 친구들의 지지에 대한 지각의 정도를 자기보고식으로 반응한다.

신뢰도 및 타당도

성인 남녀를 대상으로 타당화한 결과에 근거해 하위 차원의 내적 합치도 계수는 다음과 같다. 정서적 지지 .91, 사교적 지지 .89, 물질적 지지 .91, 재정적 지지 .82, 충고/안내 지지는 .90으로 나타났다.

원 척도의 출처

Vaux, A., Riedel, S., & Stewart, D. (1987). Modes of Social Support: The Social Support Behaviors(SS-B) Scale. *American Journal of Community Psychology, 15*(2), 209-237.

이 척도를 사용한 국내 연구

국내 연구에서 SS-B를 사용한 연구는 찾을 수 없었고, SS-B의 원도구라 할 수 있는 ISSB(Inventory of Socially Supportive Behavior)를 번안하여 사용한 연구는 있다.

척도의 내용(Vaux, Riedel, & Stewart, 1987)

사회적 지지 척도

다음은 여러분이 가족이나 친구에 대해 어떻게 생각하는지를 알아보는 검사입니다. 각 문항을 잘 읽고 솔직하게 답해 주십시오.

〈가족〉

전혀 아니다	아니다	보통 이다	그렇다	아주 그렇다
1	2	3	4	5

〈친구〉

전혀 아니다	아니다	보통 이다	그렇다	아주 그렇다
1	2	3	4	5

I. 정서적 지지

1. 그들은 내가 화가 났을 때 나를 편안하게 해 준다.
2. 그들은 나의 기분을 좋게 하기 위해서 농담도 하고 무언가를 하도록 제안해 준다.
3. 그들은 내가 나의 속마음을 이야기하고 싶을 때 잘 들어 준다.
4. 그들은 내가 무언가로 힘들어 할 때 잘 격려해 준다.
5. 그들은 내가 어떤 기분이었을까에 대해 잘 이해해 준다.
6. 그들은 내가 사랑을 받고 있다고 느낄 수 있게 해 준다.
7. 그들은 나에 대한 평가를 전달하지 않는다.
8. 그들은 내가 기분이 언짢을 때 위로해 준다.
9. 그들은 내가 위기에 처했을 때 나에게 도움을 준다.
10. 그들은 나에게 애정 표현을 한다.

II. 사교적 지지

1. 그들은 내가 어떤 문제로 힘들어할 때 무언가를 하도록 제안해 준다.
2. 그들은 나를 찾아오고 초대도 해 준다.
3. 그들은 나와 함께 점심식사나 저녁식사를 같이 한다.
4. 그들은 나와 함께 영화 관람이나 콘서트에 같이 간다.
5. 그들은 나와 함께 즐거운 시간을 보낸다.
6. 그들은 나와 함께 수다를 떤다.
7. 그들은 내가 전화를 걸어 어떻게 지내는지 물어본다.

III. 물질적 지지

1. 그들은 내가 어디를 갈 필요가 있을 때 나를 태워 데려다 준다.
2. 그들은 내 것(집, 애완동물 등)을 돌봐 준다.
3. 그들은 내가 필요할 때 차를 빌려 준다.
4. 그들은 이사와 기타 큰 집안일을 도와준다.
5. 그들은 내가 필요할 때 도구, 장비, 가전기기 등을 빌려 준다.
6. 그들은 내가 어떤 일을 하는 방법을 모를 때 자세하게 알려 준다.
7. 그들은 나를 위해 어떤 물건을 정리하게 위해 다른 사람에게 도움을 청한다.
8. 그들은 내가 잠시 동안 머물 장소를 제공해 준다.

IV. 재정적 지지

1. 그들은 내가 돈이 없을 때 식사비를 지불한다.
2. 그들은 내가 돈이 조금밖에 없을 때 술값을 지불한다.
3. 그들은 내가 어려운 상황에 처해 있을 때 생활필수품을 사 준다.
4. 그들은 내가 돈을 갚지 못할지라도 돈을 빌려 준다.
5. 그들은 내가 어려운 상황일 때 옷을 사 준다.
6. 그들은 내가 꼭 필요로 하는 물건으로 선물을 사 준다.

7. 그들은 내게 돈을 빌려 주고 내가 돈을 빌린 사실을 잊기를 바란다.
8. 그들은 나에게 상당히 큰 액수의 금액을 빌려 준다(한달 주택 월세금 정도의 금액)

V. 충고/안내 지지

1. 그들은 내가 처한 상황을 어떻게 보다 잘 해결할지를 조언해 준다.
2. 그들은 내가 무언가를 하는 방법을 조언해 준다.
3. 그들은 내가 하는 일에 대해서 충고해 준다.
4. 그들은 내가 원하는 무언가를 알 수 있도록 도와준다.
5. 그들은 내가 무엇을 해야 하는지 결정하도록 도와준다.
6. 그들은 내가 지금 어떤 방향으로 가는지를 알 수 있게 도와준다.
7. 그들은 내가 도움을 받기 위해 상담할 누군가를 나에게 알려 준다.
8. 그들은 내가 이용할 수 있는 선택이나 옵션을 설명해 준다.
9. 그들은 내가 왜 해야 하는지 또는 하지 말아야 하는지에 대한 이유를 설명해 준다.
10. 그들은 내가 문제를 해결하기 위한 가장 적합한 방법을 말해 준다.
11. 그들은 내가 무엇을 해야 하는지 알려 준다.
12. 그들은 내가 문제에 대해 생각하는 것을 도와준다.

제6장

진로상담의 성과 측정

성과 영역에 따른 척도의 분류

진로준비행동 척도

직무만족 질문지

직무기술지수

전반적 직무만족 척도

단일 문항 직무만족의 측정

MSQ 미네소타 만족 질문지

직무충족도: MSS 미네소타 직무충족 설문지

성과 영역에 따른 척도의 분류

진로상담 종결 과정에서 내담자의 목표 달성 여부 및 문제해결의 정도를 측정하기 위한 척도는 매우 다양하다. 앞서 내담자의 목표 및 문제의 확인과 명료화하는 과정에서 제시된 척도를 활용하여 내담자의 상담 목표 달성과 문제해결의 정도를 사후로 실시할 수 있을 것이다. 그러나 진로상담의 성과를 무엇으로 볼 것인가에 따라서 사용할 수 있는 척도가 매우 다양하기 때문에 상담자나 연구자는 진로상담의 성과 영역과 준거에 대한 정보가 필요하다(Whiston, 2001). Whiston(2001)이 제안한 진로상담 성과 영역 분류의 기준을 근거로 이 책에서 소개된 척도를 성과 내용별로 분류한 내용을 제시하면 다음 표와 같다. 각 영역에 제시된 척도는 해당하는 장에서 자세히 살펴볼 수가 있다.

〈표〉 진로상담 성과측정의 내용과 측정도구

성과 측정 내용	해당 진로상담의 목표 및 내용	측정도구
진로 지식과 기술	• 내담자 자기 이해 및 직업 세계에 대한 이해의 증진 - 자기에 대한 지식 및 직업 정보 습득 등 • 인터뷰 기술과 의사결정 기술의 향상 - 진로 계획 수립, 목표 선택 기술의 향상 등	• 진로사고 검사 • 진로미래 척도 • 진로장벽 • 진로적응능력 검사 • 결과기대 척도
진로 행동	• 진로 및 직업 정보 탐색 및 관련 학업 수행 행동의 향상 - 최초의 직업을 구하는 행동 및 승진 등을 위한 행동의 시도 등 • 진로 및 직업을 실현하는 데 필요한 기술에 대한 행동의 향상 - 입사지원 서류 작성 등 글쓰기, 인터뷰 연습 포함 • 구직 행동의 증가 및 구직 성사 - 학교, 학업, 일자리 등 지원하는 분야에 대한 직간접 접촉 증가 등	• 진로적응 검사 • 진로준비행동 척도 • 목표 척도
진로 관련 사고 및 정서	• 자기효능감 또는 진로의사결정 자기효능감 향상 - 사회인지 이론에서 언급하고 있는 진로상담의 정서 반응 • 진로결정 확신성 또는 직업 정체감 - 진로확신에 대한 태도, 직업 만족, 생활의 질 향상, 상담 만족 등	• 진로결정 자기효능감 • 자기효능감 • 진로의사결정 어려움 척도 - CDDQ, EPCD, CIP • 직무만족 • 진로정체감 검사
효과적인 역할 수행	• 내담자의 연령과 발달적 수준을 고려한 효과적인 역할 수행 개선 - 진로성숙도 및 개인 적응성 향상, 진로문제의 재인식, 사회공헌, 정신건강	• 진로성숙도 • 진로성숙도 C형 • 진로적응능력 검사 • 진로결정자율성 • 진로미래 척도 - 일과 삶의 균형

출처: 최윤정, 이지은(2014). 진로개입 성과 연구의 동향과 향후과제, 15(1), 321-341에서 발췌하여 수정함.

진로준비행동 척도

척도 개요

이 척도는 대학생을 대상으로 자신의 진로를 위한 준비행동을 실제 얼마나 하고 있고 구체적으로 실천하고 있는지를 평가하기 위한 도구다. 진로상담 종결 시에 내담자가 진로와 관련된 문제를 해결하기 위해 실행하는 정도를 평가할 수 있다.

척도의 개발

김봉환(1997)은 대학생의 진로 준비행동을 측정하기 위해 대학생 55명을 대상으로 진로선택에 요구되는 행동에 대해 질의하였다. 이에 응답한 내용과 진로준비행동과 관련된 해외 척도[예, Career Exploration Survery (Hartman, 1983), Career Planning Questionnaire(Westbrook et al., 1985)]를 바탕으로 최초 20개 문항을 선정한 후에 전문가의 검토를 통해 총 16문항으로 확정하였다.

척도의 구성

총 16문항으로 4점 척도로 반응한다.

신뢰도 및 타당도

반분신뢰도 .74, 검사-재검사 신뢰도 .82, 신뢰도 계수 α .84로 보고되었다.

원 척도의 출처

김봉환(1997). 대학생의 진로 결정 수준과 진로준비행동의 발달 및 이차원적 유형화. 서울대학교 박사학위논문.

이 척도를 사용한 국내 연구

손은령, 손진희(2005). 한국 대학생의 진로 결정 및 준비행동-사회 인지적 진로 이론을 중심으로-. 한국심리학회지: 상담 및 심리치료, 17(2), 399-417.

이상희, 최춘희, 신상수(2011). 재취업구직자의 성격 5요인이 구직효능감과 진로준비행동에 미치는 영향. 인간이해, 32(1), 85-102.

척도의 내용(김봉환, 1997)

진로준비행동 척도

다음은 진로와 관련된 준비 행동입니다. 읽어 보시고 자신과 가장 가까우면 4점, 가장 거리가 멀면 1점에 표시하십시오.

1··················2··················3··················4

전혀 그렇지 않다 매우 그렇다

1. 나는 지난 몇 주 동안 친구와 나의 적성 및 앞으로의 진로(취업) 등에 대해서 이야기를 나눈 적이 있다.
2. 지난 몇 주 동안 나는 부모님과 나의 적성 및 앞으로의 진로(취업) 등에 대해서 이야기를 나눈 적이 있다.
3. 지난 몇 개월 동안 나는 교수님과 나의 적성 및 앞으로의 진로(취업) 등에 대해서 이야기를 나눈 적이 있다.
4. 지난 몇 주 동안 나는 내가 관심을 가지고 있는 직업이나 진로와 관련된 책이나 팸플릿 등을 구입하거나 혹은 읽어 보았다.
5. 지난 몇 주 동안 나는 내가 관심을 가지고 있는 직업이나 진로와 관련된 교육훈련 기관 혹은 교육훈련 프로그램 등에 대한 안내 책자나 팸플릿 등을 구입하거나 읽어 보았다.
6. 지난 몇 개월 동안 나는 내가 관심을 가지고 있는 직업이나 진로와 관련된 기관을 직접 방문해 보았거나 혹은 그 같은 방문계획을 세운 적이 있다.
7. 지난 몇 개월 동안 나는 내가 관심을 가지고 있는 직업이나 진로와 관련된 TV프로그램, 전시회, 설명회 등을 시청하거나 참관한 적이 있다.

8. 지난 몇 개월 동안 나는 내가 관심을 가지고 있는 직업이나 진로와 관련된 전문가와 이야기를 나누어 본 적이 있다.
9. 지난 몇 개월 동안 나는 내가 관심을 가지고 있는 직업이나 진로 분야에 직접 종사하고 있는 사람들과 이야기를 나누어 본 적이 있다.
10. 지난 몇 개월 동안 나는 진로문제를 상담하기 위하여 학생생활연구소나 그 밖의 상담기관을 방문한 경험이 있다.
11. 지난 몇 개월 동안 나는 나의 적성과 흥미, 성격 등을 정확히 알아보기 위해서 검사를 받아 본 적이 있다.
12. 나는 앞으로 내가 관심을 가지고 있는 직업(진학)에 입문하기 위해서 그 준비에 필요한 교재, 참고서적, 기타 필요한 기자재 등을 구입하였다.
13. 나는 앞으로 내가 관심을 가지고 있는 직업(진학)에 입문하기 위해서 이미 구입한 교재, 참고서적, 기타 필요한 기자재 등을 가지고 준비하고 있다.
14. 나는 앞으로 내가 관심을 가지고 있는 직업(진학)에 입문하기 위해서 학원 등에 다니면서 그 준비를 하고 있다.
15. 나는 내가 깊이 관심을 가지고 있는 업체에 대한 여러 가지 정보(취업 방법, 보수, 승진제도, 전망)를 수집하였거나 혹은 그 같은 계획을 세우고 있다.
16. 나는 내가 설정한 진로목표(취업 혹은 진학)를 달성하기 위해 수행한 일을 항상 체크하고 있으며, 앞으로 할 일에 대해서도 구체적으로 계획을 세우고 있다.

직무만족에 대한 개관

직업만족은 특정한 직업에 대한 전반적인 만족을 일컫는 말로 해당 직업의 사회적 기여도와 직업의 지속성, 발전 가능성, 업무환경과 시간적 여유, 직무만족도를 종합적으로 고려해 현재 몸담고 있는 직업에 얼마나 만족하고 있는지를 해당 직업 종사자가 주관적으로 평가한 것이다. 상대적으로 직무만족은 근로자가 근무 조건과 보상을 포함하여 일에 대해 어떻게 느끼는지에 초점을 두는 것으로 직무 또는 직무 경험에 대한 평가에서 즐거운 또는 긍정적인 감정 상태(Locke, 1976)를 일컫는다.

국내외 여러 연구에서 직업만족을 직무만족과 혼용하여 사용하는 경향이 있으나 정주영(2013)은 직업만족은 종업원이 직업에 대해 가지고 있는 일련의 태도로서 의사결정 및 선택자의 신념과 관련을 맺고 있다고 설명하고 있다. 이러한 직업만족은 직업 활동 자체에 관련된 일의 가치, 적성, 숙련 등과 근무환경, 임금, 장래성 등과 같은 여러 요인에 대한 의견이 하나로 결합하여 형성된다(정광호, 김태일, 2003). 즉, 직업만족도는 직무만족도를 포함하는 보다 광범위한 개념이라 할 수 있다. 따라서 직업만족과 직무만족의 측정을 위한 도구의 선정에 있어서는 연구하고자 하는 개념을 명확히 할 필요가 있다. 이 책에서는 국내에서 활발하게 연구되고 있는 직무만족에 관한 척도를 살펴보고자 한다.

직무만족의 측정도구는 도구의 특성과 관련하여 전반적인 직무만족을 측정한 것(예, Index of Job Satisfaction, Job In General Scale, 단일문항)과 구체적인 하위요인(예, Minnesota Satisfaction Questionnaire: MSQ, Job Descriptive Index)을 설정하고 이의 총합으로 직무만족을 측정한 경우로 나누어 볼 수 있다(이영면, 2010).

직무만족 질문지

척도 개요

이 척도는 성인의 전반적인 직무환경을 설명하는 문항으로 구성되어 있으며 다양한 직무에 대해 사용할 수 있는 척도다. 이 척도에서의 직무만족은 일에 대한 개인의 태도를 통해 추정된다. 국내의 진로상담 영역에서는 활용된 예가 많지 않다.

척도의 개발

1943년 미국 미네소타 대학 개인 심리학 과목 수업의 프로젝트의 일환으로 Brayfield와 Rothe(1951)에 의해 개발된 척도다. 척도의 개발 과정에 참여한 학생의 평균 연령은 30세이었으며, 대부분 수년간의 직업 경험을 가지고 있었다. 수업 구성원과 그 외의 75명의 연구자에 의해 1,000여 개의 진술문이 도출되었고 1,000여 개의 문항에서 통계적인 분석과 평가 과정을 거쳐 최종 설문을 구성하는 방식으로 개발되었다.

척도의 구성

18문항, 5점 Likert 척도다. 문항의 평정은 '매우 동의한다'(Strongly Agree)에서 '전혀 그렇지 않다'(Disagree)이며 중립적인 대답으로 '결정하지 않았다'(Undecided)를 선택할 수 있다. 문항의 평정은 1~5점으로 전체 점수 범위는 18~90점이며 결정하지 않은 또는 중립적인 관점에 대해서만 답하는 경우 54점을 나타낸다.

신뢰도 및 타당도

Brayfield와 Rothe(1951)의 개발 당시 사무직 여성 근로자 231명을 대상으로 측정한 결과 점수의 범위는 35~87점이었고 점수의 평균은 63.8, 표준편차는 9.4로 나타났다. Spearman-Brown 공식에 의한 신뢰도 계수 α는 .87이었다. 전체 문항에 대한 신뢰도 계수 α는 .88~.91이다.

원 척도의 출처

Brayfield, A. H., & Rothe, H. F. (1951). An Index of job satisfaction. *Journal of Applied Psychology, 35,* 307-311.

이 척도를 사용한 국내 연구

송계충(2002). 조직행위 측정 표준설문지 사전-직무만족변수 측정의 현상과 평가. 한국경영학회 2002 동계학술대회 발표논문집, 705-725.

척도의 내용(Brayfield & Rothe, 1951)

직무만족 질문지(Revised Job Satisfaction Blank)

어떤 직업은 다른 직업에 비해 더 흥미롭고 만족스럽습니다. 우리는 사람들이 다른 직업에 대해 어떻게 배우는지에 대해 알고 싶습니다. 다음의 빈칸은 직업에 대한 18개의 진술문을 포함하고 있습니다. 각각의 진술문에 대해 당신이 현재 직업에 대해 느끼는 바를 가장 잘 표현한 부분에 표기하십시오. 맞고 틀린 답은 없습니다. 당신이 각각의 내용에 대해 솔직하게 응답하시길 기대합니다. 숫자 0은 문항의 예시입니다.

0. 나의 직업에 대해 향상될 수 있는 몇 가지 조건이 있다.

1··················2··················3··················4··················5

매우 그렇다　그렇다　결정할 수 없다　그렇지 않다　매우 그렇지 않다

1. 내 일은 나에게 취미와 같다.
2. 내 일은 늘 흥미진진해서 지루함을 느끼지 못한다.
3. (역문항) 내 동료는 그들 일에 더 흥미를 느끼는 것 같다.
4. (역문항) 나는 내 일이 조금 불쾌하다고 여긴다.
5. 나는 내 일을 내 여유시간보다 더 즐기고 있다.
6. (역문항) 나는 가끔 내 일에 지루함을 느낀다.
7. 나는 나의 지금 일에 아주 만족하고 있다고 생각한다.
8. (역문항) 나는 언제나 내 자신을 억지로 일에 몰아넣지 않으면 안 된다.
9. 나는 당분간 내 일에 만족하고 있다.
10. (역문항) 나는 내 일이 내가 얻을 수 있는 다른 어떤 일보다도 흥미롭지 못하다고 느끼고 있다.

11. (역문항) 나는 내 일을 절대적으로 싫어한다.
12. (역문항) 나는 내 일에서 다른 어떤 사람들보다도 행복감을 느끼고 있다.
13. 나는 거의 매일 내 일에 대하여 열정적이다.
14. (역문항) 매일의 일이 절대로 끝날 것 같지가 않다.
15. 나는 내 일을 일반 근로자가 좋아하는 것보다도 좋아한다.
16. (역문항) 내 일은 정말 흥미롭지 않다.
17. 나는 내 일에서 진정한 즐거움을 발견한다.
18. (역문항) 나는 내가 왜 이런 일을 시작했는지 실망스럽다.

직무기술지수

척도 개요

이 척도는 성인의 직무만족을 측정하기 위해 개발된 것으로 직무에 대한 인지적 요소를 측정하기 위해 좋거나 나쁜 감정을 유도할 수 있는 형용사를 선택함으로써 감정적 요소에 의한 왜곡을 줄이는 강점이 있다(이영면, 2010 재인용). 이 척도는 직무만족도를 '근로자로서 자신의 직무에 대한 느낌'으로 정의하고 있다. 이러한 느낌은 일을 중단하거나 직장에 늦는 것과 같은 중요한 행동적 요소를 예견하는 것이다. 요인별로 종합하여 측정하는 측정도구로 직무와 관련된 요인을 다양하게 측정하고 있다. 저작권은 볼링그린 주립대학교(Bowling Green State University)에 있다.

척도의 개발

Smith, Kendall과 Hulin(1969)에 의해 개발되었다. 척도의 개발 이후 여러 차례 수정되면서 요인이 추가되거나 평정 방식이 4점 또는 3점 Likert 척도로 바뀌는 등의 변화가 있었다.

척도의 구성

직무(18문항), 급여(9문항), 승진기회(9문항), 감독(9문항) 및 동료(18문항) 등의 다섯 가지 요인을 72개 설문문항으로 측정하고 있다. 각 문항에 대해 '예' '아니요' '잘 모르겠음' 의 세 가지의 선택이 가능하며 긍정문항의 '예' 와 부정문항의 '아니요' 에 3점을 평정, '잘 모르겠음' 에 1점, 표기하지 않는 경우에 0점으로 하여 전체 점수를 합산하여 활용한다.

신뢰도 및 타당도

반분신뢰도 계수 α는 0.84, 타당도도 비교적 충분한 것으로 보고되어 있다.

원 척도의 출처

Brodk, D. S. (2009). JDI & JIG Quick Reference Guide(2009 Revision).

Smith, P. C., Kendall, L., & Hulin, C. L. (1969). *The measurement of satisfaction in work and retirement: A strategy for the study of attitudes*. Chicago, IL: Rand McNally.

http://www.bgsu.edu/arts-and-science.

* 직무기술 척도(JDI)와 관련 척도들은 앞의 사이트에서 다운로드할 수 있으며, 연구나 회사발전 프로젝트를 위해 사용할 경우 무료임.

이 척도를 사용한 국내 연구

양병화, 황혜연, 오세진, 이재일(2001). 비정규 계약직 근로자와 정규직 근로자의 조직몰입과 직무만족에 대한 연구. 한국심리학회지: 산업 및 조직, 14(2), 73-93.

김미연, 이윤주(2013). 사무직 종사자의 직장 의사소통과 부부 의사소통이 직무 만족도에 미치는 영향. 상담학연구, 14(2), 1469-1485.

척도의 내용(Brodke et al., 2009; 이영면, 2010에서 재인용)

직무기술지수(Job Descriptive Index: JDI)

현재 하고 있는 일에 대해 생각해 보십시오. 다음의 단어나 구절이 귀하의 일을 얼마나 잘 설명하고 있습니까?

- 당신의 일을 잘 설명하고 있는 경우인 '예' 라면 3으로 표시해 주세요.
- 당신의 일을 잘 설명하지 못하는 경우인 '아니요' 라면 0으로 표시해 주세요.
- 당신이 잘 모르는 '?' 라면 1로 표시해 주세요.

[현재 직무에서 하는 일]

_______ 환상적, 매우 즐거운
_______ 반복적인
_______ 만족스러운
_______ 지겨운
_______ 좋은
_______ 성취감을 주는
_______ 존경받는
_______ 흥미로운
_______ 보상감을 주는
_______ 유용한
_______ 도전적인
_______ 단순한
_______ 반복적인
_______ 창의적인
_______ 따분한
_______ 재미없는
_______ 결과를 예상할 수 있는
_______ 내 능력을 활용할 수 있는

[현재 급여]

일상적인 지출에 비해 급여가

_______ 적절한
_______ 공정한
_______ 수입으로 겨우 먹고사는
_______ 나쁜
_______ 풍족한
_______ 내가 받아야 할 수준보다 낮은
_______ 잘 받고 있는 수준의 급여
_______ 생활하기에 충분한
_______ 낮은 수준의 급여

전반적 직무만족 척도

척도 개요

이 척도는 성인의 일반적인 직무만족을 측정하기 위해 직무만족의 측정에 있어서 특정한 직무 양상에 대한 만족도의 합이 아닌 별도의 측정 도구를 사용하여 전반적인 직무만족을 측정하고자 개발된 도구다. 전반적 직무만족 척도(Job In General Scale: JIG)는 개발 당시(1977~1987년 미국을 중심으로) 직무만족의 단면을 측정하기 위해 가장 많이 활용되고 있던 직무기술지수(Job Descriptive Index)와 더불어 전반적 직무만족을 측정하기 위한 목적으로 개발되었다. 저작권은 볼링그린 주립대학교에 있으며 국내의 심리 및 진로상담 영역에서는 활용된 예가 많지 않다.

척도의 개발

Ironson, Smith, Brannick, Gibson과 Paul(1989)에 의해 개발되었다. 개발 당시 척도 개발과 타당화를 위해 여러 연구의 표집을 함께 활용하여 문항반응 이론 분석, 신뢰도, 타당도, 상관분석 등을 실시하였다.

척도의 구성

18문항으로 구성되어 있으며 문항별로 세 가지 응답(예, 아니요, 잘 모르겠음)이 가능하다.

신뢰도 및 타당도

척도 개발자의 보고에 따르면, 주요인 분석을 통해 18개의 해당 문항의 설명량이 87%임을 확인했고 개발 초기의 42문항과 비교했을 때 18문항의 상관이 .96으로 높게 나타났다. 연구에서 분석된 표집 중 플로리다 표집(N=1,149)에 신뢰도 계수 α=.91로 나타났고 표본수가 3,566개인 볼링그린 표본에서는 0.91~0.95이다. 일반적인 직무만족을 측정하는 다른 척도와의 상관을 분석한 결과 JIG와 다른 척도의 상관이 .66~.80으로 나타났다.

원 척도의 출처

Ironson, G. H., Smith, P. C., Brannick, M. T., Gibson, W. M., & Paul, K. B. (1989). Construction of the Job in General Scale: A Comparison of global, composite, and specific measures. *Journal of Applied Psychology, 74*. 193-200.

이 척도를 사용한 국내 연구

진로상담 연구 분야에서 활용된 예는 찾을 수 없었음.

 척도의 내용(Ironson et al., 1989)

전반적 직무만족 척도(Job In General Scale: JIG)

당신이 현재 하고 있는 일에 대해 전반적으로 생각해 보십시오. 현재 하고 있는 일에 대해 전반적으로 어떻게 생각하고 계십니까? 다음의 단어나 구절이 당신의 일을 얼마나 잘 설명하고 있습니까?

- 당신의 일을 잘 설명하고 있는 경우에는 '예' 라고 표시해 주십시오.
- 당신의 일을 잘 설명하지 못하는 경우에는 '아니요' 라고 표시해 주십시오.
- 당신이 '잘 모르는' 경우에는 '모름' 이라고 표시해 주십시오.

- 기쁜	- 훌륭한
- (역문항) 나쁜	- 일반적인 것보다 좋은
- 이상적인	- (역문항) 동의할 수 없는
- (역문항) 시간 낭비인	- 이해가 되는
- 좋은	- (역문항) 불충분한
- (역문항) 바람직하지 않은	- 좋은
- 가치 있는	- (역문항) 형편없는
- (역문항) 일반적인 것보다 나쁜	- 즐거운
- 수용 가능한	- (역문항) 부족한

단일 문항 직무만족의 측정

 척도 개요

이 척도는 단일 문항을 통해 성인의 전반적인 직무만족을 측정하기 위해 개발되었다. 문항수가 1문항으로 경제적이고 효율적이라는 측면에서 강점이 있어 연구뿐만 아니라 임상적으로도 활용 가치가 있다. 국외에서는 Wanous, Reichers와 Hudy(1997)에 의해 전반적 직무 만족을 측정하는 단일 문항에 대한 메타분석을 실시하여 그 타당성을 검증하였고 국내에서는 장재윤(2010), 유지수와 장재윤(2011) 등의 연구에서 활용된 바 있다.

 척도의 개발

오랜 역사를 지니고 있는 단일 문항 척도로 1955년 Kunin에 의해 사용되기 시작하였다. Scarpello와 Campbell(1983)은 구체적인 직무의 내용을 포함하는 직무만족 척도와 비교할 때 단일 문항 척도로 사용하는 것이 적절하다고 언급했다. Wanous, Reichers와 Hudy(1997)는 직무만족 단일 문항 척도의 적합성을 메타분석을 통해 입증한 바 있다.

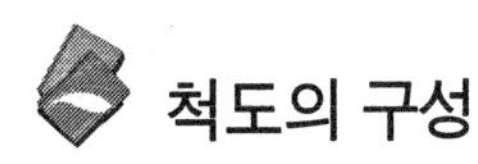

척도의 구성

단일 문항으로 구성되어 있으며 '전혀 만족하지 않는다(1점)~매우 만족한다(4점)' 로 평정한다.

신뢰도 및 타당도

전반적 직무만족에 대해 단일 문항으로 측정한 17개의 연구(7,682명)를 메타분석한 결과(Wanous, Reichers, & Hudy, 1997)에 따르면, 전반적 직무만족 측정의 평균 상관값이 .67인 것으로 나타났다. 기타 자세한 사항은 논문 원본을 통해 살펴볼 수 있다.

원 척도의 출처

Kunin, T. (1955). The construction of a new type of attitude measure. *Personnel Psychology, 8,* 65-78.

이 척도를 사용한 국내 연구

장재윤(2010). 직무만족과 직무에서 경험하는 정서 간의 관계: 빈도 가설과 긍정성 비율 가설의 비교. 한국심리학회지: 산업 및 조직, 23(2), 275-295.

홍수지, 장재윤, 김근영(2012). 하루 동안의 개인 내적 정서 변산성과 직무만족 및 삶의 만족 간의 관계. 한국심리학회지: 사회 및 성격, 26(2), 117-136.

척도의 내용(Kunin, 1955)

<u>직무만족(단일문항)</u>

"전반적으로 귀하의 현재 하시는 일에 대해 얼마나 만족하십니까?"

1··················2··················3··················4

전혀 만족하지 않다 매우 만족한다

MSQ 미네소타 만족 질문지*

척도 개요

이 척도는 성인의 직무만족을 측정하기 위해 미네소타 대학교 직업심리연구소(Vocational Psychology Research)에서 개발된 도구로 학술 연구에서 많이 사용되는 척도다. 이 척도는 직무만족을 내재적인 변인, 외재적인 변인, 전반적인 변인으로 나누어 측정하는 데 양식에 따라 20문항에서 100개 문항으로 문항 수가 달라 연구자 또는 임상가의 필요에 따라 선택하여 사용할 수 있는 강점이 있다. 일반적으로는 20문항 척도의 활용도가 높은 편이다. 저작권은 미국 미네소타 대학교 직업심리연구소(Vocational Psychology Research)에 있다. 국내에서는 이상금(1996)에 의해 번역된 척도를 사용하거나 박아이린(2005)이 타당화한 척도를 사용하여 연구를 실시하고 있다.

척도의 개발

Weiss, Dawis, England와 Lofquist(1967)에 의해 개발되었다.

척도의 구성

문항수는 20~100문항으로 양식이 다르게 제작되어 있으며 5점 척도로 측정한다. 박아이린(2005)의 연구에서 활용된 척도는 총 20문항, 5점 Likert 척도로 내재적 만족, 외재적 만족, 전반적인 만족의 세 가지 하위 요인을 측정하며 문항의 합산 점수가 높으면 만족도가 높은 것으로 간주한다.

신뢰도 및 타당도

일부 학자는 내재적 요인과 외재적 요인에 대해 의문을 제기하기도 하지만, 대체로 내적 일관성을 가지고 있다고 평가된다. 박아이린(2005)의 척도를 활용하여 연구를 실시한 이보라와 이기학(2006)의 연구에서는 문항 간 신뢰도 계수 α가 내재적 만족 .77, 외재적 만족 .72, 전반적 만족 .85로 나타났다.

원 척도의 출처

박아이린(2005). A validation study of the minnesota satisfaction questionnaire (MSQ). 서울대학교 대학원 석사학위논문.

이 척도를 사용한 국내 연구

이보라, 이기학(2006). 개인-환경 부합 유형에 따른 직무만족 영향력 차이 연구. 한국심리학회지: 산업 및 조직, 19(3), 285-300.

곽필순, 김봉환(2005). Holland의 직업성격과 직업환경의 일치도 및 직무만족도와의 관계 연구. 상담학연구, 6(3), 837-848.

척도의 내용(박아이린, 2005)

K-MSQ 척도

다음 문항의 내용을 읽고 매우 만족하다면 5점에, 전혀 만족스럽지 않다면 1점에 체크해 주세요.

1············2············3············4············5

전혀 만족스럽지 않다　　　　　　　　매우 만족한다

1. 나에게 부여되는 업무량에 대해
2. 혼자 독립적으로 일할 수 있다는 것에 대해
3. 때때로 반복되지 않은 다양한 일을 할 수 있다는 것에 대해
4. 직장에서 '중요한 인물(알아주는 사람)'이 될 수 있는 기회에 대해
5. 상사가 부하직원을 대하는 방식에 대해
6. 상아의 의사결정능력에 대해
7. 나의 양심에 위배되지 않은 일을 할 수 있다는 것에 대해
8. 내 직업의 안정성에 대해
9. 다른 사람을 위해 무언가를 해 줄 수 있다는 것에 대해
10. 다른 사람에게 일을 지시할 수 있다는 것에 대해
11. 내 능력을 활용해서 일할 수 있다는 것에 대해
12. 사내(학교) 정책을 시행하는 방식에 대해
13. 내 업무량에 비한 급여 수준에 대해

14. 승진 기회에 대해
15. 나 스스로 판단할 수 있는 자율권에 대해
16. 내 자신의 방식대로 업무 수행을 할 수 있는 기회에 대해
17. 직업 환경에 대해
18. 직장 동료 사이의 관계에 대해
19. 나의 업무 수행능력을 인정받는 정도에 대해
20. 일을 통해 얻는 성취감에 대해

직무충족도:
MSS 미네소타 직무충족 설문지

척도 개요

이 척도는 성인의 직무충족(satisfactoriness)을 측정하기 위한 것으로 직무충족이란 개인의 능력과 태도가 직업환경의 요구조건에 부합하는 정도를 의미한다. 즉, 근로자에 대한 조직의 만족도를 측정하기 위한 것으로 근로자의 직무충족에 대해 상사가 평정하는 척도다. 직무충족을 평가하는 방법은 직접적 · 간접적인 방식으로 나누어지는데, 이 척도는 평가자에게 직업이 요구하는 개인의 능력과 태도의 부합 정도를 직접적으로 질문하여 파악하는 방식이다. 이외에 간접적인 방식은 직업환경의 요구조건과 개인의 능력을 각각 조사하여 그 차이를 분석하는 방법으로 직업 요구조건 조사지, 일반적성 검사, 미네소타 능력 요구조건 순위 척도 등이 있다(명대정, 2013). 실제직업 환경에서는 각 기업에서 자체 개발한 검사/척도를 활용하여 슈퍼바이저의 성과 평가를 통해 근로자의 직무에 대한 충실도를 측정하기도 한다. 이 척도는 국내에서는 타당화된 바 없으나 명대정(2013)의 연구에서 체계적인 번안 과정을 거쳐 문항 내용을 확인하고 수정 · 보완하여 활용되었다. 저작권은 미국 미네소타 대학교 직업심리연구소(Vocational Psychology Research)에 있다.

척도의 개발

이 척도는 2,373명의 근로자에 대한 상사의 평정으로부터 개발되었는데 이 척도를 활용할 수 있는 직업 분류로는 전문직, 관리직 또는 기술직, 세일즈, 서비스, 일반적인 근로자가 있다.

척도의 구성

MSS는 직무수행(Performance), 순응(Conformance), 신뢰(Dependability), 개인적 적응(Personal Adjustmant)의 네 가지 하위 척도로 구성되어 있다. 명대정(2013)의 연구에서는 순응, 신뢰, 개인적 적응을 함께 묶어 직무태도로 설명하고 있다. 문항 수는 직무수행 9문항, 순응 8문항, 신뢰 4문항, 개인적 적응 7문항으로 총 28개 문항이며 평정을 하는 경우 직장의 다른 직원과 비교하여 3점 척도로 평가하도록 되어 있고, 마지막 28번 문항은 직원의 전반적인 역량을 4분위로 평가하도록 제시되어 있다.

신뢰도 및 타당도

Gibson, Weiss, Dawis와 Lofquist(1970)의 연구에서 나타난 신뢰도 계수는 .69~.95로 중앙값은 0.87이다. 검사-재검사 신뢰도는 2년 간격으로 실시했을 때 0.50으로 나타났다. 국내의 명대정(2013)의 연구에서는 문항 전체의 신뢰도가 .92, 각 하위요인별 신뢰도는 직무수행 .85, 순응 .88, 신뢰 .73, 개인적 적응 .76으로 나타났다.

원 척도의 출처

• 원문 척도

Gibson, D. L., Weiss, D. J., Dawis, R. V., & Lofquist, L. H. (1970). *Mannual for the Minnesota Satisfactoriness Scale.* Industrial Relations Center Bulletin 53.

Carlson, R. E., Dawis, R. V., England, G. W., & Lofquist, L. H. (1963). *The measurement of employee satisfactoriness.* In Minnesota studies in vocational rehabilitation, XIV, Bulletin 37. Minneapolis: University of Minnesota Press.

• 국내번안 척도

명대정(2013). 상담자의 직무충족에 미치는 상담자 활동 자기효능감과 일반적 자기효능감의 영향: 상담기관 형태의 조절효과. 서울대학교 박사학위논문.

이 척도를 사용한 국내 연구

명대정(2013). 상담자의 직무충족에 미치는 상담자 활동 자기효능감과 일반적 자기효능감의 영향: 상담기관 형태의 조절효과. 서울대학교 박사학위논문.

척도의 내용(Gibson, Weiss, Dawis, & Lofquist, 1970)

MSS 척도

앞 근로자/직원에 대해 상사/슈퍼바이저께서 평소 가지고 계셨던 생각과 느낌을 솔직하게 반영하여 이 사람을 가장 잘 설명하는 숫자를 표기하여 주십시오.

I. '해당하는 사람이 속한 업무 그룹의 다른 사람과 비교할 때 얼마나 잘하는가?' 에 대해 미흡하다/그렇지 않다, 보통이다, 양호하다/매우 그렇다 중 한 가지로 응답하시오.

1……………………2……………………3

미흡하다 매우 그렇다

1. 회사의 정책과 수행방법을 따르는가?
2. 상사의 지시를 수용하는가?
3. 표준적인 업무 규칙과 절차를 준수하는가?
4. 직무의 책임을 수용하는가?
5. 절차와 방법에 있어서의 변화에 적응하는가?
6. 상사의 권위를 존중하는가?
7. 팀의 구성원으로서 일하는가?
8. 상사와 잘 지내는가?
9. 반복적인 업무를 수행하는가?
10. 동료와 잘 지내는가?
11. 업무에서 필요로 하는 방법적인 다양성과 변화를 수행하는가?

II. '그/그녀의 직무 그룹의 다른 사람과 비교할 때…….' 에 대해 좋지 않은 편이다, 비슷하다, 더 그렇다 중 한 가지로 응답하시오.

12. 그/그녀가 하는 일의 질은 얼마나 우수한가?
13. 그/그녀가 하는 일의 양은 얼마나 우수한가?

Ⅲ. '당신이 의사결정권을 가지고 있다면…….' 에 대해 그렇다, 잘 모르겠다, 아니다 중 한 가지로 응답하시오.

14. 그/그녀의 급여를 인상하겠는가?
15. 더 높은 단계의 업무로 그/그녀를 이동시키겠는가?
16. 그/그녀에게 보다 책임감 있는 직위를 부여하겠는가?

Ⅳ. '그/그녀의 직무 그룹의 다른 사람과 비교할 때 얼마나 자주…….' 에 대해 별로 그렇지 않다, 비슷하다, 더 많이 하는 편이다 중 한 가지로 응답하시오.

17. 늦게 출근하는가?
18. 지나치게 흥분하는가?
19. 화를 내고 행복해하지 않은가?
20. 훈련이나 처벌을 필요로 하는가?
21. 자리를 자주 비우는가?
22. 다른 것에 의해 방해받는 것 같은가?
23. 신체적인 불편함에 대해 불평하는가?
24. '이상한' 이야기를 하는가?
25. 쉽게 지치는가?
26. 이야기할 때 들리지 않는 것처럼 행동하는가?
27. 이야기할 때 이일 저일에 대해 횡설수설하는가?

Ⅴ. 이제 그 사람에 대해 전반적인 수행정도와 업무에 있어서의 효율성, 숙련도, 전반적인 가치에 대해 고려해 주십시오. 성공적인 직무 수행을 위한 모든 요소, 예를 들면 업무에 대한 지식, 수행 기능, 결과물의 양과 질, 다른 사람과의 관계(부하직원, 동료, 상사), 업무 완성도, 명석함, 흥미, 연수에 대한 반응과 같은 모든 요소를 함께 생각해 주십시오. 다시 말하면 그/그녀가 당신이 원하는 이상적인 직원과 얼마나 유사한가요? 이러한 모든 요소를 염두에 두었을 때 같은 일을 하는 다른 직원과 비교하여 이 사람의 등급은 어느 정도인가요(만약

직원이 한 사람이라면 이전에 근무했던 사람과 비교하여 작성해 주십시오)?

상위 25%

상위 50% 이상, 상위 25%에 속하지 않음

하위 50% 이하, 하위 25%에 속하지 않음

하위 25%

척도의 내용(명대정, 2013)

MSS 척도

[기관장용] 고유번호:____________

※ 앞 고유번호에 해당하는 설문 대상 상담자에 대해 기관장께서 평소 가지고 계셨던 생각과 느낌을 솔직하게 반영하여 이 상담자를 가장 잘 설명하는 숫자를 오른쪽 해당 숫자 칸에 직접 기입해 주시기 바랍니다.

I. 다른 상담자와 비교할 때, 이 상담자에 대한 당신(상담기관장/부서장)의 평가는? 1은 미흡한 상태, 3은 양호한 상태, 2는 보통임을 나타냅니다. 숫자 3으로 갈수록 더 양호한 것을 나타냅니다.

1…………………2…………………3

미흡하다 양호하다

1. 직장의 방침과 그 시행방법을 준수한다.
2. 상사의 지시를 받아들인다.

3. 정해진 업무 규칙과 절차를 준수한다.
4. 업무에 대한 책임감을 가지고 있다.
5. 업무 수행 절차와 방법의 변화에 적응한다.
6. 상사의 권위를 존중한다.
7. 팀 또는 부서의 일원으로서 협력한다.
8. 상사와 원만하게 지낸다.
9. 반복적인 업무를 잘 수행한다.
10. 동료와 원만하게 지낸다.
11. 다양성과 변화를 요구하는 업무를 잘 수행한다.

Ⅱ. 다른 상담자와 비교할 때, 이 상담자는?
12. 질적으로 업무 성과가 우수하다.
13. 양적으로 업무 성과가 우수하다.

Ⅲ. 당신(상담기관장/부서장)이 결정할 수 있는 사안이라면, 당신은 이 상담자에게?
14. 월급을 올려 줄 것이다.
15. 더 비중 있는 업무를 맡길 것이다.
16. 더 책임감 있는 지위에 승진시킬 것이다.

Ⅳ. 다른 상담자와 비교할 때, 이 직원에 대한 당신(상담기관장/부서장)의 평가는?
17. 지각을 잘 한다.
18. 흥분을 잘 한다.
19. 쉽게 화를 내거나 기분 나빠한다.
20. 제재조치가 필요하다.
21. 자리를 자주 비운다.
22. 뭔가 골머리가 아픈 사람처럼 보인다.

23. 신체질환에 대해 불평한다.
24. 생뚱맞은 말을 한다.
25. 쉽게 지쳐 한다.
26. 말을 할 때 경청하지 않는 것처럼 보인다.
27. 말을 조리있게 하지 못한다.

V. 이 직원의 전반적인 업무수행능력과 효과성, 숙련도와 비중에 대해서 생각해 보십시오. 수행하는 업무에 대한 지식, 양적/질적 성과, 다른 사람들(부하, 동료, 상사 등)과의 관계, 업무 수행력, 교육훈련에 대한 이해, 관심, 반응 등을 종합적으로 고려하십시오. 당신이 이상적으로 생각하는 직원의 모습에 이 직원은 얼마나 근접합니까? 이 모든 사항을 염두해 두고 이 직원을 같은 일을 하고 있는 다른 직원과 비교하여 순위를 매긴다면 순위는 어느 정도가 될까요(이 직원이 그 업무를 담당하는 유일한 사람이라면 동일업무를 과거에 수행한 사람들과 비교하여 평가해 주십시오)?

상위 25% 이상

상위 25% 미만 ~ 50% 이내

하위 50% 이하 ~ 25% 이내

하위 25% 미만

제2부 참고문헌

고홍월(2008). 대학생의 진로의사결정 성숙 수준에 따른 진로 결정문제 분석. 상담학연구, 9, 1137-1149.

김동준(1997). 진로미결정문제와 심리적 변인의 관계. 충북대학교 석사학위논문.

김봉환(1997). 대학생의 진로 결정 수준과 진로준비행동의 발달 및 이차원적 유형화. 서울대학교 박사학위논문.

김수지, 이정자(2013). 진로 장벽, 진로 결정 자기효능감이 진로준비행동에 미치는 영향: 중학교, 인문고, 특성화고 비교. 재활심리연구, 20(1), 119-136.

김영화(2010). 자아정체감 조기완료 대학생의 진로 결정문제 분석. 서울대학교 석사학위논문.

김영화, 김계현(2011). 자아정체감 지위에 따른 대학생의 진로 결정문제, 진로준비행동의 차이. 청소년상담연구, 19, 169-182.

명대정(2013). 상담자의 직무충족에 미치는 상담자 활동 자기효능감과 일반적 자기효능감의 영향: 상담기관 형태의 조절효과. 서울대학교 박사학위논문.

민경희(2012). 대학생용 정서 · 성격 진로문제(EPCD) 척도 타당화 연구. 숙명여자대학교 석사학위논문.

박아이린(2005). A validation sutdy of the minnesota satisfaction questionnaire (MSQ). 서울대학교 석사학위논문.

손은령(2001). 여자대학생이 지각한 진로 장벽. 서울대학교 박사학위논문.

손은령(2002). 여자대학생이 지각한 진로 장벽과 개인 · 심리적 변인의 관계. 한국심리학회지:상담 및 심리치료, 14(2), 415-427.

송계충(2002). 조직행위 측정 표준설문지 사전-직무만족변수 측정의 현상과 평가. 한국경영학회 2002 동계학술대회 발표논문집, 705-725.

유성경, 홍세희, 박지아, 김수정(2012). 한국 여성의 일-가족 갈등 척도 타당화 연구. 한국심리학회지: 여성, 17(1), 1-29.

이상금(1996). 간호사가 지각한 자율성, 그룹 결속력과 직무만족도, 조직몰입,

직무동기, 재직 의도와의 관계. 서울대학교 석사학위논문.
이영면(2010). 직무만족의 의미와 측정. 서울: 경문사.
이윤주, 김경화, 민하영(2008). 인문계 고등학생의 자살생각 및 시도와 소외감 및 진로 장벽의 관계. 청소년상담연구, 16(1), 69-85.
장재윤(2010). 직무만족과 직무에서 경험하는 정서 간의 관계: 빈도 가설과 긍정성 비율 가설의 비교. 한국심리학회지: 산업 및 조직, 23(2), 275-295.
최소영(2012). 여고생의 진로신념과 자아분화, 부모의 진로 신념이 지로 결정문제에 미치는 영향. 건국대학교 석사학위논문.
최윤정(2010). 대졸 기혼 직장 여성의 일-가족 다중역할 갈등 완화 과정: 개인 특성과 환경적 지지와의 관계. 서울대학교 박사학위논문.
최윤정, 김계현(2009). 여성 진로상담 관점에서 본 다중역할(일-가족) 균형의 구성개념 및 측정에 관한 경험적 연구 고찰. 상담학 연구, 10(1), 365-384.
최윤정, 이지은(2014). 진로 개입 성과 연구의 통합과 향후과제. 상담학연구, 15(1), 1-22.
탁진국, 이기학(2001). 직업결정 척도 개발을 위한 탐색적 연구. 디지털 경영연구, (1), 167-180.
한효정(2012). 대학생의 진로미결정과 내적통제성, 부적응적 완벽주의, 진로 결정 자기효능감 및 특성불안에 관한 구조방정식 모형. 서울대학교 석사학위논문.
황매향, 이은설, 유성경(2005). 청소년용 여성 진로 장벽 척도의 개발 및 구인타당도 검증. 상담학연구, 6(4), 1205-1223.
황매향, 이아라, 박은혜(2005) 청소년용 남성 진로 장벽 척도의 타당도 검증 및 잠재평균 비교. 한국청소년연구, 16(2), 125-159.

Barrera, M., Jr., & Ainlay, S. (1983). The structure of social support: A conceptual and empirical analysis. *Journal of Community Psychology, 11,* 133-143.
Brown, S. D., & Rector, C. C. (2008). Conceptualizing and diagnosing problems in career decision-making. In S. D. Brown & R. W. Lent (Eds.), *Handbook of counseling psychology*(4th ed., pp. 392-407). New York, NY: Wiley.
Brown, S. D., Hacker, J., Abrams, M., Carr, A., Rector, C., Lamp, K., Talender,

K., & Siena, A. (2012). Validation of a Four-Factor Model of Career Indecision. *Journal of Career Assessment, 20*(1), 3-21.

Carlson, D. S., Kacmar, K. M., & Willimas, L. J. (2000). Construction and Initial Validation of a Multidimensional Measure of Work-Family Conflict. *Journal of Vocational Behavior. 56,* 249-276.

Cinamon, R. G., & Rich, Y. (2002). Profiles of attribution of importance to life roles: Implications for the work-family conflict. *Journal of Counseling Psychology, 49,* 212-220.

Gati, I., Krausz, M., & Osipow, S. H. (1996). A taxonomy of difficulties in career decision making. *Journal of Counseling Psychology, 43,* 510-526.

Gibson, D. L., Weiss, D. J., Dawis, R. V., & Lofquist, L. H. (1970). Mannual for the Minnesota Satisfactoriness Scale. *Industrial Relations Center Bulletin, 53.*

Greenhaus, J. H., & Beutell, N. J. (1985). Sources of conflict between work and family role. *The Academy of Management Review,* 10, 76-88.

Gutek, B., Searle, S., & Klewpa, L. (1991). Rational versus gender role explanations for work/family conflict. *Journal of Applied Psychology, 76,* 560-568.

Hacker, J., Carr, A., Abrams, M., & Brown, S. D. (2013). Development of the Career Indecision Profile: Factor Structure, Reliability, and Validity. *Journal of Career Assessment, 21*(1), 32-41.

Hoppock, R. (1935). *Job Satisfaction.* New York: Harper and Brothers.

Kunin, T. (1955). The construction of a new type of attitude measure. *Personnel Psychology, 8,* 65-78.

Saka, N., Gati, I., & Kelly, K. R. (2008). Emotional and personality-related paspects of career-decision-making difficulties. *Journal of Career Assessment, 16*(4), 403-424.

Scarpello, W., & Campbell, J. P. (1983). Job satisfaction: Are all the parts there?. *Personal Psychology, 36,* 577-600.

Swanson, J. L., & Daniels, K. K. (1995). *The Career Barriers Inventory-Revised.* Unpulished manuscript, Southern Illinois University, Carbondale.

Swanson, J. L., Daniels, K. K., & Tokar D. M. (1996). Assessing perceptions of career barriers: The Career Barriers Inventory. *Journal of Career Assessment, 4,* 219-244.

Swanson, J. L., & Tokar, D. M. (1991). Development and initial validation of the career barriers inventory. *Journal of Vocational Behavior, 39,* 344-361.

Tak, J., & Lee, K. (2003). Development of the Korean Career Indecision Inventory. *Journal of Career Assessment, 11*(3), 328-345.

Vaux, A., Riedel, S., & Stewart, D. (1987). Modes of Social Support: The Social Support Behaviors(SS-B) Scale. *American Journal of Community Psychology, 15*(2), 209-237.

Wanous, J. P., Reichers, A. E., & Hudy, M. J. (1997). Overall job satisfaction: How good are single-item measures?. *Journal of Applied Psychology, 82,* 247-252.

제 3 부
진로상담을 위한 평가

제3부에서는 진로상담 실제에서 이루어지는 대표적인 평가의 내용인 흥미, 가치, 능력, 성격검사를 간략하게 개관하였다. 특히 이 장에서 소개되는 검사의 대부분은 표준화된 검사인 경우가 많아서 검사의 개요만을 다루었고 구체적인 문항은 소개하지 않았다.

제7장

흥 미

직업선호도 검사

홀랜드 적성탐색 검사

스트롱 직업흥미 검사

CET 진로탐색 검사(초등학교 고학년용)

CET 진로탐색 검사(중 · 고등학생용)

CET 진로탐색 검사(대학생 · 성인용)

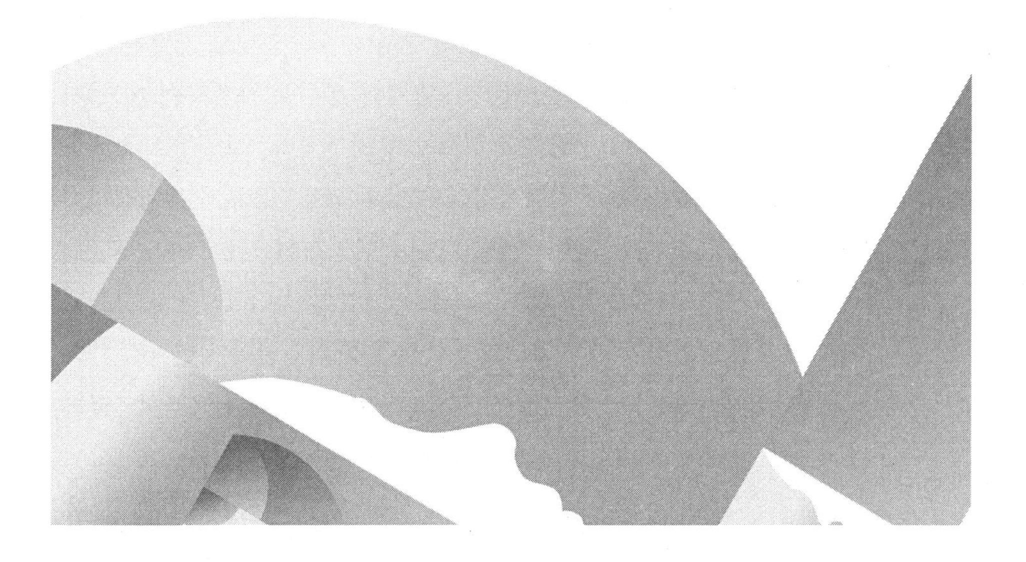

국내외 진로상담 장면에서 널리 활용되어 오고 있는 흥미 검사의 뿌리는 공통적으로 Holland의 육각형 이론에 있다고 해도 과언이 아니다. Holland는 여섯 가지의 직업환경 유형과 여섯 가지의 결합된 개인적 행동양식을 제시했다. 이러한 여섯 가지 유형을 각각 실재형(R: realistic), 탐구형(I: investigative), 예술형(A: artistic), 사회형(S: social), 기업형(E: enterprise), 관습형(C: conventional)의 부호체계로 정리하여, 성격특성과 환경특성과의 상호작용에 주안점을 두어 Holland 검사가 개발되었다.

Holland 성격적성검사와 Strong 직업흥미 검사는 동일한 RIASEC 6가지 Holland의 성격적성 유형과 개인적 행동양식을 토대로 개발된 검사로, 국내외에서 진로상담 장면에서 내담자의 흥미를 파악하는 데 널리 활용되어 오고 있다. 이런 일련의 검사는 학지사심리검사연구소에서 출판되고 있으며 Holland 성격적성검사의 경우 고용노동부가 직업심리검사라는 이름으로 개발하여 고용정보시스템인 '워크넷' (www.work.go.kr)에서 무료로 제공하고 있다. 그러나 인간의 심리적성을 바탕으로 진로 및 직업을 선정할 때 진로코드집의 유무를 확인하여야 한다(그 나라 및 문화환경의 특성을 반영한 진로 및 직업코드가 있어야 한다). 그 직업코드의 유무를 확인한 후 적성검사를 실시하는 것을 추천한다.

Holland 적성탐색 검사는 자신이 선호하는 활동, 직업, 가치, 성격, 유능감, 능력평정 자료를 통합하여 이를 RIASEC의 코드로 종합하여 설명해 주는 반면, Strong 직업홍미 검사는 전체 RIASEC코드별 점수에 더해 각 코드의 하위 홍미를 현장형(R: realistic)의 경우, 농업, 자연, 군사 활동, 운동경기, 기계 관련 활동으로, 탐구형(I: investigative)은 과학, 수학, 의학으로, 예술형(A: artistic)은 음악/드라마, 미술, 응용미술, 글쓰기, 가정/가사로, 사회형(S: social)은 교육, 사회봉사, 의료봉사, 종교활동으로, 진취형(E: enterprise)은 대중연설, 법/정치, 상품유통, 판매, 조직관리로, 사무형(C: conventioal)은 자료관리, 컴퓨터활동, 사무활동의 세부 홍미 활동별로 구분하여 제시해 준다는 장점이 있다. 또한 개인적인 특성을 업무유형(Work Style), 학습유형(Learning Style), 리더십유형(Leadership Style), 모험심 유형(Risk Taking/Adventure)별로 구분하여 설명해 준다. 여기서는 홍미를 평가할 수 있는 대표적인 표준화 검사 도구 내용에 대해서 간략히 소개하고자 한다.

직업선호도 검사*

검사 개요

Holland의 이론에 기초하여 노동부가 개발한 직업선호도 검사다. 고용노동부 고용정보시스템인 '워크넷(www.work.go.kr)'에서 무료로 제공받을 수 있다. 검사 대상은 만 18세 이상 연령이다.

검사의 개발

이 검사는 1997년 고려대학교 행동과학연구소에서 검사 개발에 착수하여 1998년에 완성, 같은 해 11월 전국 고용안정센터 및 인력은행에 보급되었다. 2000년 2~12월까지 중앙고용정보원에서 개정연구를 실시하여, 2001년 개정판이 보급되었다. 이후 2008년에 재개정하여 3점 리커트 척도로 구성되어 있다.

검사의 구성

2001년 개정판 노동부 직업선호 검사(S형)는 활동(48문항), 유능성(31문항), 선호 직업(66문항), 선호 분야(42문항), 일반 성향(60문항) 등 다섯 가지 하위 척도로 구성되어 있으며 총 247문항으로 구성되어 있다. 일반성향만 2점 리커트 척도로 구성, 나머지 하위 척도는 3점 리커트 척도로 응답하도록 되어 있다.

신뢰도 및 타당도

2001년 개정판 노동부 직업선호 검사(S형)의 내적 신뢰도 계수 α는 5개 하위척도에서 모두 .85 이상으로 양호, 검사-재검사 신뢰도 역시 사회형(.89)과 관습형(.896)을 제외한 나머지 하위척도에서 모두 .90이상의 높은 신뢰도를 보였다.

원 척도의 출처

한국고용정보원(2008). 2008 직업선호도 검사 개정 연구: 1차년도.

이 척도를 사용한 국내 연구

이상희, 이제경(2008). 한국사회에서의 Holland 이론에 대한 문화적 타당도 연구, 아시아교육연구, 9, 229-250

곽필순(2003). Holland의 직업성격과 직업환경의 일치도 및 직무만족도와의 관계 연구. 한국기술교육대학교 석사학위논문.

척도의 내용(한국고용정보원, 2008)

직업선호도 검사*

1……………………2……………………3

미흡하다 매우 그렇다

I. 활동(3점 척도)

귀하는 어떤 활동을 좋아합니까? (예, 그림을 그린다.)

II. 유능성(3점 척도)

귀하는 어떤 활동들을 잘할 수 있습니까? (예, 가구를 수리할 수 있다.)

III. 선호 직업(3점 척도)

귀하는 어떤 직업에 호감을 가지고 있습니까? (예, 상담가)

IV. 선호 분야(3점 척도)

귀하는 일반적으로 어떤 분야나 과목을 좋아하십니까? (예, 통계)

V. 일반 성향(2점 척도)

귀하는 일반적으로 어떤 성향을 가지고 있습니까? (예, 고칠 수 있는가 실험해 보려고 자주 물건을 분해한다.)

홀랜드 적성탐색 검사*

검사 개요

홀랜드의 진로탐색 검사는 중고등학생용 진로탐색 검사와 대학생 및 성인용 적성탐색 검사로 나누어진다. 국내에서는 안창규(1997)가 미국의 SDS를 단순히 번안하기보다는 한국의 문화적 차이를 감안하여 미국의 SDS 개발과정과 거의 같은 방법으로 재구성하였다.

검사의 개발

Holland검사는 Holland의 이론적 배경에 의거하여 직업에 대한 선호도를 중심으로 제작한 Holland의 VPI(Vocational Preferene Inventory, 1985)와 이를 발전시켜 자가 채점용으로 제작한 SDS(Self-Directed Search, 1994)의 두 가지 종류가 있다. 국내에서는 안창규(1997)가 SDS를 번안 수정하여 총 3차에 걸친 예비검사를 통해 표준화 작업을 하였다.

 검사의 구성

Holland는 여섯 가지의 직업환경 유형과 여섯 가지의 결합된 개인적 행동양식을 제시했다. 이러한 여섯 가지 유형을 각각 실재형(R: realistic), 탐구형(I: investigative), 예술형(A: artistic), 사회형(S: social), 기업형(E: enterprise), 관습형(C: conventional)의 부호체계로 정리하여, 성격특성과 환경특성과의 상호작용에 주안점을 두어 개발된 검사도구다. 한국판 Holland 직업 및 적성탐색 검사는 총 396문항으로 RIASEC 각 하위 척도별 66문항으로 구성되어 있다.

 신뢰도 및 타당도

먼저 신뢰도의 경우, 신뢰도 계수 α는 .89(관습형)에서 .94(예술형)의 범위다. 안창규, 최태진, 홍준자(2005)의 연구에서 RIASEC 각각의 신뢰도는 .88, .92, .91, .91, .89, .85인 것으로 나타났다. 한편 타당도의 경우, 안창규(1996a, 1996b)는 내용타당도, 준거타당도, 구인타당도를 확인하였는데, 확인결과 Holland(1994)의 SDS의 타당도 계수와 유사하게 나타난 것으로 보고되었다.

 원 검사의 출처

Holland, J. L. (1994). *SDS: Self-Directed Search user' s guide.* Lutz, FL: Psychological Assessment Resources Inc.

안창규(1997). Holland 적성탐색 검사. 서울: 한국가이던스.

안창규, 안현의(2003). Holland 진로 및 적성탐색 검사의 해석과 활용. 서울: 한국가이던스.

이 검사를 사용한 국내 연구

김희정(2007). 진로상담: 한국 대학생을 위한 Holland 직업흥미 모델의 적용성에 관한 연구. 상담학연구, 8, 603-619.

안창규, 최태진, 홍준자(2005). Holland의 직업적 성격유형에 따른 고등학생의 의사결정 방식 분석, 상담학연구, 6, 449-468.

정미선, 김원정, 조운행(2011). 과학영재교육원생의 Holland 진로 적성 변화 연구. 과학영재교육, 3, 51-62.

허창구(2011). 단축형 Holland 직업흥미검사를 이용한 육각형 모형의 구조적 가설 검증. 한국심리학회지 산업 및 조직, 24, 695-718.

검사의 내용(안창규, 안현의, 2003)

홀랜드 적성탐색 검사*

Ⅰ. 직업적 성격유형 찾기

검사지에 적혀 있는 각 유형별 성격적성과 대표적인 직업에 관한 사항을 잘 숙지한 후 자신과 가장 가깝다고 생각하는 유형을 찾아 순서대로 적어본다.

Ⅱ. 원하는 대학의 전공학과 및 직업

장래에 원하는 대학의 전공학과와 직업명 및 진로코드를 여섯 가지 코드에 근거하여 기입한다.

Ⅲ. 활동: 66문항

어떤 종류의 일이나 활동을 하기 좋아하는지 또는 하고 싶은지를 알아보기 위한 문항이다. (예, 정밀기계를 조립한다.)

Ⅳ. 직업: 84문항

여러 가지 직업에 대한 개인이 좋아하고 마음에 드는 것을 선택하도록 하는 것이다. (예, 기계정비기사)

Ⅴ. 가치: 30문항

장래 직업을 가질 경우, 어떤 직업적 가치를 가장 중시 여기는지를 알아보기 위한 것이다. (예, 가난하고 병든 사람들을 돌볼 수 있는 직업)

Ⅵ. 성격: 60문항

각 유형의 사람이 나타내는 성격특성을 기술한 문항과 자기 성격과의 닮은 정도를 알아보기 위한 것이다. (예, 내가 좀 손해보더라도 다른 사람에게 좋게 해 주려고 한다.)

Ⅶ. 유능감: 66문항

자신이 무엇을 잘할 수 있고, 또 어떤 능력이 있는지를 알아보기 위한 것이다. (예, 축구, 농구 등과 같은 운동을 잘 한다.)

Ⅷ. 능력 평정: 12문항

각 유형별 능력과 기능의 측면(예, 기계적 능력, 수공기능과 학적 능력/수 기능, 예술적 능력/미적 능력, 사무회계능력/사무실무능력 등)에서 타인과의 비교를 통해 자신의 능력 정도를 평정하도록 되어 있다. [예, 경리회계능력(경리, 회계 등 금전관리를 잘하는 능력) 7점 척도]

스트롱 직업흥미 검사*

검사 개요

스트롱 직업흥미 검사(Strong Interest Inventory: SII)는 Strong이 특정 직업활동에 종사하는 사람들에게 공통적인 흥미패턴이 있다는 점에 착안하여 다양한 직업에 종사하는 사람들의 흥미패턴을 사람들의 교육 및 진로계획 수립에 도움을 주려는 목적으로 개발한 검사다.

검사의 개발

스트롱 직업흥미 검사는 Strong이 1927년 10개의 직업 척도(Occupational Scales: OS), 420문항으로 구성된 SVIB(Strong Vocational Interest Blank)를 제작하였다. 이후 1985년 공동작업을 수행한 Campbell의 이름을 붙여 SCII(Strong Campbell Interest Inventory, Form T325)로 개칭되었고, 6개의 일반직업분류(General Occupational Themes: GOT), 23개의 기본흥미 척도(Basic Interest Scale: BIS), 207개의 직업 척도, 그리고 2개의 SS 척도(Special Scales: 학문적인 편안함/내외향성을 측정하는 척도)를 모아 총 325문항으로 재구성되었다. 이후 1994년 대대적인 개정을 가하여 검사의 신

뢰도가 많이 향상되었으며, 개인특성 척도(PSS: Personal Style Scales)를 새롭게 추가하였고 명칭이 SII(Strong Interest Inventory, Form T317)로 변경되었다. 총 317문항, 6개의 GOT, 25개의 BIS, 211개의 OS, 4개의 SS(PSS)로 구성되었다.

한국판은 김정택 등(2001)에 의해 2001년 SII라는 명칭으로 한국심리검사연구소[(주) 어세스타]에서 출간되었다. 한국판은 중고등학생을 대상으로 하는 스트롱 진로탐색 검사와 대학생 이상 일반인을 대상으로 하는 스트롱 직업흥미 검사의 두 종류로 나뉘어 사용되고 있다. 스트롱 진로탐색 검사에는 미국의 GOT를 채택, 한국에서 자체개발한 진로성숙도 척도를 포함하였으며, 스트롱 직업흥미 검사에서는 GOT, BIS, PSS의 세 가지 세부 척도를 적용하였다. 문항의 번안 및 재구성은 원저자권 소요기관인 미국의 CPP(Consulting Psychologists Press)에서 제공받는 Scoring Key와 각 척도별 원점수의 문항반응비율 및 요인분석 결과를 참고로 1996년부터 한국판 문항을 번안 · 재구성하는 작업을 거쳐 현재 스트롱 진로탐색검사(1999)와 스트롱 직업흥미검사(2001)가 출판되어 사용하고 있다. 한국판 문항제작 과정은 미국 원 검사의 문항제작 과정에서 분석된 문항반응 비율과 요인분석 결과와 일치하거나 근접하는 결과가 도출될 때까지 문항제작 과정을 반복, 수정하는 작업을 통해 최종문항이 확정되었다.

검사의 구성

한국판 스트롱 진로탐색 검사에는 미국의 GOT를 채택, 한국에서 자체개발한 진로성숙도 척도를 포함하였으며, 한국판 스트롱 직업흥미검사에서는 GOT, BIS, PSS의 세 가지 세부척도를 적용하였다. GOT는 Holland의 직업선택이론에서 분류하는 여섯 가지 흥미 영역인 실재형(R), 탐구형

(I), 예술형(A), 사회형(S), 기업형(E), 관습형(C)으로 구성되며 BIS, 즉 기본 흥미척도는 GOT(일반직업분류)의 하위척도로서 현장형(R)에는 농업, 자연, 군사활동, 운동경기가, 탐구형(I)에는 과학, 수학, 의학이, 예술형(A)에는 음악/드라마, 미술, 응용미술, 글쓰기, 가정/가사가, 사회형(S)에는 교육, 사회봉사, 의료봉사, 종교활동이, 진취형(E)에는 대중연설, 법/정치, 상품유통, 판매, 조직관리가, 사무형(C)에는 자료관리, 컴퓨터 활동, 사무활동의 특정한 흥미를 세분화하여 수록하였다. PSS는 업무유형(work style), 학습유형(learning environment), 리더십유형(leadership style), 모험심유형(risk taking/adventure)으로 구성된다.

신뢰도 및 타당도

미국 스트롱검사의 검사-재검사 신뢰도는 먼저, OS의 경우, .90, BIS가 .86, GOT는 .89로 보고되었다. 미국 스트롱 검사 1994년판의 GOT와 에드워드 인성 선호 스케줄(Edwards Personal Preference Schedule: EPPS)가 중간 정도의 유의한 상관이 보임이 확인되었다(UtzKorben, 1976). 한국판 스트롱검사의 검사-재검사 신뢰도는 GOT가 .86, BIS가 .82, PSS가 .85로 양호한 것으로 나타났다.

원 검사의 출처

Donnay, D. A. C., Morris, M., Schaubut, N., Thompson, R., Harmon, L. W., Hansen, J. C., & Hammer, A. L. (2005). *SII(Strong Interest Inventory manual: Research, development, and strategies for interpretation,* Palo Alto, CA: Consulting Psychologists.

김정택, 김명준, 심혜숙(2001). 스트롱 직업흥미 검사. 서울: 한국심리검사연구소.

이 검사를 사용한 국내 연구

김명준(2001). MBTI와 스트롱 직업흥미 검사와의 상호관계성 연구. 한국심리유형학회지, 8, 175-195.

김정택, 김명준, 심혜숙(2004). 한국 스트롱 직업흥미 검사 표준화 연구. 한국심리학회지 상담 및 심리치료, 16, 383-405.

조원국(2008). STRONG 검사를 활용한 진로 집단상담. 상담과 지도, 43, 69-78.

검사의 내용(김정택, 김명준, 심혜숙, 2001)

<u>스트롱 직업흥미 검사*</u>

Ⅰ. 일반직업분류(General Occupational Themes: GOT)

현장형(R: realistic), 탐구형(I: investigative), 예술형(A: artistic), 사회형(S: social), 진취형(E: enterprise), 사무형(C: conventioal)

Ⅱ. 기본흥미 척도(BIS: Basic Interest Scale)

현장형(R): 농업, 자연, 군사활동, 운동경기, 기계 관련활동

탐구형(I): 과학, 수학, 의학

예술형(A): 음악/드라마, 미술, 응용미술, 글쓰기, 가정/가사

사회형(S): 교육, 사회봉사, 의료봉사, 종교활동

진취형(E): 대중연설, 법/정치, 상품유통, 판매, 조직관리

사무형(C): 자료관리, 컴퓨터활동, 사무활동

Ⅲ. 개인특성 척도(Personal Style Scales: PSS)

업무유형(Work Style), 학습유형(Learning Style), 리더십유형(Leadership Style), 모험심유형(Risk Taking/Adventure)

CET 진로탐색 검사 (초등학교 고학년용)

검사 개요

일반적으로 청소년은 자신의 진로계획을 세우고 진로를 선택할 때 전문적인 도움을 필요로 한다. 따라서 가급적 일찍부터 학교교육을 통하여 학생에게 진로계획을 잘 세우는 능력과 자신의 진로를 합리적으로 결정할 수 있는 능력을 길러 주는 것이 중요하다. 효과적인 진로지도를 위해서는 학생의 진로 관련 특성을 정확히 파악할 수 있는 검사도구가 필요하다. 이와 같은 필요성에 입각하여, 이 진로탐색 검사는 다음과 같은 목적을 달성하기 위하여 개발되었다.

첫째, 초등학교 고학년 학생이 자신의 직업적 흥미와 적성, 선호직업 등을 객관적으로 파악하여 진로계획을 세우거나 진로를 탐색할 때 도움을 주고, 자신의 적성에 알맞은 직업의 세계를 탐색해 보는 데 도움을 제공하고자 한다.

둘째, 학교 현장에서 직접 진로지도와 진로상담을 맡고 있는 교사에게 개별 학생의 진로 관련 특성을 파악하고 진로 및 진학 상담에 필요한 기초자료를 제공할 수 있도록 한다.

셋째, 학부모가 자녀의 진로 관련 특성을 정확히 이해하고 그에 따라 합리적인 진로와 진학 지도를 하고자 할 때 이용할 수 있도록 한다.

넷째, 진로교육이나 진로상담 분야의 연구과제를 수행하는 연구자에게 직업적 흥미, 적성, 직업환경 등의 변인을 타당하고 신뢰롭게 측정할 수 있는 검사도구로 활용할 수 있도록 한다.

검사의 개발

1996년에 ACT직업흥미 검사를 기초로 하여 우리나라 중 · 고등학생의 사회문화적 차이를 반영할 수 있도록 일부 문항의 내용을 바꾸고 또 새로운 문항을 추가시켜 첫 번째 예비 검사를 만들었다. 그 후 5차의 예비 검사와 문항분석의 과정을 거치면서 검사문항을 수정하고, 새로운 하위 검사를 포함시키면서 검사를 보완하였다. 또한 검사에 대한 타당화 연구를 병행하여 검사의 내용타당성, 요인타당성, 준거타당성을 검토하였다(이종승, 김형태, 1999; 이종승, 김병진, 2000). 이와 같은 개발과정을 거쳐 나의 흥미, 나의 적성, 나의 성격, 직업환경 선호 직업의 5개 하위 검사로 구성된 진로탐색 검사를 만들어 전국 중 · 고등학생을 대표하는 규준집단에 실시하여 표준화시켰다(이종승, 2001a; 2001b).

검사의 구성

이 검사는 개인이 자신의 진로탐색과 진로에 대한 의사결정을 내리는데 중요하게 고려해야 할 직업적 흥미, 적성, 선호직업, 직업환경 요인을 측정하는 하위 검사로 구분되어 있다. 흥미, 적성, 선호직업의 하위 검사는 6개 직업흥미유형(S, E, C, R, I, A)을 알아보기 위한 문항으로 구성되어 있고, 직업환경 검사는 사람–사물, 자료–아이디어의 차원을 알아보는 문항으로 구성되어 있다. 검사문항은 모두 객관식 선택형으로 되어 있으며, 총 174개 문항으로 이루어져 있다.

 신뢰도 및 타당도

하위 검사와 성별로 집단을 구분하여 6개 진로유형의 신뢰도 계수 α를 산출한 결과가 다음 표에 제시되어 있다. 진로유형별로 검사의 신뢰도 계수 α는 .674~.874에 걸쳐 있고, 검사 전체의 신뢰도 계수 α는 .939~.959로 매우 높은 것으로 나타났다. 신뢰도 계수 α는 검사문항의 동질성 정도를 나타내는 지수로서 이 검사의 문항이 매우 동질적인 것으로 구성되어 있다는 것을 의미한다.

하위 검사 / 진로유형	흥미 검사		적성 검사		선호직업 검사	
	남자	여자	남자	여자	남자	여자
사회형(S)	.798	.770	.783	.753	.830	.798
사업형(E)	.825	.821	.840	.841	.810	.790
사무형(C)	.704	.726	.873	.874	.852	.829
현장형(R)	.744	.700	.795	.774	.855	.838
탐구형(I)	.780	.781	.792	.743	.750	.765
예술형(A)	.738	.674	.852	.833	.835	.832
전체	.943	.939	.957	.952	.959	.954

이 검사를 사용한 국내 연구

활용된 예를 찾을 수 없었음.

검사의 내용

CET 진로탐색 검사(초등학교 고학년용)

이 검사는 여러분이 상급학교에 진학하거나 직업을 선택할 때 어떤 방면으로 나가는 것이 가장 적절한가를 알아보는 검사로서 여러분의 진로탐색과 진로결정에 도움을 주기 위한 것입니다. 따라서 평소 자기 자신에 대하여 생각한 대로 솔직하게 응답하시면 됩니다.

검사를 시작하기 전에 우선 OMR 답안지에 학년, 반, 번호, 성명 등을 정확하게 표기하십시오.

이 검사는 다음과 같은 네 종류의 하위 검사로 구성되어 있습니다. 검사문항을 하나씩 읽어 가면서 그 문항이 스스로 생각하는 자신의 흥미, 적성, 성격 등을 얼마나 잘 나타내고 있는지, 혹은 얼마나 일치하는지를 판단하여 '컴퓨터용 수성사인펜' 이나 '컴퓨터용 연필' 로 O.M.R. 답안지의 해당번호에 표시하면 됩니다.

검사1 나의 흥미: 자신이 어떤 종류의 일이나 활동을 하기 좋아하며 흥미를 가지고 있는지 알아보는 검사

검사2 나의 적성: 자신이 어떤 방면에 더 많은 소질과 능력, 재능이 있는지 알아보는 검사

검사3 선호 직업: 여러 가지 직업 중에서 자신이 더 좋아하고 마음에 드

는 직업이 어떤 것인지 알아보는 검사

검사4 직업 환경: 자신이 선호하는 직업환경과 자기에게 좀 더 적합한 직업유형이 어떤 것인지 알아보는 검사

이 검사는 제한시간이 없으며 또한 옳고 그른 답도 없습니다 문항수가 많으니 너무 오래 생각하지 말고 될 수 있는 한 빨리 응답하되 한 문항도 빠짐없이 답해 주기 바랍니다.

검사 1 나의 흥미

다음의 직업이나 일에 관한 여러 가지 활동을 살펴보고, 그러한 활동을 자기 자신이 얼마나 좋아하고 흥미 있어 하는지를 판단하여 다음과 같이 O.M.R. 답안지의 해당 번호에 까맣게(●) 표시하십시오.

	거의 흥미 없다	약간 흥미 있다	매우 흥미 있다
거의 흥미없다고 생각되면	⓿	①	②
약간 흥미있다고 생각되면	⓪	❶	②
매우 흥미있다고 생각되면	⓪	①	❷

자신이 좋아하거나 흥미 있어 하는 활동

1. 사회봉사 활동하기
2. 새로운 상품 널리 알리기
3. 복잡하고 섬세한 기계 부품 조립하기
4. 요리하거나 케이크 만들기
5. 유명한 과학자의 강연 듣기
6. 악기 연주하기

7. 상담 전문가로 일하기
8. 회사 경영하기
9. 기념품(우표, 동전 등) 수집하기
10. 가구나 도구 등을 설계하고 만들기
11. 자연현상을 관찰하고 탐구하기
12. 동시, 동화 등 글쓰기
13. 어린이와 함께 놀아주거나 돌봐주기
14. 외교관으로 활동하기
15. 그림 조각 맞추기(퍼즐게임 하기)
16. 애완동물이나 가축 돌보기
17. 환경오염의 원인 알아보기
18. 독특하고 아름답게 장식하거나 디자인하기
19. 어려움에 처한 사람들을 도와주고 위로하기
20. 영업사원으로 일하며 판매 전략 세우기

CET 진로탐색 검사 (중 · 고등학생용)

검사 개요

사람들은 누구나 성인이 되면 대부분의 시간을 어떤 일을 하는 데 사용한다. 일을 통하여 생계를 유지해 나가는 동시에 자아를 실현하며, 또한 사회발전에 기여하게 된다. 그러므로 각 개인으로 하여금 자신의 적성과 흥미에 맞는 진로를 제대로 선택하도록 시기적절하게 지도하고, 적재적소에서 보람되게 일할 수 있도록 도와주는 것은 본인을 위해서는 물론 사회와 국가벌전을 위해서도 중요한 일이다. 진로지도는 단순히 상급학교 진학만을 대상으로 하는 것이 아니다. 끊임없이 변화하는 사회와 직업 환경에서 자신에게 알맞은 진로를 설계하고 결정하고 자신의 선택에 책임질 수 있도록 학생을 지도하는 모든 활동이 포함되어야 한다. 효과적인 진로지도를 위해서는 학생들의 진로 관련 특성을 정확히 파악할 수 있는 검사도구가 필요하다. 이와 같은 필요성에 입각하여, 이 검사는 다음과 같은 목적을 달성하기 위하여 개발되었다.

첫째, 중 · 고등학생이 자신의 직업적 흥미, 적성, 성격 등을 객관적으로 파악하여 진로계획을 세우거나 진로를 선택할 때 도움을 주고, 자신의 적성에 알맞은 직업의 세계를 탐색해 보는 데 도움을 주고자 한다.

둘째, 학교 현장에서 직접 진로지도와 진로상담을 맡고 있는 교사에게 개별 학생의 진로 관련 특성을 파악하고 진로상담에 필요한 기초자료를 제공할 수 있도록 한다.

셋째, 중 · 고등학교에 다니는 자녀를 둔 학부모가 자녀의 진로 관련 특성을 정확히 이해하고 그에 따라 합리적인 진로지도를 하고자 할 때 이용할 수 있도록 한다.

넷째, 진로교육이나 진로상담 분야의 연구과제를 수행하는 연구자에게 직업적 흥미, 적성, 성격, 직업 환경 등의 변인을 타당하고 신뢰할 수 있게 측정하는 검사도구로 활용할 수 있도록 한다.

검사의 개발

예비 검사는 1996년에 ACT 직업흥미 검사를 기초로 하되, 우리나라 중 · 고등학생의 사회적 · 문화적 차이를 반영할 수 있도록 일부 문항의 내용을 수정하고 또 새로운 문항을 추가하여 만들었다. 그 후 5차의 예비 검사와 문항분석의 과정을 거치면서 검사문항을 수정하고, 새로운 하위 검사를 포함시키면서 검사를 보완하였다. 또한 검사에 대한 타당화 연구를 병행하여 검사의 내용 타당성, 요인 타당성, 준거 관련 타당성을 검토하였다(이종승, 김형태, 1999; 이종승, 김병진, 2000). 이와 같은 개발과정을 거쳐 최종 확정된 하위척도 및 검사문항으로 구성된 검사를 전국 중 · 고등학생을 대표하는 규준집단에 실시하여 표준화시켰다(이종승, 2001a; 2001b). 그 이후 하위척도의 부분적인 수정과 보완과정을 거쳐 현재의 진로탐색 검사가 완성되었다.

검사의 구성

이 검사는 개인이 자신의 진로탐색과 진로에 대한 의사결정을 하는 데 중요하게 고려해야 할 직업적 흥미, 적성, 성격, 선호 직업 직업 환경의 다섯 가지 요인을 측정하는 하위 검사로 구분되어 있다. 흥미, 적성, 성격, 선호 직업의 하위 검사는 6개 직업 흥미 유형(S, E, C, R, I, A)을 알아보기 위한 문항으로 구성되어 있고, 직업 환경 하위 검사는 사람-사물, 자료-아이디어의 차원을 알아보는 문항으로 구성되어 있다. 검사문항은 Likert 식 평정형 또는 객관식 선택형으로 되어 있으며, 중학생용 검사는 총 180문항, 고등학생용 검사는 총 204문항으로 이루어져 있다.

〈표〉 진로탐색 검사의 구성과 문항수

하위 검사	문항수		측정 내용
	중학생용	고등학생용	
나의 흥미	24	24	자기 자신이 어떤 종류의 일이나 활동을 좋아하며, 직업적 흥미가 어떠한가를 알아보는 검사
나의 성격	30	30	각자의 행동과 사고에 크게 영향을 미치는 자신의 성격적 특징이 어떠한가를 알아보는 검사
나의 적성	48	60	여러 가지 직업이나 일 중에서 자신이 어떤 방면에 더 많은 소질과 능력이 있는지 알아보는 검사
직업 환경	30	30	자신이 선호하는 직업 환경과 자신에게 좀 더 적합한 직업 유형이 어떤 것인지 알아보는 검사
선호 직업	48	60	여러 가지 직업 중에서 자신이 더 좋아하고 마음에 드는 직업이 어떤 것인지 알아보는 검사
합 계	180	204	

신뢰도 및 타당도

신뢰도 계수 α는 검사문항의 동질성 정도를 나타내는 지수로서, 하위검사와 성별로 집단을 구분하여 6개 진로 유형의 신뢰도 계수 α를 산출한 결과가 다음 표에 제시되어 있다. 표에 나타는 것과 같이, 중학생을 대상으로 실시한 검사의 신뢰도 계수 α는 .353~.917에 걸쳐 있고, 고등학생의 경우는 .350~.947에 걸쳐 있다.

〈표〉 중학생용 검사의 신뢰도 계수 α(남자 617명, 여자 544명)

하위 검사 / 진로유형	흥 미		성 격		적 성	
	남자	여자	남자	여자	남자	여자
사회형(S)	.839	.872	.650	.603	.905	.901
사업형(E)	.850	.887	.676	.670	.913	.924
사무형(C)	.872	.899	.635	.559	.870	.869
현장형(R)	.874	.847	.395	.353	.908	.883
탐구형(I)	.891	.917	.649	.657	.884	.902
예술형(A)	.847	.876	.596	.567	.853	.890

〈표〉 고등학생용 검사의 신뢰도 계수 α(남자 718명, 여자 541명)

하위 검사 / 진로유형	흥 미		성 격		적 성	
	남자	여자	남자	여자	남자	여자
사회형(S)	.864	.865	.673	.645	.896	.910
사업형(E)	.895	.912	.658	.680	.917	.917
사무형(C)	.910	.921	.608	.646	.863	.860
현장형(R)	.918	.924	.350	.354	.936	.941
탐구형(I)	.939	.947	.640	.684	.915	.908
예술형(A)	.880	.909	.585	.564	.880	.896

이 검사를 사용한 국내 연구

활용된 예를 찾을 수 없었음.

검사의 내용

CET 진로탐색 검사(중 · 고등학생용)

이 검사는 여러분이 상급학교에 진학하거나 직업을 선택할 때 어떤 방면으로 나가는 것이 가장 적절한가를 알아보는 검사로서 여러분의 진로탐색과 진로결정에 도움을 주기 위한 것입니다. 따라서 평소 자기 자신에 대하여 생각한 대로 솔직하게 응답하시면 됩니다.

검사를 시작하기 전에 우선 OMR 답안지에 학년, 반, 번호, 성명 등을 정확하게 표기하십시오.

이 검사는 다음과 같은 다섯 종류의 하위 검사로 구성되어 있습니다. 검사 문항을 하나씩 읽어 가면서 그 문항이 스스로 생각하는 자신의 흥미, 적성, 성격 등을 얼마나 잘 나타내고 있는지, 혹은 얼마나 일치하는지를 판단하여 '컴퓨터용 수성사인펜' 이나 '컴퓨터용 연필' 로 O.M.R. 답안지의 해당번호에 표시하면 됩니다.

검사 1 나의 흥미: 자기 자신이 어떤 종류의 일이나 활동을 좋아하며 직업적 흥미가 어떠한가를 알아보는 검사

검사 2 나의 성격: 각자의 행동과 사고에 크게 영향을 미치는 자신의 성격적 특징이 어떠한가를 알아보는 검사

검사 3 나의 적성: 여러 가지 직업이나 일 중에서 자신이 어떤 방면에 더 많은 소질과 능력이 있는지 알아보는 검사

검사 4 직업 환경: 자신이 선호하는 직업환경과 자신에게 좀 더 적합한 직업유형이 어떤 것인지 알아보는 검사

검사 5 선호 직업: 여러 가지 직업 중에서 자신이 더 좋아하고 마음에 드는 직업이 어떤 것인지 알아보는 검사

이 검사는 제한시간이 없으며 또한 옳고 그른 답도 없습니다 문항수가 많으니 너무 오래 생각하지 말고 될 수 있는 한 빨리 응답하되 한 문항도 빠짐없이 답해 주기 바랍니다.

검사 1

검사 1 나의 흥미

다음 〈보기〉와 같이 주어진 4가지 활동 중에서 자기가 가장 좋아하거나 흥미를 느끼는 것 하나만 골라 그 번호에 표시하시오. 아주 좋아하는 것이 없더라도 될 수 있는 한 각 문항에서 하나를 선택하십시오.

| 보기 | 다음의 4가지 활동 중에서, 예를 들어 '운동하기'를 가장 좋아한다면 다음과 같이 ③번에 까맣게 (●) 표시하면 됩니다.

① 게임하기

② 영화보기

❸ 운동하기

④ 공부하기

1.

① 어린이와 놀아 주거나 돌봐 주기

② 회의모임에서 사회자 역할하기
③ 인쇄물에서 틀린 글자 찾아내기
④ 트럭, 포크레인 등 중장비 운전하기

2.
① 회사 경영하기
② 회계업무 보기
③ 애완동물 기르기
④ 야생동물의 생태 조사하기

3.
① 그림조각 맞추기 퍼즐게임하기
② 체육활동이나 운동경기하기
③ 추리소설이나 공상과학소설 읽기
④ 악기 연주하기

4.
① 컴퓨터 부품 조립하기
② 컴퓨터 소프트웨어 개발하기
③ 컴퓨터 그래픽 디자인하기
④ 컴퓨터 사용법 가르치기

5.
① 과학기술 관련 책 읽기
② 예술창작 관련 책 읽기
③ 아동교육 관련 책 읽기
④ 회사경영 관련 책 읽기

6.

① 노래 부르기

② 소집단활동에 참여하기

③ 새로운 모임이나 단체 조직하기

④ 물건 정리 정돈하기

7.

① 사회봉사활동하기

② 판매전략 세우기

③ 도서목록 분류하기

④ 가전제품 수리하기

8.

① 새로운 상품 기획하기

② 숫자 계산하기

③ 새로운 기계 작동해 보기

④ 철새의 이동경로 조사하기

9.

① 기념품우표, 동전 등 수집하기

② 인터넷 웹사이트 제작하기

③ 과학 실험하기

④ 그림 그리기

10.

① 걷기나 등산하기

② 유명한 과학자의 강연 듣기

③ 음악회나 연극 관람하기
④ 청소년단체활동에 참여하기

11.
① 곤충 채집하고 분류하기
② 시, 소설, 극본 등 글쓰기
③ 학생을 가르치고 지도하기
④ 여러 사람을 이끌고 통솔하기

12.
① 연극이나 영화에 출연하기
② 고통받는 사람 위로하기
③ 회사 간부로서 업계동향 파악하기
④ 자료를 분석하고 정리하기

13.
① 사회복지사로 일하기
② 외교관으로 활동하기
③ 도서관사서로 일하기
④ 운동선수로 활동하기

14.
① 신제품 홍보하기
② 숨은 그림 찾기
③ 요리하기
④ 사물의 근본원리 탐구하기

15.

① 회계장부 정리하기

② 캠핑과 같은 야외활동하기

③ 현대의학의 한계에 도전하기

④ 합창단이나 악단 지휘하기

16.

① 화초를 가꾸거나 농작물 재배하기

② 새로운 무엇인가를 발견하고 발명하기

③ 예술적인 사진 찍기

④ 관광지나 전시장에서 가이드하기

17.

① 유전공학 연구하기

② 예술작품 감상하기

③ 아픈 사람 간호하기

④ 정치활동에 참여하기

18.

① 현대무용 또는 고전무용 배우기

② 어려움에 처한 사람 돕기

③ 학생회 간부로 활동하기

④ 물품목록 작성하기

19.

① 유머로 사람들을 즐겁고 편안하게 하기

② 모임이나 행사 주관하기

③ 문서 확인하고 교정하기

④ 자동차 정비하기

20. 대학에 가서 공부하고 싶은 분야는?

① 정치외교학

② 문헌정보학

③ 건축공학

④ 생명과학

21.

① 인터넷에서 정보 검색하기

② 야외 스포츠 경기 구경하기

③ 별자리 관찰하기

④ 만화나 삽화 그리기

22. 학생회에서 일할 경우 원하는 직책은?

① 체육부장

② 과학부장

③ 문예부장

④ 봉사부장

23.

① 환경오염의 영향 분석하기

② 방송에 나갈 알맞은 음악 고르기

③ 다른 사람의 고민거리 들어 주기

④ 시의원 국회의원 등의 선거운동하기

24. 앞으로 내가 되고 싶은 사람은?

① 연예인

② 심리상담사

③ 기업경영인

④ 공인회계사

CET 진로탐색 검사 (대학생 · 성인용)

검사 개요

이 검사는 대학생과 일반 성인의 진로적성을 알아보기 위한 검사다. 사회가 급변하면서 이제까지 존재하던 직업이 사라지는가 하면 새로운 직업이 출현하는 등 매우 빠른 속도로 직업의 세계가 변하고 있다. 이처럼 급변하는 현대사회에서 대학생은 진로선택에 많은 어려움을 겪고 있으며, 직업의 세계에 발을 들여 놓은 일반인도 자신의 직업에 잘 적응하지 못하는 경우가 많다. 이 검사는 일차적으로 대학생을 비롯한 일반 성인이 진로와 관련하여 자신의 직업적 흥미, 적성, 성격 등이 어떠한지를 객관적 · 과학적으로 이해할 수 있도록 도와주는 데 그 목적이 있다. 자신의 직업적 흥미와 적성, 성격 등을 정확히 알고 있으면, 앞으로 자신의 진로를 설계하고 선택하는 데 큰 도움이 될 것이다.

검사의 개발

Holland의 직업성격유형에 관한 6각형 모형과 미국 ACT 직업흥미 검사를 참고하여 검사개발의 기본 틀을 구안하고 검사문항을 만들어 나갔다. 그 후 수차례의 예비 검사와 문항분석의 과정을 거치면서 검사문항을 검토하고, 새로운 하위 검사를 포함시키면서 검사를 수정 · 보완했다. 이러한 과정을 거쳐서 드디어 2001년도에 당시 중앙교육진흥연구소를 통하여 중 · 고등학생용 표준화 진로탐색 검사를 발간하여 교육현장에 실용화하였다(이종승, 2001a; 2001b). 한편 이 검사에 대한 타당화 연구를 계속 수행해 나가면서 검사의 내용타당성, 요인타당성 준거 관련 타당성을 검토하였다(이종승, 2002; 이종승, 김형태, 1999; 이종승, 김병진, 2000; 김병진, 2008).

검사의 구성

이 검사는 개인이 자신의 진로탐색과 진로에 대한 의사결정을 하는 데 중요하게 고려해야 할 직업적 흥미, 적성, 성격, 선호직업, 직업환경의 다섯 가지 요인을 측정하는 하위 검사로 구분되어 있다. 흥미, 적성, 성격, 선호직업의 하위 검사는 6개 직업성격유형(S, E, C, R, I, A)을 알아보기 위한 문항으로 구성되어 있고, 직업환경 하위 검사는 사람-사물, 자료-아이디어 차원을 알아보는 문항으로 구성되어 있다. 검사문항은 모두 Likert식 평정형 또는 객관식 선택형으로서 총 230문항으로 이루어져 있다.

〈표〉 진로탐색 검사의 구성과 문항수

하위 검사	문항수	측정 내용
나의 흥미	42	자기 자신이 어떤 종류의 일이나 활동을 좋아하며, 직업적 흥미가 어떠한가를 알아보는 검사
나의 성격	30	각자의 행동과 사고에 크게 영향을 미치는 자신의 성격적 특징이 어떠한가를 알아보는 검사
나의 적성	48	여러 가지 직업이나 일 중에서 자신이 어떤 방면에 더 많은 소질과 능력이 있는지 알아보는 검사

직업 환경	50	자신이 선호하는 직업 환경과 자신에게 좀 더 적합한 직업 유형이 어떤 것인지 알아보는 검사
선호 직업	60	여러 가지 직업 중에서 자신이 더 좋아하고 마음에 드는 직업이 어떤 것인지 알아보는 검사
합계	230	

신뢰도 및 타당도

하위 검사와 성별로 집단을 구분하여 각 하위 검사 내 6개 직업성격유형별 신뢰도 계수 α를 산출한 것이 다음 표에 제시되어 있다. 예컨대, 직업성격유형 종합점수의 신뢰도 계수 α는 .889~.928에 걸쳐 있고, 직업환경유형의 신뢰도 계수 α는 이보다 다소 낮은 .656~.884에 걸쳐 있다. 전반적으로 볼 때, 대체로 신뢰할 만한 수준의 신뢰도 계수 α라고 말할 수 있으나, 성격 검사 중 R요인의 신뢰도 계수 α가 남녀 각각 .371, .389로서 낮게 나타났다.

〈표〉 검사의 신뢰도 계수 α(남자 317명, 여자 619명)

검사	성별	S	E	C	R	I	A
흥미	남	.739	.813	.757	.786	.854	.838
	여	.751	.815	.800	.724	.844	.820
성격	남	.756	.800	.774	.371	.826	.739
	여	.798	.815	.794	.389	.825	.721
적성	남	.773	.858	.787	.842	.831	.836
	여	.776	.861	.796	.777	.829	.853
선호직업	남	.748	.810	.781	.759	.809	.839
	여	.717	.799	.769	.779	.769	.824

종합	남	.890	.927	.892	.886	.926	.928
	여	.902	.929	.888	.860	.920	.923
	전체	.898	.928	.889	.890	.922	.926

직업환경		D	I	P	T
	남	.553	.624	.805	.675
	여	.526	.660	.732	.612
	전체	.776	.796	.884	.656

이 검사를 사용한 국내 연구

활용된 예를 찾을 수 없었음.

검사의 내용

CET 진로탐색 검사(대학생 · 성인용)

이 검사는 여러분이 상급학교에 진학하거나 직업을 선택할 때 어떤 방면으로 나가는 것이 가장 적절한가를 알아보는 검사로서 여러분의 진로탐색과 진로결정에 도움을 주기 위한 것입니다. 따라서 평소 자기 자신에 대하여 생각한 대로 솔직하게 응답하시면 됩니다.

검사를 시작하기 전에 우선 OMR 답안지에 학년, 반, 번호, 성명 등을 정확하게 표기하십시오.

이 검사는 다음과 같은 다섯 종류의 하위 검사로 구성되어 있습니다. 검사 문항을 하나씩 읽어 가면서 그 문항이 스스로 생각하는 자신의 흥미, 적성, 성격 등을 얼마나 잘 나타내고 있는지, 혹은 얼마나 일치하는지를 판단하여 '컴퓨터용 수성사인펜' 이나 '컴퓨터용 연필' 로 O.M.R. 답안지의 해당번호에 표시하면 됩니다.

검사 1 나의 흥미: 자기 자신이 어떤 종류의 일이나 활동을 좋아하며 직업적 흥미가 어떠한가를 알아보는 검사

검사 2 나의 성격: 각자의 행동과 사고에 크게 영향을 미치는 자신의 성격적 특징이 어떠한가를 알아보는 검사

검사 3 나의 적성: 여러 가지 직업이나 일 중에서 자신이 어떤 방면에 더 많은 소질과 능력이 있는지 알아보는 검사

검사 4 직업 환경: 자신이 선호하는 직업환경과 자신에게 좀 더 적합한 직업유형이 어떤 것인지 알아보는 검사

검사 5 선호 직업: 여러 가지 직업 중에서 자신이 더 좋아하고 마음에 드는 직업이 어떤 것인지 알아보는 검사

이 검사는 제한시간이 없으며 또한 옳고 그른 답도 없습니다 문항수가 많으니 너무 오래 생각하지 말고 될 수 있는 한 빨리 응답하되 한 문항도 빠짐없이 답해 주기 바랍니다.

검사 1

검사 1 나의 흥미

다음의 직업이나 일에 관한 여러 가지 활동을 살펴보고, 그러한 활동을 자기 자신이 얼마나 좋아하고 흥미 있어 하는지를 판단하여 다음과 같이 O.M.R. 답안지의 해당 번호에 까맣게(●) 표시하십시오.

	거의 홍미 없다	약간 홍미 있다	매우 홍미 있다
거의 홍미없다고 생각되면	⓿	①	②
약간 홍미있다고 생각되면	⓪	❶	②
매우 홍미있다고 생각되면	⓪	①	❷

1. 학생을 가르치고 지도한다.
2. 새로운 사업이나 정책을 개발한다.
3. 회사에서 현금 출납업무를 담당한다.
4. 애완동물을 기른다.
5. 유명한 과학자의 강연을 듣는다.
6. 스케치를 하거나 그림 그리기
7. 고통받는 사람들 위로하기
8. 새로운 상품 광고 기획하기
9. 그림 조각 맞추기(퍼즐게임하기)
10. 케이크를 만들거나 요리하기
11. 실험실 장비를 조작해 보기
12. 악기 연주하기
13. 사회봉사활동이나 환경보호활동에 참여한다.
14. 새로 개발한 상품을 널리 홍보한다.
15. 모형을 보고 부품을 조립한다.
16. 새로 출간된 사회과학 분야 서적을 읽는다.
18. 시나 소설을 쓴다.
19. 다른 사람들에게 종교 생활을 하도록 권유한다.
20. 시의원이나 국회의원이 되기 위해 선거운동을 한다.

제8장

가 치

직업가치 목록

미네소타 직업가치 검사, 미네소타 중요도 검사

한국직업능력개발원 직업가치관 검사(청소년용)

한국고용정보원 직업가치관 검사

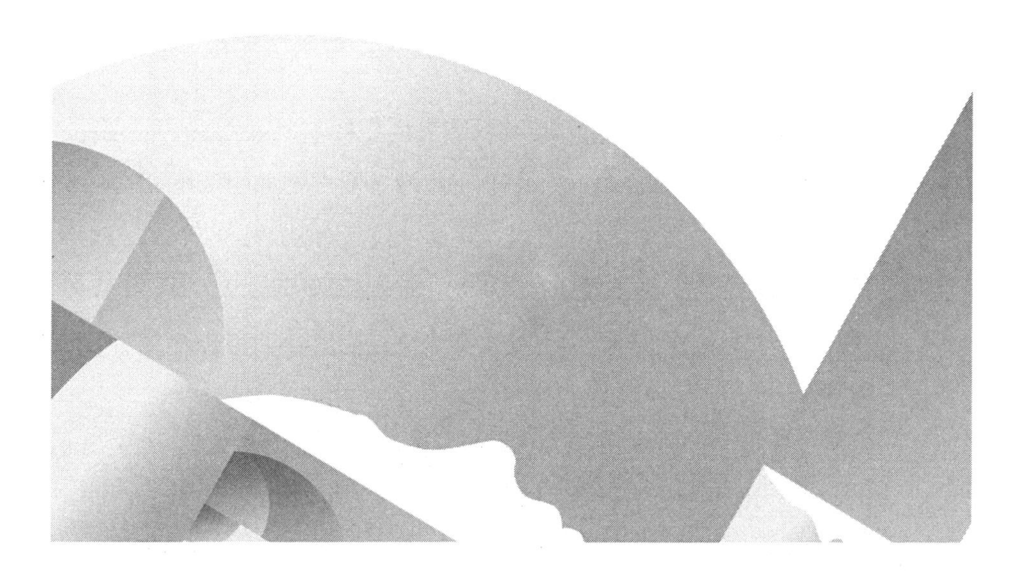

직업가치 목록

척도 개요

이 척도는 중학교 1학년 이상 대학생 및 일반 성인을 대상으로, 일에 대한 동기에 영향을 미치는 가치를 평가하기 위한 도구다. 일 자체가 갖는 보상적 측면인 내적 가치, 외적인 보상을 얻기 위한 수단적 측면의 외적 가치를 평가한다.

척도의 개발

Super(1957)가 진로 유형 연구에서 직업가치 목록(Work Values Inventory: WVI)을 개발한 이래, WVI는 여러 차례 개정이 이루어졌다. 국내에서는 Super(1970)가 개발한 일의 가치 검사를 이현림(1991)이 번역하고, 정은주(2005)가 번안한 것을 조민정(2010)이 수정 · 보완하였고, 이를 다시 이명희(2012)가 수정 · 보완하여 사용하였으나, 타당화 작업은 이루어지지 않았다.

최근에는 Zytowski(2006)이 WVI의 개정판(Super's Work Value Inventory-Revised: SWVI)을 개발하였으며(Round & Jin, 2013에서 재인용),

'Kuder Work Value Assessment(KWVA)' 라는 명칭으로 Kuder 사(社)에서 유료로 제공 중이다.

척도의 구성

Super(1970)는 45개 진술문에 대해 5점 리커트 척도로 평정한다. 총 열다섯 가지의 직업가치를 측정하는데, 이는 창의성, 경영관리, 성취성, 환경조건, 감독관계, 생활양식, 안전성, 연합, 심미성, 명예심, 독립성, 다양성, 경제적 보상, 이타주의, 지적 자극 등이다. 각 척도별 점수가 1~3점이면 '중요하지 않음', 4~6점이면 '거의 중요하지 않음', 7~9점은 '보통', 10~12점은 '중요', 13~15점은 '매우 중요함' 로 해석한다.

국내 연구에서는 정은주(2005)가 이 중 창의성, 성취성, 생활방식, 안전성, 명예심, 독립성, 경제보수, 이타주의 등 8개 하위요인을 번안하여 활용하였으며, 이를 Miller(1974)가 제안한 내적 가치와 외적 가치로 분류하여 사용하였다(정은주, 2005에서 재인용). 내적 가치에는 성취성, 이타주의, 창의성이 해당하고, 외적 가치에는 경제적 보수, 독립성, 명예심, 안전성, 생활방식이 해당한다.

신뢰도 및 타당도

Super(1970)에서는 2주간의 간격으로 실시된 검사-재검사 신뢰도가 .83으로 나타났다. 정은주(2005)에서는 척도 전체의 신뢰도 계수 α는 .95로 나타났다. 각 하위요인별로는, 경제적 보수 .93, 독립성 .82, 명예심 .79, 안전성, .71, 생활방식 .77, 성취성 .81, 이타주의 .83, 창의성 .89로 나타났다.

 원 척도의 출처

Super, D. E. (1970). *Work Values Inventory*. Boston, MA: Houghton Mifflin.

 이 척도를 사용한 국내 연구

이현림, 천미숙(2003). 성인 여성의 직업가치관과 진로결정 자기효능감이 진로의식 성숙 수준에 미치는 영향. 진로교육연구, 16(2), 1-34.

정은주(2005). 인문계 고등학생의 일의 가치관과 진로의식에 관한 연구. 목포대학교 교육대학원 석사학위논문.

조민정(2010). 대학생의 직장 선택기준 유형별 일, 여가, 가족가치관 및 가족친화제도에 대한 요구도. 이화여자대학교 석사학위논문.

이명희(2012). 대학생의 일 가치관과 여가 가치관, 그리고 성역할 태도가 진로준비행동에 미치는 영향. 이화여자대학교 교육대학원 석사학위논문.

 척도의 내용(Super, 1970)

<u>직업가치 목록</u>

다음 글은 사람들이 그들의 일(직업)에 있어서 중요하다고 생각하는 가치를 나타내 주고 있습니다. 이는 사람들이 일(직업)에서, 혹은 일(직업)의 결과를 통해 얻는 만족입니다. 사람마다 이것들의 중요도는 서로 다릅니다. 다음 각각의 문항을 주의 깊게 읽고, 자신에게 가장 알맞은 것에 ○표 해 주십시오.

당신에게 있어서 일(직업)은……

1 ------ ------ 2 ------ ------ 3 ------ ------ 4 ------ ------ 5

중요하지 않음 거의 중요하지 않음 보통 중요 매우 중요

I. 창의성

15. 새로운 아이디어나 제안을 시도한다.

16. 새로운 어떤 것을 창조한다.

45. 새로운 아이디어를 창출한다.

II. 경영관리

14. 다른 사람들에 대한 권한을 갖는다.

24. 리더십을 활용한다.

37. 다른 이들의 일을 계획하고 조직한다.

III. 성취성

13. 하루의 일에 대한 알찬 보람을 느낄 수 있다.

17. 내가 일을 잘 해냈을 때 타인이 인정해 준다.

44. 노력의 결과를 볼 수 있어야 한다.

IV. 환경조건

12. 일이 완성되는 환경을 좋아한다.

25. 충분한 휴게실, 화장실, 기타 시설이 갖춰져 있다.

36. 일하는 장소의 여건이 좋다(조용한 환경 등).

V. 감독관계

11. 공평한 대우를 해 주는 상사가 있다.
18. 합리적인 상사가 있다.
43. 사려 깊은 상사가 있다.

VI. 생활방식

6. 자신이 이상적으로 생각했던 사람이 될 수 있다.
26. 현재 그 일을 하지 않더라도 자신이 좋아하는 생활방식을 가진다.
35. 내가 가장 좋아하는 삶을 영위한다.

VII. 안전성

9. 안정된 일자리다.
19. 일이 항상 있다는 것이 보장된다.
42. 만약 지금 현재의 일을 그만두어야 한다면, 그 회사에서의 다른 직업이 보장되어야 한다.

VIII. 연합

8. 소집단의 일원이다.
27. 동료들과 우정을 쌓는다.
34. 동료들과 좋은 관계를 유지한다.

IX. 심미성

7. 예술적 능력이 필요한 일이다.
20. 세상에 아름다운 것을 더한다.
41. 매력적인 결과물을 만든다.

X. 명예심

6. 내 분야에서 명망을 얻는다.

28. 다른 이들이 내가 하는 일이 중요하다고 알아준다.

33. 다른 이들에게 존경받는다.

XI 독립성

5. 자신의 영역에서 자유를 가진다.

21. 나 스스로 결정한다.

40. 나 자신이 스스로 책임자가 된다.

XII. 다양성

4. 내 일에서 변화를 기대한다.

29. 항상 같은 일을 하지는 않는다.

39. 다른 것을 많이 한다.

XIII. 경제보수

3. 승급할 수 있다.

22. 생계유지를 할 수 있도록 임금이 오른다.

39. 여유있게 생활하도록 충분한 보수가 지불된다.

XIV. 이타주의

2. 다른 사람을 돕는다.

30. 내가 다른 사람에게 도움을 주고 있음을 느낀다.

31. 다른 사람들의 복리를 증진시킨다.

XV. 지적 자극

1. 계속해서 문제를 해결해 나간다.

23. 정신적 도전이 있다.

38. 정신적 기민함이 필요하다.

미네소타 직업가치 검사, 미네소타 중요도 검사

검사 개요

이 검사는 16세 이상의 성인을 대상으로 직업적응(work adjustment) 이론에 기반하여 개발되었다. 개인의 일과 관련된 욕구 및 가치를 측정하고, 이러한 욕구 및 가치와 각 직업이 제공하는 강화물 간의 일치를 통해 직업만족도를 예측하기 위하여 개발된 검사다(Rounds et al., 1981). 질문지는 20개의 욕구에 대한 개인의 중요도를 측정하며, 이러한 중요도는 6개의 가치 요인으로 분류되는 위계적 구조를 가진다. 성취, 편안함, 지위, 이타성, 안정성, 자율성 등 6개의 가치는, 개인이 일을 통해 만족시킬 수 있는 강화물로 볼 수 있다. 진로상담에서 MIQ를 활용하여 개인에게 가장 중요한 욕구를 확인하고, 이를 강화물로 제공해 주는 직업환경을 찾아볼 수 있다.

검사의 개발

MIQ는 Schaffer(1953)의 연구를 기반으로 한 N-Factors Questionnaire를 수정하여 직업 욕구를 측정하기 위해 개발되었다(Gay, Weiss, Hendel,

Dawis, & Lofquist, 1971에서 재인용). 이후 여러 차례의 개정을 거치며 Rounds, Henly, Dawis, Lofquist와 Weiss(1981)에 의해 최종 개발되었다. 최근에는 MIQ를 진로직업 정보 웹사이트인 O*NET용으로 개정한 Work Importance Profiler(WIP) 및 Work Importance Locator(WIL)가 사용 중이다. 국내 연구에서는 MIQ가 번안되어 사용되었으나 타당화 작업은 이루어지지 않았다. 컴퓨터기반 검사인 WIP의 경우, 국내에서는 ㈜커리어스마트에서 저작권을 가지고 있다.

검사의 구성

MIQ는 210문항의 쌍비교형과 105문항의 순위형의 두 가지 동형 검사가 존재한다. 쌍비교형의 경우, 두 가지 욕구 진술문 사이에서 한 가지를 선택해야 하는 문항이 190개, 20개의 욕구별로 점수를 매기는 문항 20개로 구성되어 있다. 순위형의 경우, 각 문항별로 다섯 가지 욕구 진술문이 제시되며, 욕구 간의 상대적 중요도에 따라 순서를 매기도록 되어 있다.

국내에서는 MIQ(Gay et al., 1971)의 순위형 질문지를 이요행(2002)이 번안 후 수정·보완하여 사용하였다. 척도 점수의 계산은 다음과 같은 방식으로 실시되었다. 하나의 욕구 진술문은 다른 20개의 욕구 진술문과 비교된 5개의 순위 평정치를 갖는다. 1순위에는 5점, 2순위 4점, 3순위 3점, 4순위 2점, 5순위 1점으로 가중치를 부여한다. 이 가중치를 모두 합산하면 하나의 욕구에 대한 응답자의 점수가 산출된다. 이러한 방식으로 21개의 욕구별 점수를 계산한다.

신뢰도 및 타당도

MIQ가 가정하고 있는 여섯 가지 가치 구조는 요인분석 결과, 다양한 연구에서 지지되는 것으로 나타난다(Gay et al., 1971; Lofquist & Dawis, 1978 등). 또한 MIQ의 신뢰도 역시 우수한 것으로 보고되는데, 검사-재검사 신뢰도에서 2회차에 .89, 9회차에 .53의 신뢰도를 나타냈다(Gay et al., 1971).

원 검사의 출처

Gay, E. G., Weiss, D. J., Dawis, R. V., & Lofquist, L. H. (1971). Manual for the Minnesota Importance Questionnaire. *Minnesota Studies in Vocational Rehabilitation, 28,* 1-83. Minneapolis: University of Minnesota, Industrial Relations Center.

이 검사를 사용한 국내 연구

이요행(2002). 개인과 환경의 상응이 직무만족, 수행 및 이직 가능성에 미치는 영향. 중앙대학교 박사학위논문.

최윤정, 김성은, 정지영, 이요행(2004). 개인-환경 합치와 직무인식이 직무만족에 미치는 상대적 효과. 한국심리학회 연차학술대회 논문집.

검사의 내용(이요행, 2002)

미네소타 직업가치 검사

다음 질문은 귀하가 원하는 이상적인 직장의 모습에 관한 것입니다. 각 문항에는 5개의 지문이 있습니다. 이 5개의 지문 중에서 가장 중요한 순서대로 순위를 매겨 주시기 바랍니다.

1\. 내가 원하는 나의 이상적인 직장은……

_____ a. 항상 활동적으로 일할 수 있어야 한다.

_____ b. 다른 사람을 위해 무엇인가 봉사할 수 있어야 한다.

_____ c. 내 자신의 아이디어를 실행할 수 있어야 한다.

_____ d. 다른 회사 근로자와 비교해서 보수가 적지 않아야 한다.

_____ e. 발전 가능성이 있어야 한다.

2\. 내가 원하는 나의 이상적인 직장은……

_____ a. 다른 사람을 위해 무엇인가 봉사할 수 있어야 한다.

_____ b. 다양한 일을 해 볼 수 있어야 한다.

_____ c. 직무에서 성취감을 느낄 수 있어야 한다.

_____ d. 직원의 직무교육을 잘 시켜 주어야 한다.

_____ e. 회사정책(인사, 보수, 배치, 교육훈련 기회 등)을 차별 없이 공정하게 시행하여야 한다.

3\. 내가 원하는 나의 이상적인 직장은……

_____ a. 업무수행 시 양심에 거리끼는 일을 하도록 강요해서는 안 된다.

_____ b. 사장(또는 상사)은 직원의 업무수행을 지원해 주어야 한다.

_____ c. 다양한 일을 해 볼 수 있어야 한다.

_____ d. 내 능력을 최대한으로 활용할 수 있는 일을 하여야 한다.

_____ e. 항상 활동적으로 일할 수 있어야 한다.

4. 내가 원하는 나의 이상적인 직장은……

_____ a. 회사정책(인사, 보수, 배치, 교육훈련 기회 등)을 차별 없이 공정하게 시행하여야 한다.

_____ b. 내 자신의 아이디어를 실행할 수 있어야 한다.

_____ c. 내 능력을 최대한 활용할 수 있는 일을 하여야 한다.

_____ d. 동료와 갈등없이 잘 지낼 수 있어야 한다.

_____ e. 내가 회사 내에서 중요한 사람이 될 수 있어야 한다.

5. 내가 원하는 나의 이상적인 직장은……

_____ a. 직원의 직무교육을 잘 시켜 주어야 한다.

_____ b. 상사의 간섭없이 내 스스로 직무계획을 수립할 수 있어야 한다.

_____ c. 사장(또는 상사)은 직원의 업무수행을 지원해 주어야 한다.

_____ d. 내 자신의 아이디어를 실행할 수 있어야 한다.

_____ e. 작업환경이 좋아야 한다.

6. 내가 원하는 나의 이상적인 직장은……

_____ a. 내가 하는 일이 인정받아야 한다.

_____ b. 업무수행 시 양심에 거리끼는 일을 하도록 강요해서는 안 된다.

_____ c. 상사의 간섭없이 내 스스로 직무계획을 수립할 수 있어야 한다.

_____ d. 다른 사람을 위해 무엇인가를 봉사할 수 있어야 한다.

_____ e. 동료와 갈등 없이 잘 지낼 수 있어야 한다.

7. 내가 원하는 나의 이상적인 직장은……

_____ a. 사장(또는 상사)은 직원들의 업무수행을 지원해 주어야 한다.

_____ b. 회사정책(인사, 보수, 배치, 교육훈련 기회 등)을 차별없이 공정하게 시행하여야 한다.

_____ c. 다른 회사 근로자와 비교해서 보수가 적지 않아야 한다.

_____ d. 내가 하는 일이 인정받아야 한다.

_____ e. 사람들에게 해야 할 일을 지시할 수 있어야 한다.

8. 내가 원하는 나의 이상적인 직장은……

_____ a. 다양한 일을 해 볼 수 있어야 한다.

_____ b. 동료와 갈등 없이 잘 지낼 수 있어야 한다.

_____ c. 내 스스로 결정을 내릴 수 있는 재량권이 있어야 한다.

_____ d. 작업환경이 좋아야 한다.

_____ e. 다른 회사 근로자와 비교해서 보수가 적지 않아야 한다.

9. 내가 원하는 나의 이상적인 직장은……

_____ a. 내 능력을 최대한 활용할 수 있는 일을 하여야 한다.

_____ b. 사람들에게 해야 할 일을 지시할 수 있어야 한다.

_____ c. 작업환경이 좋아야 한다.

_____ d. 안정된 고용이 보장되어야 한다.

_____ e. 다른 사람을 위해 무엇인가를 봉사할 수 있어야 한다.

10. 내가 원하는 나의 이상적인 직장은……

_____ a. 내 스스로 결정을 내릴 수 있는 재량권이 있어야 한다.

_____ b. 항상 활동적으로 일할 수 있어야 한다.

_____ c. 안정된 고용이 보장되어야 한다.

_____ d. 회사정책(인사, 보수, 배치, 교육훈련 기회 등)을 차별 없이 공

정하게 시행하여야 한다.

_____ e. 상사의 간섭 없이 내 스스로 직무계획을 수립할 수 있어야 한다.

11. 내가 원하는 나의 이상적인 직장은……

_____ a. 직무에서 성취감을 느낄 수 있어야 한다.

_____ b. 내 스스로 결정을 내릴 수 있는 재량권이 있어야 한다.

_____ c. 사람들에게 해야 할 일을 지시할 수 있어야 한다.

_____ d. 업무수행 시 양심에 거리끼는 일을 하도록 강요해서는 안 된다.

_____ e. 내 자신의 아이디어를 실행할 수 있어야 한다.

12. 내가 원하는 나의 이상적인 직장은……

_____ a. 동료와 갈등 없이 잘 지낼 수 있어야 한다.

_____ b. 안정된 고용이 보장되어야 한다.

_____ c. 발전 가능성이 있어야 한다.

_____ d. 사장(또는 상사)은 직원의 업무수행을 지원해 주어야 한다.

_____ e. 직무에서 성취감을 느낄 수 있어야 한다.

13. 내가 원하는 나의 이상적인 직장은……

_____ a. 상사의 간섭없이 내 스스로 직무계획을 수립할 수 있어야 한다.

_____ b. 발전 가능성이 있어야 한다.

_____ c. 내가 회사 내에서 중요한 사람이 될 수 있어야 한다.

_____ d. 사람들에게 해야 할 일을 지시할 수 있어야 한다.

_____ e. 다양한 일을 해 볼 수 있어야 한다.

14. 내가 원하는 나의 이상적인 직장은……

_____ a. 다른 회사 근로자와 비교해서 보수가 적지 않아야 한다.

_____ b. 직무에서 성취감을 느낄 수 있어야 한다.

_____ c. 내 직무는 혼자서 수행하여야 한다.
_____ d. 상사의 간섭없이 내 스스로 직무계획을 수립할 수 있어야 한다.
_____ e. 내 능력을 최대한 활용할 수 있는 일을 하여야 한다.

15. 내가 원하는 나의 이상적인 직장은……
_____ a. 사람들에게 해야 할 일을 지시할 수 있어야 한다.
_____ b. 직원의 직무교육을 잘 시켜 주어야 한다.
_____ c. 동료와 갈등 없이 잘 지낼 수 있어야 한다.
_____ d. 항상 활동적으로 일할 수 있어야 한다.
_____ e. 내 직무는 혼자서 수행하여야 한다.

16. 내가 원하는 나의 이상적인 직장은……
_____ a. 안정된 고용이 보장되어야 한다.
_____ b. 다른 회사 근로자들과 비교해서 보수가 적지 않아야 한다.
_____ c. 직원의 직무교육을 잘 시켜 주어야 한다.
_____ d. 내가 회사 내에서 중요한 사람이 될 수 있어야 한다.
_____ e. 업무수행 시 양심에 거리끼는 일을 하도록 강요해서는 안 된다.

17. 내가 원하는 나의 이상적인 직장은……
_____ a. 내 직무는 혼자서 수행하여야 한다.
_____ b. 내가 회사 내에서 중요한 사람이 될 수 있어야 한다.
_____ c. 다른 사람을 위해 무엇인가를 봉사할 수 있어야 한다.
_____ d. 사장(또는 상사)은 직원의 업무수행을 지원해 주어야 한다.
_____ e. 내 스스로 결정을 내릴 수 있는 재량권이 있어야 한다.

18. 내가 원하는 나의 이상적인 직장은……

_____ a. 내 자신의 아이디어를 실행할 수 있어야 한다.

_____ b. 내가 하는 일이 인정받아야 한다.

_____ c. 다양한 일을 해 볼 수 있어야 한다.

_____ d. 내 직무는 혼자서 수행하여야 한다.

_____ e. 안정된 고용이 보장되어야 한다.

19. 내가 원하는 나의 이상적인 직장은……

_____ a. 발전 가능성이 있어야 한다.

_____ b. 내 능력을 최대한 활용할 수 있는 일을 하여야 한다.

_____ c. 내가 하는 일이 인정받아야 한다.

_____ d. 내 스스로 결정을 내릴 수 있는 재량권이 있어야 한다.

_____ e. 직원의 직무교육을 잘 시켜 주어야 한다.

20. 내가 원하는 나의 이상적인 직장은……

_____ a. 작업환경이 좋아야 한다.

_____ b. 내 직무는 혼자서 수행하여야 한다.

_____ c. 회사정책(인사, 보수, 배치, 교육훈련 기회 등)을 차별없이 공정하게 시행하여야 한다.

_____ d. 발전 가능성이 있어야 한다.

_____ e. 업무수행 시 양심에 거리끼는 일을 하도록 강요해서는 안 된다.

21. 내가 원하는 나의 이상적인 직장은……

_____ a. 내가 회사 내에서 중요한 사람이 될 수 있어야 한다.

_____ b. 작업환경이 좋아야 한다.

_____ c. 항상 활동적으로 일할 수 있어야 한다.

_____ d. 직무에서 성취감을 느낄 수 있어야 한다.

_____ e. 내가 하는 일이 인정받아야 한다.

한국직업능력개발원 직업가치관 검사(청소년용)*

이 척도는 중학교 1학년 이상의 청소년을 대상으로 직업과 관련된 다양한 욕구 및 가치에 대한 상대적 중요도를 평가하는 검사다. 능력발휘, 자율성, 보수, 안정성, 사회적 인정, 사회봉사, 자기계발, 창의성 등 8개의 하위 요소로 구성되어 있다. 검사결과를 통해 중요도가 높은 가치를 충족시킬 가능성이 큰 직업을 탐색하는 데 도움을 줄 수 있다. 커리어넷 웹사이트(www.career.go.kr) 또는 스마트폰 앱(커리어넷 검사)에서 회원가입 후 무료로 검사를 실시할 수 있다. 척도에 대한 보다 자세한 설명은 '제4부 웹 기반 척도'에 소개되어 있다.

한국고용정보원 직업가치관 검사*

이 검사는 한국고용정보원이 운영하는 웹사이트 워크넷(www.work.go.kr)에서 무료로 제공하는 검사다. 만 15세 이상의 중 · 고등학생 대상과 대학생 및 일반구직자 대상으로 구분되어 있다. 개인이 중요하게 생각하는 직업가치관을 측정하여, 성취, 봉사, 개별활동, 직업안정, 변화지향, 몸과 마음의 여유, 영향력 발휘, 지식추구, 애국, 자율, 금전적 보상, 인정, 실내활동 등 총 13개 하위요인으로 구성되어 있다. 검사결과를 통해 직업가치를 실현할 수 있는 가장 적합한 직업 정보를 제공해 준다. 이 척도에 대한 보다 자세한 설명은 '제4부 웹 기반 척도'에 소개되어 있다.

제9장

능 력

성인용 웩슬러 지능 검사

아동용 웩슬러 지능 검사

커리어넷 직업적성 검사

커리어넷 주요능력효능감 검사

직업능력 평가도구

진로상담에서 능력에 대한 평가는 매우 중요하다. 사실상 회사나 조직은 직원을 선발할 때 다양한 능력 검사를 활용하여 선발한다. 전반적인 인지능력이 높을수록 다양한 일에 배치되었을 때 새로운 일을 배우고 적용하는 데 좀 더 잘할 것이라는 예언 때문이다.

개인 진로상담에서 지능 검사의 활용은 내담자의 인지능력에 대해 잠재적 능력과 학습된 능력 등 다양한 관점에서 이해할 수 있는 정보를 제공하기 때문에 미래 진로를 예상하고 가늠하는 데 도움이 된다. 특히 웩슬러 지능 검사의 활용은 비록 검사 실시 시간이 길고(1시간 20분 내외) 내담자가 검사 수행 동안 스트레스를 받을 수 있지만 검사 결과의 내용을 바탕으로 내담자가 선택하고자 하는 직업과 직업이 요구하는 인지능력과의 관계를 검토할 수 있는 유용한 정보를 제공한다. 즉, 내담자의 능력과 가능한 진로와의 관련성을 검토하는 과정에서 활용 가치가 높기 때문에 진로상담자는 지능 검사 실시와 해석에 대한 역량을 지닐 필요가 있다. 이 책에서는 다양한 지능 검사가 있겠지만 개인용 진단 검사인 웩슬러 지능 검사가 어떻게 진로상담에서 활용될 수 있는지에 대한 소개를 간략히 하고자 한다.

한편 내담자가 무엇을 잘할 수 있고 쉽게 끝낼 수 있는지에 대한 정보를 얻기 위해서 지능 검사나 적성 검사와 같은 객관적 평가도구를 사용할 수 있지만, 상대적으로 시간이 오래 걸리고 내담자에 따라서는 스트레스를 야기하기 때문에 쉽게 자신의 능력을 점검하는 척도나 체크리스트를 활용하는 경우가 진로상담에서는 종종 있다. 예를 들어, 간편하게 능력을 평가하고자 할 때 자기 이해의 도구로서 자기추정능력에 대한 검사를 활용할 수가 있다. 국내에서는 다중지능 이론에 근거하여 8~9가지 영역에 대해 자신이 얼마나 잘하는지를 주관적으로 평가하는 척도가 인터넷을 통해 자주 활용되는 것으로 나타나고 있다. 자기추정능력을 검토할 경우는 내담자 자신과 더불어 내담자를 충분히 잘 알고 있는 부모나 친구, 동료에 의한 다면 평가를 통해서 보다 신뢰할 만한 정보를 끌어낼 수 있다. 여기서는 청소년 대상의 자기추정능력 검사인 커리어넷 직업적성 검사, 대학생, 성인을 대상으로 실시 가능한 '주요능력효능감 검사(Careernet)', 그리고 지능 검사 이외에 능력을 평가할 수 있는 도구를 간략하게 소개하고자 한다.

성인용 웩슬러 지능 검사*

검사 개요

웩슬러 지능 검사는 일반적 지능과 비지적 차원인 정신병리를 동시에 측정하기 위한 목적으로 개발되었다. 가장 큰 특징은 청소년에서부터 성인을 대상(16세 이상 64세 이하)으로 지능을 평가할 수 있다는 장점이 있다. 개인 검사이기 때문에 약 90분 동안 진행되는 과정에서 내담자의 다양한 행동 양상을 관찰할 수 있어 성격적 특성도 파악할 수 있다. 이 검사는 크게 언어성 검사(기본지식문제, 숫자 외우기, 어휘문제, 산수문제, 이해문제, 공통성문제)와 동작성 검사(빠진 곳 찾기, 차례 맞추기, 토막 짜기 모양 맞추기, 바꿔쓰기) 두 가지 영역에서 총 11개의 소 검사가 포함되어 있어서 전반적인 지능 수준뿐만 아니라 지능을 구성하는 여러 가지 하위 인지기능을 살펴볼 수 있기 때문에 진로상담 장면에서 내담자의 향후 직무 능력을 예상하고 진로를 선택하는 데 도움이 된다.

검사의 개발

David Wechsler가 1939년에 웩슬러 벨레뷰 지능 검사 1판을 개발한 것을 시점으로, 1997년 성인용 지능 검사 3판이 표준화되었다. 한국에서는 성인용 수정판(WAIS_R)(Wechsler, 1981)을 이용하여 한국 임상심리학회에서 한국판 웩슬러 성인용 지능 검사(Korean-Wechsler Adult Intelligence Scale; K-WAIS)를 표준화하였고 현재까지 이 검사가 사용되고 있다. 최근에는 웩슬러 성인용 지능 검사 4판(Wechsler Adult Intelligence Scale-IV)(Wechsler, 2008)이 번안, 표준화되어 활용되고 있다.

 검사의 구성

언어성 검사의 구성은 6개의 소 검사로 이루어져 있다. 기본지식문제는 29개의 문항으로, 개인이 소유한 기본지식의 정도를 측정하고, 숫자 외우기는 바로 따라 외우기 7문항, 거꾸로 따라 외우기 7문항으로 구성되며 청각적 단기기억과 주의력을 측정한다. 어휘문제는 35개의 단어목록으로 구성되며 일반지능을 나타내는 중요한 지표로서 학습능력과 일반개념의 정도를 측정한다. 산수문제는 16개의 문항으로, 수개념의 이해와 주의집중력을 측정한다. 이해문제는 16개의 문항으로, 일상경험의 응용능력이나 도덕적, 윤리적 판단능력을 측정한다. 공통성 문제는 14개의 문항으로 구성되어 있으며, 유사성의 관계 파악능력과 추상적 사고능력을 측정한다.

동작성 검사의 구성은 5개의 소 검사로 이루어져 있다. 빠진 곳 찾기는 20개의 문항으로, 20장의 그림카드를 도구로 사용하여 사물의 본질적인 부분과 비본질적인 부분을 구별하는 능력과 시각적 예민성을 측정한다. 차례 맞추기는 10개의 문항으로, 10벌의 그림카드 세트를 도구로 사용하여 전체상황에 대한 이해력과 계획능력을 측정한다. 토막 짜기는 9개의 문항으로 모형이 그려진 9장의 카드와 9개의 나무토막(빨강-흰색의 정육면체)을 도구로 사용하여 지각구성능력과 공간적 표상능력, 시각-운동 협응능력을 측정한다. 모양 맞추기는 4개의 문항으로, 4개의 상자에 들어 있는 모양 맞추기 조각을 모두로 사용하여 지각능력과 재구성능력, 시각-운동 협응능력을 측정한다. 바꿔쓰기는 7개의 연습문항과 93개의 본문항으로 구성되어 있으며, 검사는 연필과 지우개를 사용하여 검사용지에 실시하는 데 단기기억능력 및 민첩성, 시각-운동 협응능력을 측정한다.

신뢰도 및 타당도

언어성 IQ 평균신뢰도 범위는 .93, 동작성 IQ는 .88, 전체 IQ는 .91이다. 각각의 연령대별로 소 검사 신뢰도를 검토해 보면, .70 이하인 것은 7개에 불과하여 이 검사의 신뢰도는 매우 높다(한국가이던스, 1992).

원 검사의 출처

Wechsler, D. (1981). *Manual for Wechsler Adult Intelligence Scale Revised.* New York: Psychological Corpuration.

이 검사를 사용한 국내 연구

송현옥, 박아청, 김남선(2008). K-WAIS에 나타나는 유동적 지능과 결정적 지능의 발달 경향에 관한 연구. *Andragogy Today: Interational Journal of Adult & Continuing Education, 11*(2), 149-177.

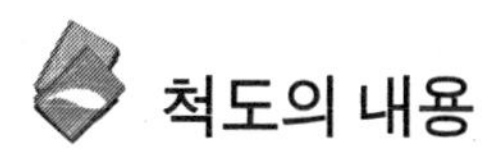

척도의 내용

웩슬러 지능 검사의 구성

Ⅰ. 언어성 검사

기본지식문제, 숫자 외우기, 어휘문제, 산수문제, 이해문제, 공통성 문제

Ⅱ. 동작성 검사

빠진 곳 찾기, 차례 맞추기, 토막 짜기, 모양 맞추기, 바꿔쓰기

* 이 검사의 활용을 위해서는 별도의 훈련 및 검사도구가 필요함.

아동용 웩슬러 지능 검사

검사 개요

한국판 웩슬러 아동용 지능 검사(K-WISC-IV)는 6세 0개월부터 16세 11개월까지의 아동의 인지적 능력을 평가하기 위한 개별 검사도구다. 기존의 한국판 웩슬러 아동용 지능 검사-3판(K-WISC-III)을 개정한 것으로 개정과정에서 인지발달, 지적평가, 인지과정에 대한 최근 연구를 통합하여 전반적인 지적능력(전체 검사 IQ)을 나타내는 합성점수는 물론, 특정 인지 영역에서의 지적 기능을 나타내는 소검사와 합성점수를 제공한다.

검사의 개발

웩슬러 지능 검사는 지적 평가영역의 연구결과에 기초를 두고, 실제적 · 임상적 요구를 반영하기 위해 지난 60년 동안 여러 번 개정되어 왔다. 미국판 WISC-IV에 기초한 K-WISC-IV 표준화 작업은 이러한 취지에서 개정되었다.

검사의 구성

이 검사의 구성은 작업기억과 처리속도에 대한 주목도가 높아진 것을 포함하여, 인지 평가에 대한 최근의 이론과 실제를 반영하고 있다. 따라서 검사의 전체적인 구성과 합산점수를 구성하는 소검사 등 몇 가지 부분에서 이전 판과 다소 차이가 난다.

〈표〉 하위 검사 구성

소검사	약 자	설 명
토막짜기	BD	아동이 제한시간 내에 흰색과 빨간색으로 이루어진 토막을 사용하여 제시된 모형이나 그림과 똑같은 모양을 만든다.
공통성	SI	아동이 공통적인 사물이나 개념을 나타내는 두 개의 단어를 듣고, 두 단어가 어떻게 유사한지를 말한다.
숫자	DS	숫자 바로 따라하기에서는 검사자가 큰 소리로 읽어 준 것과 같은 순서로 아동이 따라한다. 숫자 거꾸로 따라하기에서는 검사자가 읽어 준 것과 반대 방향으로 아동이 따라한다.
공통그림찾기	PCn	아동에게 두 줄 또는 세 줄로 이루어진 그림을 제시하면, 아동은 공통된 특성으로 묶일 수 있는 그림을 각 줄에서 한 가지씩 고른다.
기호쓰기	CD	아동은 간단한 기하학적 모양이나 숫자에 대응하는 기호를 그린다. 기호표를 이용하여 아동은 해당하는 모양이나 빈칸 안에 각각의 기호를 주어진 시간 안에 그린다.
어휘	VC	그림문항에서 아동은 소책자에 있는 그림의 이름을 말한다. 말하기 문항에서는 아동은 검사자가 크게 읽어 주는 단어의 정의를 말한다.
순차연결	LN	아동에게 연속되는 숫자와 글자를 읽어 주고, 숫자가 많아지는 순서와 한글의 가나다 순서대로 암기하도록 한다.

행렬추리	MR	아동은 불완전한 행렬을 보고, 다섯 개의 반응 선택지에서 제시된 행렬의 빠진 부분을 찾아낸다.
이해	CO	아동은 일반적인 원칙과 사회적 상황에 대한 이해에 기초하여 질문에 대답한다.
동형찾기	SS	아동은 반응 부분을 훑어보고 반응 부분의 모양 중 표적 모양과 일치하는 것이 있는지를 제한 시간 내에 표시한다.
빠진 곳 찾기	PCm	아동이 그림을 보고 제한시간 내에 빠져 있는 중요한 부분을 가리키거나 말한다.
선택	CA	아동이 무선으로 배열된 그림과 일렬로 배열된 그림을 훑어본다. 그리고 제한시간 안에 표적 그림에 표시한다.
상식	IN	아동이 일반적 지식에 관한 광범위한 주제를 다루는 질문에 대답한다.
산수	AR	아동이 구두로 주어지는 일련의 산수 문제를 제한 시간 내에 암산으로 푼다.
단어추리	WR	아동이 일련의 단서에서 공통된 개념을 찾아내어 단어로 말한다.

신뢰도 및 타당도

K-WISC-IV의 합산척도에 대한 신뢰도 계수 α는 .81(처리속도)부터 .94(전체척도)까지의 범위이며, 전반적으로 합산척도를 구성하는 개별 소검사에 대한 계수보다 높다. 이러한 차이는 각 소검사는 개인의 전체적인 지적 기능의 좁은 부분만을 반영하는 반면, 합산척도는 더 넓은 범주에서 개인의 인지 기능 수행을 보여 주기 때문이다. K-WISC-IV 합산척도의 전반적 평균 신뢰도 계수 α는 높을 것으로 기대된다. (처리속도) 합산척도의 평균 신뢰도 계수는 약간 낮다(.81). 이것은 반분 신뢰도보다 낮게 나오는 경향이 있는 검사-재검사 신뢰도에 기반을 두었기 때문이다. K-WISC-IV 합산척도의 신뢰도 계수는 그에 상응하는 K-WISC-III의 척도와 유사하거나 개선되었다.

이 검사를 사용한 국내 연구

활용된 예를 찾을 수 없었음.

 검사의 내용

한국판 웩슬러 아동용 지능 검사(K-WISC-IV)

A형 기호 쓰기

6~7세

예시문항

○ ☆ □ ✚ △ ☆ ○ □

△ ✚ ☆ ○ □ △ ✚ ○

☆ △ □ ✚ ☆ ○ □ ☆

□ ✚ △ ○ ✚ ☆ ✚ □

☆ ○ ✚ □ ☆ □ ○ △

□ ☆ ○ △ □ △ ✚ ☆

△ □ △ ○ ☆ ✚ □ ✚

○ △ □ ☆ ○ △ ✚ ☆

B형 기호 쓰기

8~16세

1	2	3	4	5	6	7	8	9
∸	)	+	⊢	ㄱ	V	(	-̣	⊣

예시문항

2	1	4	6	3	5	2	1	3	4	2	1	3	1	2	3	1	4	2	6	3

1	2	5	1	3	1	5	4	2	7	4	6	9	2	5	8	4	7	6	1	8

7	5	4	8	6	9	4	3	1	8	2	9	7	6	2	5	8	7	3	6	4

5	9	4	1	6	8	9	3	7	5	1	4	9	1	5	8	7	6	9	7	8

2	4	8	3	5	6	7	1	9	4	3	6	2	7	9	3	5	6	7	4	5

2	7	8	1	3	9	2	6	8	4	1	3	2	6	4	9	3	8	5	1	8

커리어넷 직업적성 검사

중학교 1학년부터 고등학교 3학년 학생을 대상으로 직업과 관련된 능력(신체 · 운동능력, 손재능, 공간 · 시각능력, 음악능력, 창의력, 언어능력, 수리 · 논리력)을 스스로 점검할 수 있는 도구다. 자세한 내용은 '제4부 웹 기반 척도' 를 참조하길 바란다.

커리어넷 주요능력효능감 검사

대학생을 대상으로 다중 지능 이론에 근거해서 신체운동, 대인관계 능력, 언어능력, 논리수학능력, 시공간능력, 신체능력, 음악능력, 자기성찰능력, 자연친화능력의 아홉 가지 영역에서 주관적으로 자신의 능력을 추정해 볼 수 있는 검사 도구다. 자세한 척도의 내용은 '제4부 웹기반 척도' 에서 자세히 살펴볼 수가 있다.

직업능력 평가도구

고등학생의 경우는 대학수학능력 모의 평가와 내신 시험을 통해서 자신이 특별히 더 잘하는 영역을 확인할 수가 있다. 미국의 경우에는 고등학생의 대학수학능력 평가를 위한 대표적인 평가 도구로 EXPLORE, PLAN, ACT 검사 등이 있어 웹을 통해서 4시간 정도 평가할 수 있다(Metz & Jones, 2013). 국내에서는 워크넷에서 제공하는 진로 및 직업 탭에 들어가서 직업심리 검사 실시를 클릭하면 청소년용과 성인용이 구분되어 다양한 심리 검사가 소개되고 있다. 청소년용 적성 검사는 언어, 수리, 추리, 공간의 네 가지 영역을 평가하며 80분간 진행된다.

대학생이나 성인의 경우 직업능력을 평가하기 위해서 대기업에서 활용하는 인적성 평가 등의 기출 문제를 통해서 점검할 수 있다. 청소년과 마찬가지로, 워크넷에서는 대학생과 성인을 대상으로 실시하는 성인용 적성 검사를 무료로 실시할 수 있다. 인터넷과 지필로 검사가 가능하며 총 90분간 소요된다. 척도의 구성은 언어력 43문항, 수리력 26문항, 추리력 24문항, 사물지각력 30문항 총 123 문항의 검사로 되어 있다.

영업직무능력 검사는 18세 이상이면 실시할 수 있는데 기본적인 적성 검사와 인성 검사로 구성되어 있다. 자세한 내용은 '제4부 웹 기반 척도'를 참조하길 바란다.

제10장

성 격

기질 및 성격 검사

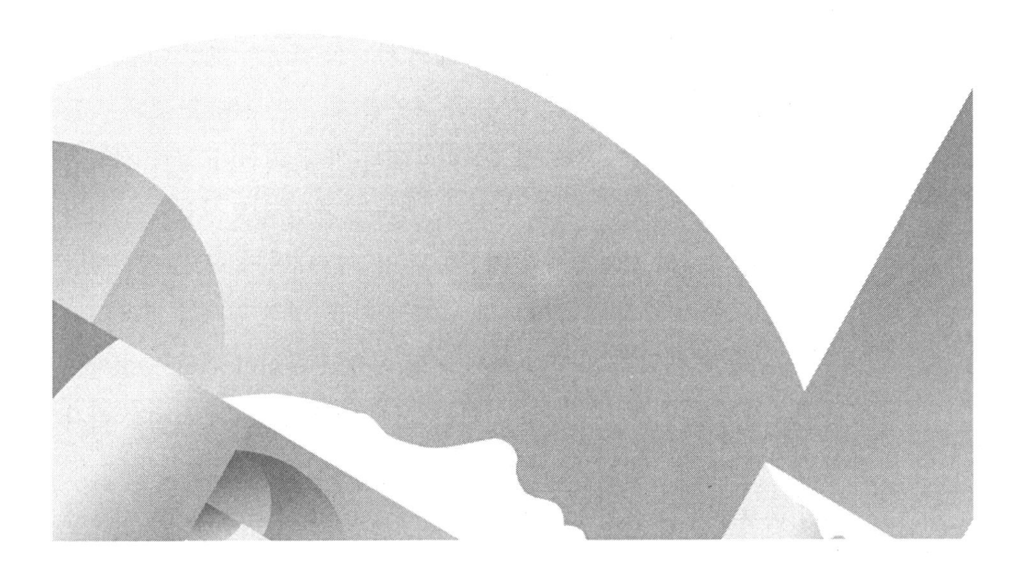

사람이 살아가면서 타고난 인성은 그 사람의 삶의 양식과 방향에 지대한 영향을 미친다. 한 개인의 정신이 건강하다는 것은 자신의 주어진 삶에서 다양하게 부딪히는 인생의 어려움을 잘 대처하고 자신이 원하는 삶을 살아가기 위해서 생명력이 넘치는 삶을 살아가는 것을 의미한다. 진로상담에서 성격의 평가는 내담자의 타고난 인성이 내담자의 삶에 어떻게 영향을 미쳤고, 그래서 어떠한 삶을 살아가고 있는지를 평가할 수 있는 중요한 지표가 된다. 보통 저 사람은 성격이 좋아, 저 사람은 성격이 나빠 식으로 평가하지만 사실상 성격은 좋다, 나쁘다라고 평가되는 것이 아니라, 자신과 타인을 좀 더 잘 이해해서 자신의 강점은 보다 더 키우고 상대적으로 약점이 될 수 있는 부분을 보완할 수 있는 전략을 찾게 하는 요소가 된다. 여기서는 현대 성격심리학에서 가장 최신의 성격 검사인 기질 및 성격 검사를 소개하고자 한다. 필자는 개인 진로상담에서 심리적인 문제로 인해서 진로문제를 해결하기 어려운 내담자, 또는 심리상담이 더욱 필요한 내담자를 진단하기 위해서 기질-성격 검사를 활용하고 있다. 이를 통해 내담자 자신이 현재 어떤 이유로 자신이 원하는 삶과는 정반대로 행동하며 살아가고 있고 왜 그 삶이 만족스럽지 못한지를 자각하는 데 기질-성격 검사의 유용성을 지속적으로 확인해 오고 있다.

우리 대부분은 자신의 타고난 기질을 수용받지 못해서 좀 더 성숙한 성격을 형성하는 데 정도의 차이는 있지만 어려움을 경험하기 마련이다. 진로상담 장면에서 이러한 성격 평가의 목적은 상대적으로 세상을 살아가는 데 불리한 기질을 타고났다는 것을 확인하는 것에 있는 것이 아니라, 자신의 기질을 스스로 이해하고 수용함으로써 자신이 진정 원하는 삶을 살아갈 수 있도록 도움이 되는 방편을 찾게 하는 데에 있다. 특히 인생에서 직업 활동은 성인기 이후 삶의 많은 부분을 차지하고 개인에게 다양한 능력과 지식, 기술을 요구하는 일이어서 자신의 성격의 특성을 이해하고 스스로 통제, 조절해 삶의 주인공으로 살아가는 역량이 갖추어지지 않으면 참으로 고달프고 힘든 일이 많을 수밖에 없다. 따라서 진로상담에서 성격의 평가는 진로선택뿐만 아니라 행복하고 건강한 삶을 살아가기 위한 지혜를 키울 수 있도록 하는 데 중요한 정보를 제공한다.

기질 및 성격 검사*

검사 개요

미국 워싱턴 대학교 교수인 Cloninger의 심리생물학적 인성모델(Cloninger, Svrakic, & Przybeck, 1993)에 기초하여 개발된 검사로서, 한 개인의 기질 및 성격을 측정하기 위한 검사다. 기질을 측정하는 4개의 척도(자극추구, 위험회피, 사회적 민감성, 인내력)와 성격을 측정하는 3개의 척도(자율성, 연대감, 자기초월)를 포함하여 모두 7개의 기이 척도로 이루어져 있다. Cloninger의 심리생물학적 인성 모델에서는 인성을 이루는 두 개의 큰 구조로서 기질과 성격을 구분하고 있다. 기질과 성격의 분리로 인해서, 인성발달에 영향을 미친 유전적 영향과 환경적 영향을 구분하여 인성발달 과정을 이해할 수 있도록 하는 장점이 있다. 진로상담에서 이러한 기질-성격 검사는 진로 문제와 더불어 심리적인 문제를 함께 다루어야 할 내담자를 변별하는 데 활용할 수 있다.

기질은 자극에 대해 자동적으로 일어나는 정서적 반응 성향이다. 기질은 상당히 유전적으로 타고난 것으로서 평생 비교적 안정적인 속성을 보인다. 즉, 기질은 인성발달의 원재료이며 기본 틀이 된다. 반면 성격은 개인이 어떤 목표와 가치를 추구하는가, 개인이 자신을 어떤 사람으로 이해하고 동일시하는가를 포함하는 자기개념에서의 개인차와 관련된다. 성격은 기질이라는 원재료를 바탕으로 환경과의 상호작용 속에서 형성되는 것으로서 사회문화적 학습의 영향을 받아 일생동안 지속적으로 발달한다. 성격은 기질에 의한 자동적인 정서반응을 조절하는 기능을 갖기 때문에 개인의 성격이 어떻게 발달했는가에 따라서 개인의 기질적 반응 특성은 얼마든지 조절되어 표현될 수 있다.

 검사의 개발

1987년 Cloninger의 '3차원 인성 질문지(The Tridimensional Personality Questionnaire: TPQ)' 개발을 시작으로, 1994년 Cloninger는 그의 동료들과 함께 240문항 2점 척도로 구성된 TCI 검사를 성격장애를 진단하고 예측하며 성격장애의 발생과정을 설명하기 위한 목적으로 개발하였다. 한국판 TCI 검사군은 Cloninger와의 공동연구에 의해서 독일에서 개발된 독일판 TCI 검사군에 바탕을 두고 있다. 현재 미국 및 영어권 국가에서는 성인용으로 TCI 버전 8(238문항, 2점 척도), TCI 버전 9(240문항, 2점 척도), TCI-R(240문항, 5점 척도)이 사용되고, 성인용 단축형으로 TCI-125(125문항, 2점 척도), TCI-140(140문항, 5점 척도)이 사용되며 청소년용과 학령전 아동용도 개발되어 사용되고 있다. 국내에서는 민병배, 오현숙, 이주영(2004)에 의해서 청소년용을 출간한 이후로 성인용, 아동용, 유아용을 대상으로 표준화되어 사용되고 있다.

 검사의 구성

크게 기질 척도와 성격 척도 두 가지로 총 140문항으로 구성된다. 기질 척도는 다시 네 개의 척도로 구성된다. 자극추구의 척도는 새로운 자극이나 잠재적인 보상 단서에 접할 때 자극에 끌리면서 행동이 활성화되는 유전적 경향을 측정한다. 위험회피의 척도는 위험하거나 혐오스러운 자극에 접할 때 행동이 억제되고 위축되는 유전적인 경향성을 측정한다. 즉, 처벌이나 위험이 예상될 때 이를 회피하기 위해 행동이 억제되며 이전에 하던 행동을 중단하는 기질적 성향에서의 개인차를 측정한다. 사회적 민감성 척도는 사회적 보상 신호(타인의 칭찬)와 타인의 감정(기쁨, 슬픔, 분노, 고통 등)을 민감하게 파악하고, 이에 따라 정서반응이나 행동 반응이 달라지는 성향을 측정한다. 즉, 사회적 애착에 대한 의존성에서의 개인차를 측정하기 위한 척도다. 인내력 척도는 지속적인 강화가 없더라도 한 번 보상된 행동을 일정한 시간 동안 꾸준히 지속하려는 유전적인 경향을 측정한다.

성격 척도는 자율성, 연대감, 자기 초월의 세 가지 하위 척도로 구성된다. 자율성 척도는 자신을 '자율적 개인' 으로 이해하고 동일시하는 정도를 측정한다. 연대감 척도는 자신을 '인류 혹은 사회의 통합적 부분' 으로 이해하고 동일시하는 정도를 측정한다. 자기초월 척도는 자신을 '우주의 통합적 한 부분' 으로 이해하고 동일시하는 정도를 측정하는 것으로, 우주만물과 자연을 수용하고 동일시하며 이들과 일체감을 느끼는 능력에서의 개인차를 측정한다.

신뢰도 및 타당도

성인용 기질 성격 검사(TCI-RS)는 일반 성인집단, 대학생 집단 남녀에게 표준화 연구를 통해 표준화하였으며(민명배, 오현숙, 이주영, 2005), 검사의 신뢰도는 일반 성인 집단의 경우 7개 척도의 신뢰도 계수 α .77~.88의 범위로 보고되었다. 저자는 대학생집단의 경우 .89~.90의 범위로 나타나 전반적으로 만족할 만한 수준의 신뢰도를 보였다고 평가하고 있다.

재검사 신뢰도 계수 α는 대학생 79명에게 한 달 간격으로 실시된 자료를 바탕으로 분석한 결과, .76~.90의 범위로 양호한 수준으로 신뢰도를 보고하고 있다.

원 검사의 출처

Cloninger, C. R. (1994). *The temperament and character inventory(TCI): A guide to its development and use*. St. Louis, MO: Center for Psychobiology of personality, Washington Univ. ISBN 0-9642917-1-1

이 검사를 사용한 국내 연구

박주용, 오현숙(2005). 기질 및 성격 검사에서 밝혀진 영재기관 영재의 특성이 영재 선발에 주는 시사점. 한국심리학회지: 사회문제, 11(1), 143-156.

손애리, 황순택(2011). 청소년기 성격장애 개념의 구인타당도: 성격장애들간 및 성격장애와 기질간 관계를 중심으로. 한국심리학회지: 일반, 30(1), 293-309.

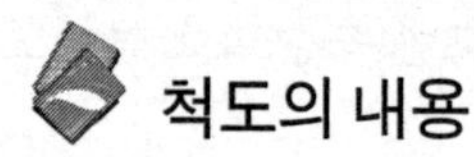

척도의 내용

기질 및 성격 검사(TCI)의 구성

Ⅰ. 기질 검사

자극 추구(Novelty Seeking: NS): 새로운 자극에 대한 추구

위험 회피(Harm Avoidance: HA): 해로움 또는 처벌 등 위험에 대해 회피하는 성향

보상 의존(Reward Dependance: RD): 대인관계에서의 인정, 만족에 의존하는 성향

인내심(Persistence: PS): 즉각적인 보상이 주어지지 않아도 자신이 목표한 바를 지속적으로 수행하는 성향

Ⅱ. 성격 검사

자율성(Self-Directedness: SD): 하고자 하는 일을 스스로 통제하고 조절하는 성격

연대감(Cooperativeness: CO): 타인과의 협력, 함께 하고자 하는 의식

자기초월(Self-Transcendence: ST): 자연과 우주 속의 개인으로서 이해함.

* 이 검사 도구는 유료로 제공되고 있음.

제3부 참고문헌

곽필순(2003). Holland의 직업성격과 직업환경의 일치도 및 직무만족도와의 관계 연구. 한국기술교육대학교 대학원 석사학위논문.

김명준(2001). MBTI 스트롱 직업흥미검사와의 상호관계성 연구. 한국심리유형학회지, 8, 175-195.

김정택, 김명준, 심혜숙(2001). 스트롱 직업흥미 검사. 서울: 한국심리 검사연구소.

김정택, 김명준, 심혜숙(2004). 한국 스트롱 직업흥미검사 표준화 연구. 한국심리학회지 상담 및 심리치료, 16, 383-405.

김희정(2007). 진로상담: 한국 대학생을 위한 Holland 직업흥미 모델의 적용성에 관한 연구. 상담학연구, 8, 603-619.

노동부 중앙고용정보관리소(2001). 직업선호도 검사 실시요람(개정판). 서울: 노동부 중앙고용정보관리소.

민병배, 오현숙, 이주영(2004). 기질 및 성격 검사 매뉴얼. 서울: 마음사랑.

안창규(1996a). 진로탐색 검사의 표준화를 위한 연구. 한국심리학회지, 8(1), 169-200.

안창규(1996b). 진로 및 적성탐색 검사의 해석과 활용. 서울: 한국가이던스.

안창규(1997). Holland 적성탐색 검사. 서울: 한국가이던스.

안창규, 안현의(2003). Holland 진로 및 적성탐색 검사의 해석과 활용. 서울: 한국가이던스.

안창규, 최태진, 홍준자(2005). Holland의 직업적 성격유형에 따른 고등학생의 의사결정방식 분석, 상담학연구, 6, 449-468.

이상희, 이제경(2008). 한국사회에서의 Holland 이론에 대한 문화적 타당도 연구. 아시아교육연구, 9, 229-250.

이요행(2002). 개인과 환경의 상응이 직무만족, 수행 및 이직 가능성에 미치는 영향. 중앙대학교 박사학위논문.

이채희(2001). 직업선호도 검사 타당화 연구보고서. 한국산업인력공단.

정미선, 김원정, 조운행(2011). 과학영재교육원생의 Holland 진로 적성 변화 연구. 과학영재교육, 3, 51-62.

정은주(2005). 인문계 고등학생의 일의 가치관과 진로의식에 관한 연구. 목포대학교 교육대학원 석사학위논문.

조원국(2008). STRONG 검사를 활용한 진로 집단상담. 상담과 지도, 43, 69-78.

한국고용정보원(2008). 2008 직업선호도 검사 개정 연구: 1차년도.

한국고용정보원(2010). 개정직업선호도 검사 시범운영 및 평가보고서.

한국임상심리학회(1992). K-WAIS 매뉴얼. 서울: 한국가이던스.

허창구(2011). 단축형 Holland 직업흥미검사를 이용한 육각형 모형의 구조적 가설 검증. 한국심리학회지 산업 및 조직, 24, 695-718.

Donnay, D. A. C., Morris, M., Schaubut, N., Thompson, R., Harmon, L. W., Hansen, J. C., & Hammer, A. L. (2005). *SII(Strong Interest Inventory manual: Research, development, and strategies for interpretation.* Palo Alto, CA: Consulting Psychologists.

Gay, E. G., Weiss, D. J., Dawis, R. V., & Lofquist, L. H. (1971). Manual for the Minnesota Importance Questionnaire. *Minnesota Studies in Vocational Rehabilitation, 28,* 1-83. Minneapolis: University of Minnesota, Industrial Relations Center.

Holland, J. L. (1994). *SDS: Self-Directed Search user's guide.* Lutz, FL: Psychological Assessment Resources Inc.

Metz, A. J., & Jones, J. E. (2013). Ability and aptitude assessment in career counseling. In Brown, S. D., & Lent, R. W. (Eds.), *Career development and counseling*(pp. 449-476). Hoboken, NJ: John Wiley & Sons.

Rounds, J., & Jin, J. (2013). Nature, importance, and assessment of needs and values. In Brown, S. D., & Lent, R. W. (Eds.), *Career development and counseling* (pp. 417-447). Hoboken, NJ: John Wiley & Sons.

Rounds, J. B., Henly, G. A., Dawis, R. V., Lofquist, L. H., & Weiss, D. J. (1981). *Manual for the Minnesota Importance Questionnaire: a measure of vacational needs and values.* Minnesota: Department of psychology, University of Minnesota.

Super, D. E. (1957). *The psychology of careers.* New York, NY: Harper and Bros.

Super, D. E. (1970). *Work Values Inventory.* Boston, MA: Houghton Mifflin.

제4부

웹기반 척도

제4부에서는 컴퓨터 기반 보조 시스템을 활용하는 진로 상담의 특징을 고려하여 웹을 통해서 제공되는 다양한 척도를 소개하고자 하였다. 국내의 대표적인 웹 기반 직업 심리 검사 서비스를 제공하는 한국 직업능력개발원의 커리어넷과 한국고용정보원의 워크넷에서 활용할 수 있는 척도를 소개하되, 내용이 중복되는 척도는 제외하였다.

제11장

커리어넷

직업적성 검사

직업흥미 검사(간편형)

직업가치관 검사

진로성숙도 검사

진로개발준비도 검사

이공계전공적합도 검사

주요능력효능감 검사

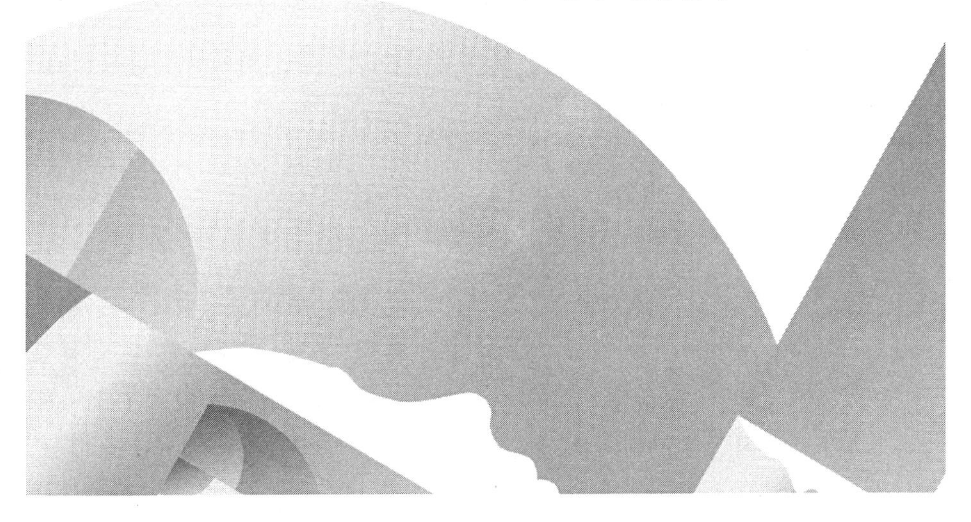

직업적성 검사*

검사 개요

이 검사는 중학교 1학년에서 고등학교 3학년을 대상으로 직업과 관련된 다양한 능력을 어느 정도 가지고 있는가를 스스로 진단하기 위해 개발된 도구다. 이 검사를 통해 학생은 직업세계에서 중요한 다양한 능력과 각 능력에 포함되는 요소, 나아가 각 요소와 관련된 긍정적 행동 예시를 접함으로써, 그러한 능력의 중요성 및 바람직한 행동 모델에 대하여 학습할 수 있다. 이 검사는 인지능력을 중심으로 구성된 기존의 척도와 달리, 21세기에서 요구하는 직업능력인 창의력 및 대인관계능력 등 다양한 능력을 검사의 하위영역으로 포함하는 검사라는 점에서 특징이 있다.

검사의 개발

임언과 정윤경(2000, 2001)은 직업과 적성의 연계를 의미 있게 할 수 있는 중·고등학생용 직업적성 검사를 개발하였다. 한국직업능력개발원은 직업흥미 검사, 진로성숙도 검사 및 직업가치관 검사와 연계하여 보다 종합적인 자기진단 체제로서 활용하고 있으며, 지필 검사와 함께 커리어넷(www.career.go.kr)을 통하여 진로교육 및 상담을 위하여 활용하고 있다.

검사의 구성

이 검사는 10개의 적성 영역에서 총 59문항으로 구성되어 있고, 각각의 문항은 7점 척도로 반응한다. 각 영역의 구체적인 능력은 다음 표와 같다.

측정 영역	세부 능력
신체 · 운동능력 (5문항)	기초체력을 바탕으로 효율적으로 몸을 움직이고 동작을 학습할 수 있는 능력
손재능 (2문항)	손으로 정교한 작업을 할 수 있는 능력
공간 · 시각능력 (7문항)	머릿속으로 그림을 그리며 생각할 수 있는 능력
음악능력 (6문항)	노래 부르고, 악기를 연주하며, 감상할 수 있는 능력
창의력 (5문항)	새롭고 독특한 방식으로 문제를 해결하고, 아이디어를 내는 능력
언어능력 (8문항)	말과 글로써 자신의 생각과 감정을 표현하며, 다른 사람의 말과 글을 잘 이해할 수 있는 능력
수리 · 논리력 (7문항)	논리적으로 사고하여 문제를 해결하는 능력
자기성찰능력 (6문항)	자신의 생각과 감정을 알며, 자신을 돌아보고, 감정을 조절할 수 있는 능력
대인관계능력 (7문항)	다른 사람들과 더불어 살아가는 능력
자연친화력 (6문항)	인간과 자연이 서로 연관되어 있음을 이해하며, 자연에 대하여 관심을 가지고 탐구 · 보호할 수 있는 능력

신뢰도 및 타당도

이 검사의 신뢰도 계수 α는 다음 표와 같다.

적성 영역	전 체	중학생	고등학생
신체 · 운동능력	.69	.70	.67
손재능	.83	.83	.84
공간 · 시각능력	.79	.80	.78
음악능력	.87	.87	.86
창의력	.83	.83	.83
언어능력	.87	.87	.86
수리 · 논리력	.92	.92	.92
자기성찰능력	.76	.77	.74
대인관계능력	.82	.84	.80
자연친화력	.80	.80	.79

내용타당도, 공인타당도, 구인타당도, 결과타당도가 검토되었고, 요인 분석을 통하여 검사가 논리적으로 상정하는 구조를 가지는 것으로 확인되었다.

원 검사의 출처

임언, 정윤경(2000). 중 · 고등학생을 위한 직업적성 검사 개발(I). 한국직업능력개발원.

임언, 정윤경(2001). 중 · 고등학생을 위한 직업적성 검사 개발(II). 한국직업능력개발원.

http://www.career.go.kr

 이 검사를 사용한 국내 연구

활용된 예를 찾을 수 없었음.

 척도의 내용

직업적성 검사

굵은 글씨로 쓰인 것은 주요능력을 나타내며 각 능력별로 제시된 행동예시들은 능력의 수준을 나타내고 있습니다. 행동예시를 잘 참고하여 자신이 해당되는 수준을 판단한 후에 1부터 7 사이의 해당 번호에 표시하세요.

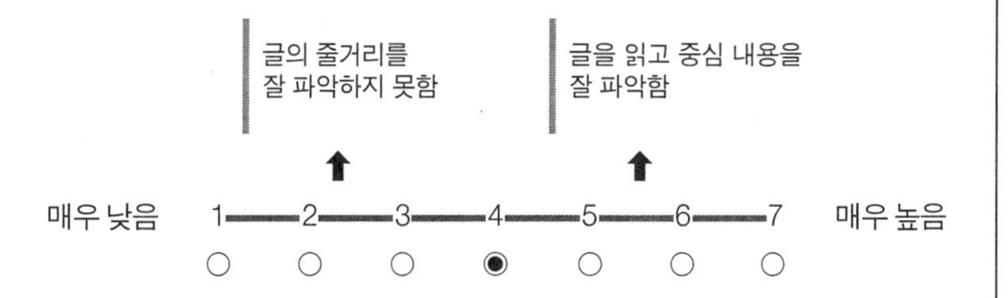

I. 신체운동능력

1. 지구력: 오랫동안 지치지 않고 몸을 움직일 수 있는 능력
2. 몸의 유연성: 몸을 부드럽게 구부리고 펼 수 있는 능력
3. 동작학습: 운동이나 무용의 동작을 빠르고 정확하게 배울 수 있는 능력
4. 순발력: 몸을 순간적으로 정확하게 움직일 수 있는 능력
5. 협응능력: 몸의 여러 부분을 함께 조화롭게 움직이는 능력

Ⅱ. 손재능

1. 물건을 정교하게 만들어 내는 능력
2. 손으로 하는 일을 정확하게 할 수 있는 능력

Ⅲ. 공간 · 시각능력

1. 입체 도형을 펼친 모습(전개도)을 떠올릴 수 있는 능력
2. 묘사력: 사물의 특징을 빠른 시간에 그림으로 표현하는 능력
3. 머릿속으로 형체를 떠올릴 수 있는 능력
4. 공간배치능력: 가구나 물건을 보기 좋고 편리하게 배치하고 정리하는 능력
5. 약도를 이해하는 능력
6. 색 구별, 표현능력
7. 보는 각도에 따라 변화하는 모습을 이해하는 능력

Ⅳ. 음악능력

1. 정확한 음정으로 노래하는 능력
2. 리듬감
3. 청음능력: 음을 구별할 수 있는 능력
4. 악기연주능력
5. 음악듣기를 즐길 수 있는 능력
6. 음악적 표현능력

Ⅴ. 창의력

1. 호기심
2. 융통성: 원칙만을 고집하지 않고 상황에 맞게 변화할 수 있는 능력
3. 생각의 유창성: 문제해결 방안을 많이 생각해 낼 수 있는 능력
4. 정교화능력: 아이디어를 구체화할 수 있는 능력

5. 독창성: 독특한 아이디어를 내는 능력

VI. 언어능력

1. 자신의 감정이나 느낌을 글로 표현하는 능력
2. 시나 소설 등을 읽고 감상하는 능력
3. 감정이나 기분을 말로 전달하는 능력
4. 일상적인 대화에서 다른 사람의 말을 이해하는 능력
5. 자신의 의견을 분명하게 글로 표현하는 능력
6. 설명과 의견이 담긴 글을 읽고 이해하는 능력
7. 생각이나 의견을 말로 전달하는 능력
8. 다른 사람의 주장과 의견을 이해하는 능력

VII. 수리 · 논리력

1. 수학적 개념 이해능력
2. 분석 · 종합능력: 문제의 요소를 파악하고 그들 간의 관계를 파악할 수 있는 능력
3. 추론능력: 일반적인 원리를 끌어내는 능력
4. 수학문제 해결능력
5. 응용문제 해결능력
6. 수학적 의사소통능력
7. 계산력

VIII. 자기성찰능력

1. 자신의 생각에 대하여 아는 능력
2. 자신의 부정적인 감정을 조절할 수 있는 능력
3. 결과에 대한 자기 책임을 인정할 수 있는 능력
4. 목표실행능력: 자신이 세운 목표에 따라 실천할 수 있는 능력

5. 자신의 마음을 아는 능력
6. 목표 있는 삶을 추구하는 능력

Ⅸ. 대인관계능력

1. 공감능력: 다른 사람의 슬픔이나 기쁨을 같이 느낄 수 있는 능력
2. 긍정적 분위기를 만들어 내는 능력
3. 화해능력: 다툼을 해결할 수 있는 능력
4. 지도력
5. 사람들과 쉽게 어울리는 능력
6. 관계를 지속하는 능력
7. 협동할 수 있는 능력

Ⅹ. 자연친화력

1. 동물에 대한 관심
2. 동물 사랑
3. 식물에 대한 관심
4. 식물 사랑
5. 자연과의 교감능력
6. 환경보호능력

직업흥미 검사(간편형)*

검사 개요

이 검사는 청소년이 건강한 진로발달에 필요한 태도, 능력, 행동을 어느 정도 갖추고 있는가에 대한 정보를 제공한다. 또한 직업에 대한 태도, 진로 선택능력, 진로 준비행동을 평가하여 응답자의 진로성숙도 수준을 제시하고, 어떤 점에서 잘하고 있는지, 어떤 점에서 노력이 필요한지를 알려 주기 위해 개발된 도구다.

이 검사는 직업 활동, 일상생활, 직업명 등 세 가지 하위 척도에 제시된 문항에 대해서 학생들이 스스로 자신의 흥미를 생각하고 응답하는 자기평가방식을 따르고 있다. 흥미의 분류는 다양하나, 국내외의 선행연구를 분석하고, 각 직업 내에서 수행되는 활동의 유사성 및 수준에 따라 총 16개의 직업흥미 영역을 분류하고 있다. 전문직에 속하는 직업에는 매우 높은 수준의 자율성과 책임이 요구되는 반면, 숙련직의 직업은 일반적으로 특성화 고등학교나 전문대학 혹은 기타의 직업교육이나 훈련을 받으면 수행할 수 있다. 이 수준의 직업은 전문직보다 자율권과 책임이 덜 주어진다고 이해할 수 있다.

검사의 개발

이 검사는 교육부의 위탁으로 한국직업능력개발원이 1998년에 개발하고, 2002년 커리어넷(www.career.go.kr)에 탑재되어 청소년과 교사에 의해 많이 사용되어 왔다. 2009년에는 학생, 교사 등 이용자의 요구를 반영하여 커리어넷 직업흥미 검사 개정 작업을 실시하였다.

커리어넷 직업흥미 검사는 Long형과 Short형을 제공한다. Long형은 중·고등학생용 검사로서 중학생 188개 문항, 고등학생 192개 문항으로 구성되어 있다. 학생 및 교사가 학교에서 신뢰로운 검사를 편리하게 이용하고, 검사결과를 효과적으로 활용하기 위해 Short형(간편형) 직업흥미 검사를 개발하였고, 총 96개 문항으로 구성된다.

검사의 구성

이 검사는 Kuder의 홍미 이론에 기초하여 열여섯 가지 직업흥미군에 대해 직업활동, 일상생활, 직업명 등의 세 가지 하위 영역을 측정하며, 각각의 문항은 4점 척도로 반응한다. 각 직업흥미군에 따른 구체적인 일은 다음 표와 같다.

직업흥미군	하는 일
과학 분야(전문직)	과학 분야의 연구, 수학/의학/생물학/물리학 등의 분야에서 지식축적 및 활용
과학 분야(숙련직)	사실 관찰, 분류 등 연구 보조활동, 의학/생물학/물리학 등의 지식 적용
공학 분야(전문직)	제조/건설/운송 분야에서 공학적 · 구조적 설계
공학 분야(숙련직)	건설/전자/기계 분야에서 건설, 제조, 설비, 수리 등의 숙련된 기술을 바탕으로 수행

경영 분야(전문직)	사업체, 정부기관 조직 인력 및 자산 관리, 운용. 재무/회계/관리/경영촉진 활동 등
경영 분야(숙련직)	판매/판촉/마케팅 등 영업촉진 관련된 재정 및 조직활동 포함
서비스 분야(전문직)	사회봉사/보건/교육 분야에서 사람들의 욕구충족 및 복지와 관련해 높은 책무성 가짐
서비스 분야(숙련직)	서비스/사회봉사/건강/치안 등 분야에서 사람들의 기호, 욕구, 복지를 충족시킴
예술 분야(전문직)	음악/미술/무용/디자인/연극영화/체육 등의 분야에서 개인적 재능을 발휘함
예술 분야(숙련직)	사진/산업미술 및 디자인 영역에서 예술적 기능 응용
소비자 경제 분야	음식, 음료의 조리와 포장, 의류직물의 제작 및 손질 등과 관련된 일
농업/천연자원 분야	농업/임업/어업/광업 등의 영역에서 수행되는 활동
사무직	문서자료 기록/정리/보관 등 세심한 주의력, 정확성, 깔끔함, 질서정연함, 빠른 일처리 등이 필요함
언론직	문학작품 창작, 해석, 생각과 지식을 말이나 글로 표현하는 등 언어의 사용과 관련된 영역
전산/정보통신 분야	정보의 생산, 관리, 교환 등을 목적으로 컴퓨터 소프트웨어, 데이터베이스시스템, 정보통신망 및 통신처리방식 등 연구개발
컴퓨터응용 분야	컴퓨터의 다양한 기능을 활용하여 설계/가공/창작

신뢰도 및 타당도

이 검사의 신뢰도 계수 α는 다음 표와 같다.

직업흥미군	중학생	고등학생
과학 분야(전문직)	.930	.945
과학 분야(숙련직)	.895	.876
공학 분야(전문직)	.923	.929

공학 분야(숙련직)	.900	.891
경영 분야(전문직)	.891	.914
경영 분야(숙련직)	.853	.834
서비스 분야(전문직)	.888	.886
서비스 분야(숙련직)	.841	.828
예술 분야(전문직)	.898	.892
예술 분야(숙련직)	.891	.909
소비자 경제 분야	.886	.874
농업/천연자원 분야	.880	.897
사무직	.887	.892
언론직	.878	.899
전산/정보통신 분야	.938	.932
컴퓨터응용 분야	.917	.876

원 검사의 출처

http://www.career.go.kr

이 검사를 사용한 국내 연구

활용된 예를 찾을 수 없었음.

검사의 내용

직업흥미 검사

다음 문항은 여러 가지 종류의 직업에서 이루어지는 활동을 나타내고 있습니다. 장래의 직업으로서 다음 활동을 얼마나 좋아하는지를 생각해 보고 답하십시오.

1……………………2……………………3……………………4

전혀 좋아하지 않는다 매우 좋아한다

1. 제과점에서 빵, 과자를 만든다.
2. 농작물을 재배한다.
3. 백화점에서 고객에게 물건을 판매한다.
4. 직장에서 업무에 필요한 전화연락, 우편물, 서류 등을 정리한다.
5. 음악 작품을 독창적으로 해석하고 연주한다.
6. 아이들의 식사, 놀이 등을 돌봐 준다.
7. 컴퓨터를 부팅시키고 데이터를 관리하는 프로그램을 개발한다.
8. 지각의 움직임이 화산활동에 미치는 영향을 연구한다.
9. 배를 움직이게 하는 엔진을 설계하고 개발한다.
10. 멀리 떨어진 곳에서 신호를 주고 받는 전신이나 전화를 설치하고 수리한다.
11. 옷을 고치거나 깨끗하게 손질한다.
12. 소나 돼지를 사육한다.
13. 회사의 임원과 판매를 더 많이 할 수 있는 방법에 대해 협의한다.
14. 새로운 상품의 홍보 방법을 찾아 낸다.
15. 법정의 재판 결과를 취재하고 보도한다.

16. 연극에 등장하는 인물의 성격을 파악하고 이를 연기로 나타낸다.
17. 특별한 교육방법을 활용해 장애 아동을 가르친다.
18. 수영장에서 어린이의 안전을 돌본다.
19. 한글, 엑셀, 파워포인트와 같은 각종 컴퓨터 프로그램을 개발한다.
20. 컴퓨터를 활용하여 컴퓨터 그래픽(CG)효과를 만들어 낸다.
21. 기압계나 전자저울 등이 물체의 압력이나 무게를 얼마나 정확하게 재는지 검사한다.
22. 보다 정밀한 석유탐사 기구와 장비를 개발한다.
23. 포크레인 등 크고 무거운 기계나 차를 조종한다.
24. 호텔이나 식당에서 요리를 만들고 개발한다.
25. 젖소를 길러 우유를 생산한다.
26. 은행의 본점이나 지점을 관리 · 운영한다.
27. 고객에게 상품의 특징과 장점을 설명한다.
28. 항공기, 철도 등의 예약 신청을 받는다.
29. 신문, 잡지에 실릴 기사를 검토하고 선택한다.
30. 무대에서 연극, 무용, 음악 등의 공연을 한다.
31. 신문 지면에 기사, 사진 등을 적절히 배치한다.
32. 환자의 질병을 진단하고 치료한다.
33. 비행기 탑승객의 안전하고 쾌적한 여행을 돕는다.
34. 광고디자인을 컴퓨터 그래픽(CG)으로 제작한다.
35. 바닷물의 흐름과 태풍의 관계를 연구한다.
36. 대기나 수질의 오염 정도를 측정한다.
37. 첨단 장비를 갖춘 건물을 설계한다.
38. 전자제품을 점검하고 수리한다.
39. 균형 있는 식단을 계획하고 급식을 관리한다.
40. 바다나 강에서 물고기를 잡거나 양식한다.
41. 큰 회사나 단체의 1년치 수입과 지출 계획을 짠다.

42. 고객의 요구나 불만사항을 접수하여 유형별로 정리한다.
43. 문학, 미술 등 예술작품을 평론하는 글을 써서 발표한다.
44. 음료수, 화장품 등을 담는 병이나 상자를 디자인한다.
45. 정신적으로 고통받는 사람들을 치료한다.
46. 컴퓨터 시스템의 안정성과 효율성을 점검하고 관리한다.
47. 컴퓨터를 활용한 교육용 프로그램를 개발한다.
48. 대기오염이 식물의 성장에 어떠한 영향을 미치는지 연구한다.
49. 질병 예방을 위해 병균을 검사하고 분석한다.
50. 새로운 기능과 성능을 가진 자동차를 설계하고 개발한다.
51. 과일과 야채를 다듬고 품질 등급을 매겨 포장한다.
52. 동물원에서 동물을 기른다.
53. 어떤 회사의 운영에 있어서 생산성 정도를 평가하고 더 좋게 만든다.
54. 고객에게 필요한 보험 상품을 판매한다.
55. 회사의 물건 판매량과 비용을 기록한다.
56. 사건, 사고에 관련된 자료를 수집하고 기사를 쓴다.
57. 백화점 밖에서 손님들이 유리를 통해 보는 공간을 장식한다.
58. 환자, 장애자 등을 위한 물리치료법을 계획한다.
59. 고객의 피부를 건강하고 청결하게 관리한다.
60. 컴퓨터에서 대량정보를 관리하고, 그 원리와 운용기법을 연구한다.
61. 복잡한 건축물의 설계도를 컴퓨터로 그린다.
62. 동물 및 식물의 세포구조를 연구한다.
63. 화학약품을 가공하는 기기를 조작한다.
64. 발전소의 전력생산기구(원자력발전, 수력발전, 화력발전 등)를 설계하고 개발한다.
65. 용접(금속이나 유리 등을 녹인 상태에서 이어 붙이기) 기계를 조작하여 부서진 기구를 용접한다.
66. 시나 군의 행정업무를 통합 관리한다.

67. 고객명단을 작성하여 영업에 활용한다.
68. 팔고 남은 상품의 품목별 수량을 파악하고 목록을 작성한다.
69. 시, 소설 등 문학작품을 써서 출판한다.
70. 전시회나 공연 등을 기획하고 연출한다.
71. 방송카메라로 촬영을 한다.
72. 체온이나 혈압을 측정하는 등 환자의 상태를 점검한다.
73. 초고속 인터넷 시스템을 연구한다.
74. 컴퓨터 통신망에서 다양한 정보를 검색 · 분석한다.
75. 유전자를 연구한다.
76. 지도를 제작하기 위해 해발고도, 등고선(해발고도가 같은 지점을 연결한 선), 해안선 등을 탐사한다.
77. 물건을 자동으로 생산하는 시스템을 설계하고 만든다.
78. 각종 시계를 수리하고 조립한다.
79. 구두, 가방 등 가죽제품을 만들고 수선한다.
80. 전화로 상품이나 서비스의 구매를 권유한다.
81. 신문, 방송국 등에서 시사문제를 논하거나 해설한다.
82. 학생에게 미술이나 음악을 가르친다.
83. 결혼식, 기념일 등에 사용될 꽃 장식을 만든다.
84. 결혼식에 관한 모든 것을 기획하고 대행한다.
85. 컴퓨터를 이용해 설계서의 내용을 도면으로 그린다.
86. 생명의 진화과정을 연구하기 위해 화석을 분석한다.
87. 기상상태를 관찰하고 기록한다.
88. 보일러를 제작하고 설치한다.
89. 애완 동물이나 야생 동물을 훈련시킨다.
90. 어떤 업무에 어떤 직원을 근무하게 하는 것이 적절한 것인가에 대한 계획을 세운다.
91. 서류를 분류하고 정리한다.

92. 그림, 조각 등 미술작품을 창작한다.
93. 광고 포스터를 제작한다.
94. 사회봉사단체의 대표로 활동한다.
95. 여행사에서 고객을 대신해 숙박시설, 교통편 등을 예약한다.
96. 문서의 작성과 보관 등을 컴퓨터로 처리하는 시스템을 연구, 개발 한다.

직업가치관 검사*

검사 개요

이 검사는 직업과 관련된 여러 욕구와 가치에 대해 개인이 상대적으로 중요시하는 것이 무엇이며, 어느 정도 더 중요시하느냐에 대한 정보를 제공하기 위해 개발되었다. 개인은 자신이 가진 가치관과 일치하는 직업을 선택하고, 자신의 가치가 충족되는 환경에서 근무할 때 높은 직업만족도를 보인다. 따라서 직업가치관은 진로와 관련된 선택과 결정에서 중요하게 고려되어야 한다.

검사의 개발

임언, 정윤경, 상경아(2001)는 청소년이 직업생활을 통하여 충족시키고자 하는 가치가 무엇인가를 보다 명료화하도록 하는 중·고등학생용 직업가치관 검사를 개발하였다. 직업가치관 검사는 직업적성 검사, 직업흥미 검사 및 진로성숙도 검사와 연계하여 보다 종합적인 자기진단 체계로서 활용되고 있으며, 지필 검사와 함께 커리어넷(www.career.go. kr)을 통하여 진로교육 및 상담을 위하여 활용하고 있다.

검사의 구성

이 검사는 총 28개 문항으로, 8개 가치에 대한 상대적 중요성을 묻는다. 8개 가치에 대한 구체적인 정의는 다음 표와 같다.

가 치	정 의
능력발휘	직업을 통해 자신의 능력을 발휘하는 것
자율성	일하는 시간과 방식에 대해서 스스로 결정할 수 있는 것
보수	직업을 통해 많은 돈을 버는 것
안정성	한 직장에서 오랫동안 일할 수 있는 것
사회적 인정	내가 한 일을 다른 사람에게 인정받는 것
사회봉사	다른 사람에게 도움이 되는 일을 하는 것
자기계발	직업을 통해 더 배우고 발전할 기회가 있는 것
창의성	스스로 아이디어를 내어 새로운 일을 해 볼 수 있는 것

신뢰도 및 타당도

이 검사의 신뢰도 계수 α는 다음 표와 같다.

직업흥미군	중학생	고등학생
과학 분야(전문직)	.930	.945
과학 분야(숙련직)	.895	.876
공학 분야(전문직)	.923	.929
공학 분야(숙련직)	.900	.891
경영 분야(전문직)	.891	.914
경영 분야(숙련직)	.853	.834
서비스 분야(전문직)	.888	.886

서비스 분야(숙련직)	.841	.828
예술 분야(전문직)	.898	.892
예술 분야(숙련직)	.891	.909
소비자 경제 분야	.886	.874
농업/천연자원 분야	.880	.897
사무직	.887	.892
언론직	.878	.899
전산/정보통신 분야	.938	.932
컴퓨터응용 분야	.917	.876

원 검사의 출처

임언, 정윤경, 상경아(2001). 직업가치관 검사 개발 보고서. 서울: 한국직업능력개발원.

http://www.career.go.kr

이 검사를 사용한 국내 연구

활용된 예를 찾을 수 없었음.

검사의 내용

<u>직업가치관 검사</u>

직업에 관련된 다양한 가치 중에서 어떤 가치를 주요하게 만족시키고 싶은지 알아볼 수 있습니다. 각 번호에 있는 두 가지 가치 중에 자신에게 더 중요한 가치에 ○표 하세요.

1. 능력발휘/자율성

※ 능력발휘: 직업을 통해 자신의 능력을 발휘하는 것입니다.

※ 자율성: 일하는 시간과 방식에 대해서 스스로 결정할 수 있는 것입니다.

2. 창의성/안정성

※ 창의성: 스스로 아이디어를 내어 새로운 일을 해 볼 수 있는 것입니다.

※ 안정성: 한 직장에서 오랫동안 일할 수 있는 것입니다.

3. 보수/창의성

※ 보수: 직업을 통해 많은 돈을 버는 것을 말합니다.

※ 창의성: 스스로 아이디어를 내어 새로운 일을 해볼 수 있는 것입니다.

4. 안정성/사회적 인정

※ 안정성: 한 직장에서 오랫동안 일할 수 있는 것입니다.

※ 사회적 인정: 내가 한 일을 다른 사람에게 인정받는 것입니다.

5. 자기계발/능력발휘

※ 자기계발: 직업을 통해 더 배우고 발전할 기회가 있는 것입니다.

※ 능력발휘: 직업을 통해 자신의 능력을 발휘하는 것입니다.

6. 사회적 인정/보수

※ 사회적 인정: 내가 한 일을 다른 사람에게 인정받는 것입니다.

※ 보수: 직업을 통해 많은 돈을 버는 것을 말합니다.

7. 자기계발/사회적 인정

※ 자기계발: 직업을 통해 더 배우고 발전할 기회가 있는 것입니다.

※ 사회적 인정: 내가 한 일을 다른 사람에게 인정받는 것입니다.

8. 창의성/자율성
※ 창의성: 스스로 아이디어를 내어 새로운 일을 해볼 수 있는 것입니다.
※ 자율성: 일하는 시간과 방식에 대해서 스스로 결정할 수 있는 것입니다.

9. 능력발휘/사회봉사
※ 능력발휘: 직업을 통해 자신의 능력을 발휘하는 것입니다.
※ 사회봉사: 다른 사람에게 도움이 되는 일을 하는 것입니다.

10. 자율성/사회적 인정
※ 자율성: 일하는 시간과 방식에 대해서 스스로 결정할 수 있는 것입니다.
※ 사회적 인정: 내가 한 일을 다른 사람에게 인정받는 것입니다.

11. 사회봉사/창의성
※ 사회봉사: 다른 사람들에게 도움이 되는 일을 하는 것입니다.
※ 창의성: 스스로 아이디어를 내어 새로운 일을 해 볼 수 있는 것입니다.

12. 보수/사회봉사
※ 보수: 직업을 통해 많은 돈을 버는 것을 말합니다.
※ 사회봉사: 다른 사람에게 도움이 되는 일을 하는 것입니다.

13. 능력발휘/창의성
※ 능력발휘: 직업을 통해 자신의 능력을 발휘하는 것입니다.
※ 창의성: 스스로 아이디어를 내어 새로운 일을 해 볼 수 있는 것입니다.

14. 자율성/안정성

※ 자율성: 일하는 시간과 방식에 대해서 스스로 결정할 수 있는 것입니다.

※ 안정성: 한 직장에서 오랫동안 일할 수 있는 것입니다.

15. 사회봉사/자율성

※ 사회봉사: 다른 사람에게 도움이 되는 일을 하는 것입니다.

※ 자율성: 일하는 시간과 방식에 대해서 스스로 결정할 수 있는 것입니다.

16. 안정성/보수

※ 안정성: 한 직장에서 오랫동안 일할 수 있는 것입니다.

※ 보수: 직업을 통해 많은 돈을 버는 것을 말합니다.

17. 사회적 인정/창의성

※ 사회적 인정: 내가 한 일을 다른 사람에게 인정받는 것입니다.

※ 창의성: 스스로 아이디어를 내어 새로운 일을 해 볼 수 있는 것입니다.

18. 자율성/자기계발

※ 자율성: 일하는 시간과 방식에 대해서 스스로 결정할 수 있는 것입니다.

※ 자기계발: 직업을 통해 더 배우고 발전할 기회가 있는 것입니다.

19. 사회적 인정/능력발휘

※ 사회적 인정: 내가 한 일을 다른 사람에게 인정받는 것입니다.

※ 능력발휘: 직업을 통해 자신의 능력을 발휘하는 것입니다.

20. 사회봉사/안정성

※ 사회봉사: 다른 사람에게 도움이 되는 일을 하는 것입니다.

※ 안정성: 한 직장에서 오랫동안 일할 수 있는 것입니다.

21. 보수/능력발휘

※ 보수: 직업을 통해 많은 돈을 버는 것을 말합니다.

※ 능력발휘: 직업을 통해 자신의 능력을 발휘하는 것입니다.

22. 자기계발/보수

※ 자기계발: 직업을 통해 더 배우고 발전할 기회가 있는 것입니다.

※ 보수: 직업을 통해 많은 돈을 버는 것을 말합니다.

23. 안정성/자기계발

※ 안정성: 한 직장에서 오랫동안 일할 수 있는 것입니다.

※ 자기계발: 직업을 통해 더 배우고 발전할 기회가 있는 것입니다.

24. 능력발휘/안정성

※ 능력발휘: 직업을 통해 자신의 능력을 발휘하는 것입니다.

※ 안정성: 한 직장에서 오랫동안 일할 수 있는 것입니다.

25. 자기계발/사회봉사

※ 자기계발: 직업을 통해 더 배우고 발전할 기회가 있는 것입니다.

※ 사회봉사: 다른 사람에게 도움이 되는 일을 하는 것입니다.

26. 사회봉사/사회적 인정

※ 사회봉사: 다른 사람에게 도움이 되는 일을 하는 것입니다.

※ 사회적 인정: 내가 한 일을 다른 사람에게 인정받는 것입니다.

27. 창의성/자기계발

※ 창의성: 스스로 아이디어를 내어 새로운 일을 해 볼 수 있는 것입니다.

※ 자기계발: 직업을 통해 더 배우고 발전할 기회가 있는 것입니다.

28. 보수/자율성

※ 보수: 직업을 통해 많은 돈을 버는 것을 말합니다.

※ 자율성: 일하는 시간과 방식에 대해서 스스로 결정할 수 있는 것입니다.

진로성숙도 검사*

검사 개요

이 검사는 청소년의 진로발달 상황을 진단하며, 진로교육의 효과를 측정할 뿐만 아니라 검사를 치르는 과정 자체가 진로발달에 도움이 될 수 있도록 개발되었다. 검사를 통해 자신의 진로를 위하여 어느 정도의 구체적인 준비행동을 하고 있는가를 알 수 있다.

검사의 개발

국내의 기존 진로성숙도 검사는 진로의식발달 검사(임인재, 1990), 진로성숙도 검사(장석민 외, 1991), 진로발달 검사(안창규, 1997) 등이 있었다. 이들 각각의 검사가 갖는 장점이 있음에도 불구하고 학생의 진로지도 및 상담을 위한 진단적 기능 및 자기이해를 증진하고자 하는 목적에 다소 부족하기 때문에, 임언, 정윤경, 상경아(2001)는 태도 및 능력만을 포함하는 기존의 검사와 달리, 자신의 결정을 실행하는 정도가 포함되는 중 · 고등학생용 직업가치관 검사를 개발하였다.

 검사의 구성

이 검사는 진로성숙 태도, 진로성숙 능력, 진로성숙 행동 등 3개 영역으로 구성된다. 진로성숙 태도는 계획성, 직업에 대한 태도, 독립성으로 구성되고, 진로성숙능력은 자기이해, 정보탐색, 합리적 의사결정, 희망 직업에 대한 지식으로 구성되며, 진로성숙 행동은 진로탐색 및 준비행동으로 구성된다. 각 영역에 대한 구체적인 정의는 다음 표와 같다.

영 역	하위 영역	정 의
태도	계획성	자신의 진로의 방향을 설정해 보고 그것을 위한 계획을 수립해 보는 태도
	직업에 대한 태도	직업의 의미에 대한 올바른 인식과 직업에 중요성을 부여하는 태도
	독립성	진로결정의 책임을 수용하고, 자기 스스로 진로를 탐색하고 선택하려는 태도
능력	자기이해	능력, 흥미, 가치, 신체적 조건, 환경적 제약 등 개인이 진로선택에서 고려해야 할 개인적 특성에 대한 이해 정도
	정보탐색	자신이 진로와 관련된 정보를 활용할 수 있다고 생각하는 정도
	합리적 의사결정	스스로가 진로를 합리적으로 선택할 수 있다고 생각하는 정도
	희망 직업에 대한 지식	자신이 관심을 갖는 직업에 대해 구체적으로 알고 있는 정도
행동	진로탐색 및 준비행동	자신의 진로를 적극적으로 탐색하고 준비하는 정도

 신뢰도 및 타당도

이 척도의 신뢰도 계수 α는 다음 표와 같다.

영 역	하위 영역	전 체	중학생	고등학생
태도	계획성	0.81	0.82	0.79
	직업에 대한 태도	0.64	0.66	0.62
	독립성	0.72	0.71	0.73
능력	자기이해	0.81	0.81	0.79
	정보탐색	0.69	0.68	0.69
	합리적 의사결정	0.81	0.82	0.80
	희망 직업에 대한 지식	0.85	0.86	0.85
행동	진로탐색 및 준비행동	0.68	0.69	0.67

 원 검사의 출처

임언, 정윤경, 상경아(2001). 진로성숙도 검사개발 보고서. 서울: 한국직업능력개발원.
http://www.career.go.kr

 이 검사를 사용한 국내 연구

권희진(2011). 커리어넷을 활용한 진로지도가 인문계 고등학생의 진로성숙도에 미치는 효과. 공주대학교 석사학위논문.
김규효(2011). LCSI 진로집단 프로그램이 고등학생들의 자아존중감과 진로성숙도에 미치는 효과. 아주대학교 석사학위논문.
김미연, 이칭찬, 한기호, 윤봉기, 조성근(2012). 동아리학급 지도를 위한 진로교육기반의 창의적 체험활동 프로그램 개발. 교육과학연구, 43(1), 33-61.

검사의 내용

진로성숙도 척도

다음 질문은 진로에 관한 여러분의 생각과 태도를 알아보기 위한 것입니다. 각 문항을 읽고 자신의 생각이나 태도와 얼마나 일치하는지 V 표 하세요.

1…………2…………3…………4…………5

전혀 그렇지 않다 　　　　　　　　　　 매우 그렇다

I. 진로에 대한 의견 및 태도

1. 나의 진로를 선택하고 계획하는 일은 중요하다.
2. 나는 무엇을 잘할 수 있는지 안다.
3. 나의 진로는 내가 선택하며, 그 결과에 대한 책임도 나에게 있다.
4. 장래에 내가 원하는 일을 하기 위해서 지금부터 준비할 필요가 있다.
5. 나는 내가 잘하지 못하는 일이 무엇인지 안다.
6. 진로문제(진학 또는 직업선택)는 내가 스스로 결정하겠다.
7. 나의 장점이 무엇인지 안다.
8. 장래 희망을 이루기 위해 지금 무엇을 해야 할지 구체적으로 생각해 본다.
9. 어떤 직업을 갖는가에 따라 내 삶이 달라질 수 있다.
10. 나의 단점이 무엇인지 안다.
11. 직업은 한 사람이 다른 사람 및 사회와 관계를 맺는 중요한 수단이다.
12. 나의 꿈을 실현하기 위한 나름대로의 계획을 가지고 있다.

13. 내가 배우고 싶거나 하고 싶은 것을 스스로 결정하는 편이다.
14. 내 성격에 대하여 잘 안다.
15. 교과공부, 취미생활, 봉사활동 등을 통해 나의 흥미나 적성을 알아볼 것이다.
16. 학교 공부를 할 때, 교과 내용을 나의 미래와 관련지으려고 한다.
17. 여자도 군인이나 중장비(포크레인, 덤프트럭) 기사가 될 수 있다.
18. 내가 즐겁게 할 수 있는 일들이 무엇인지 안다.
19. 어떤 진로를 선택하는 것이 좋은지 부모님이나 선생님이 정해 주셨으면 좋겠다.
20. 미래를 위해 다양한 경험을 쌓으려는 계획을 가지고 있다.
21. 남자도 유치원 교사나 간호사가 될 수 있다.
22. 내가 하고 싶지 않은 일이 무엇인지 안다.
23. 내가 중요하게 생각하는 가치가 무엇인지 안다.
24. 다소 어려운 일이 생겨도 가능한 한 내가 스스로 해결하려고 노력한다.
25. 나는 진로를 선택할 때 주위 사람에게 의지하기보다는 스스로 판단한다.
26. 어떤 직업이든지 장점이 있으면 단점도 있기 마련이다.
27. 나는 일을 시작하기에 앞서 먼저 계획을 세운다.
28. 어떤 직업이든지 어려움 없는 직업은 없다.
29. 나는 내가 해야 할 일들을 계획적으로 하는 편이다.
30. 내가 돈이 많은 부자라도 직업을 갖겠다.

Ⅱ. 진로탐색 및 합리적 의사결정

다음 질문은 미래에 자신의 진로를 탐색하고 결정할 때, 다음의 것을 얼마나 잘 할 수 있다고 생각하는지를 묻고 있습니다. 해당하는 칸에 V 표 하세요.

1. 나는 관심 있는 학교나 직업에 관한 정보를 찾을 수 있다.
2. 나는 진로와 관련된 정보를 제공해 주는 기관(청소년상담센터, 진로정보센터, YMCA 등)을 찾아갈 수 있다.
3. 나는 내가 관심 있는 분야에 구체적으로 어떤 직업이 있는지 알아볼 수 있다.
4. 나는 여러 직업의 장점과 단점에 대하여 충분히 생각해 본 후에 내 진로를 결정할 수 있다.
5. 나는 나의 능력과 가정환경을 고려하여 진로를 결정할 수 있다.
6. 나는 먼저 여러 사람의 의견을 충분히 듣고 진로를 결정할 수 있다.
7. 나는 직업에 대한 지식과 나 자신에 대한 이해를 바탕으로 내게 맞는 직업을 선택할 수 있다.
8. 나는 원하는 직업을 갖기 위해 필요한 학력이나 자격을 갖출 수 있는지 판단할 수 있다.
9. 나는 진로를 선택할 때 충분한 시간을 갖고 생각한 후에 결정할 수 있다.
10. 나는 관심 있는 직업에 종사하는 사람을 만나서 그 직업에 대하여 알아볼 수 있다.
11. 나는 직업을 선택하기에 앞서 다양한 직업에 대해 충분히 알아보고 서로 비교할 수 있다.

Ⅲ. 직업에 대한 지식

다음 질문은 자신의 희망직업에 대한 지식 여부를 묻고 있습니다. 해당하는 칸에 V 표 하세요.

1. 자신이 가장 가지고 싶은 직업을 쓰세요. (   )

* 앞에 적은 직업과 관련하여 다음의 내용에 대해 얼마나 잘 알고 있습니까? (4점 리커트)

1-1. 앞에 적은 직업에서 필요한 능력
1-2. 앞에 적은 직업에서 요구하는 교육 수준
1-3. 앞에 적은 직업을 위한 준비과정과 자격조건
1-4. 앞에 적은 직업의 근무환경
1-5. 앞에 적은 직업의 임금
1-6. 앞에 적은 직업에서 하는 일
1-7. 앞에 적은 직업의 미래 전망

Ⅳ. 진로준비행동

다음은 여러분이 진로를 탐색하고 준비하는 활동을 얼마나 해 보았는가를 알아보기 위한 것입니다. 다음 각 물음에 '예' 혹은 '아니요' 에 V 표 하세요.

* 최근 1년 이내에 나의 적성이나 진로에 대해 다른 사람과 이야기해 본 적이 있다.

(답변이 '예' 인 경우 1-1번~1-6번을 체크하세요. '아니요' 일 경우 2번으로 가세요.)

1-1. 부모님이나 친척 어른

1-2. 친구나 선배

1-3. 학교 선생님

1-4. 학원 선생님

1-5. 상담 전문가

1-6. 사이버상담(채팅상담, 게시판상담)

2. 최근 1년 이내에, 내가 관심을 갖고 있는 직업 분야에 대해 정보를 찾아본 적이 있다.

3. 최근 1년 이내에, 내가 관심을 갖고 있는 교육기관(학교, 학원 등)에 대한 정보를 찾아본 적이 있다.

4. 최근 1년 이내에, 내가 관심을 갖고 있는 진로(진학, 직업)와 관련된 기관을 방문한 적이 있다.

5. 최근 1년 이내에, 내가 관심을 갖고 있는 직업에 종사하는 사람을 만나 이야기해 본 적이 있다.

6. 최근 1년 이내에, 진로와 관련하여 나의 적성이나 흥미, 성격 등을 알아 보기 위한 검사를 받아 본 적이 있다.

7. 최근 1년 이내에, 직업 체험을 해 본 적이 있다.

8. 최근 1년 이내에, 내가 관심을 갖고 있는 직업에 종사하는 직업인의 인터뷰 동영상을 시청한 적이 있다.

9. 내가 관심을 갖고 있는 진로(진학 또는 취업)를 위해 지금 열심히 준비하고 있다.

10. 학교 공부 외에도 나의 소질과 적성을 살리기 위해 노력하고 있다.

진로개발준비도 검사*

 검사 개요

이 검사는 대학생이 자기 주도적으로 진로를 개발하기 위하여 필요한 역량이 무엇인지를 파악하여 각 요소별로 부족한 점을 알고 이를 보완하기 위한 방법을 알 수 있도록 하기 위하여 개발되었다. 개인이 자신의 진로를 탐색하고 계획하여 준비하고 적응해 가는 과정에서 일정하게 요구되는 지적 · 정의적 특성이 있다. 이 척도는 그러한 특성을 개인이 대학생 전체에 비교할 때 어느 정도 갖추고 있는가를 알게 해 줌으로써 보다 적극적이며 자기 주도적으로 진로를 개발하기 위하여 어떠한 노력을 해야 하는가에 대하여 조언을 제공해 준다.

 검사의 개발

임언, 이지연, 윤형한(2004)은 이공계 대학생의 전공 및 진로탐색 프로그램을 개발하기 위한 1차년도 연구 결과를 바탕으로 진로개발준비도 검사의 하위 요소를 결정하고, 하위 요소별 문항이 개발되었다.

 검사의 구성

이 검사는 자기이해, 전공 및 직업에 대한 지식, 진로 결정 확신도, 의사결정 자신감, 관계 활동 효능감, 구직기술 등 6개 영역으로 구성되고, 각각의 문항은 5점 척도로 반응한다. 각 영역에 대한 구체적인 정의는 다음 표와 같다.

하위 영역	정 의
자기이해	자신의 흥미, 적성, 가치관에 대하여 알고 있는 정도
전공 및 직업에 대한 지식	원하는 직업 및 현재 전공에 대하여 알고 있는 정도
진로 결정 확신도	진로결정 여부와 진로결정에 대한 확신 및 만족의 정도
의사결정 자신감	의사결정 방법을 아는 정도, 독립적 의사결정, 의사결정에 대한 자신감 정도
관계 활용 효능감	진로결정 및 취업과정에서 사회적 관계 활용에 대한 자신감의 정도
구직 기술	면접, 이력서 작성, 구직준비에 대한 자신감 및 태도

 신뢰도 및 타당도

이 검사의 신뢰도 계수 α는 다음 표와 같다.

하위 영역	문항수	신뢰도 계수 α
자기이해	5	.75
전공 및 직업에 대한 지식	6	.76
진로결정 확신도	5	.76
의사결정 자신감	6	.78
관계 활용 효능감	6	.75
구직 기술	7	.76

원 검사의 출처

임언, 정윤경, 백순근(2003). 이공계 대학생의 전공 및 진로탐색 프로그램 개발(I). 서울: 한국직업능력개발원.

임언, 정윤경, 윤형한(2004). 이공계 대학생의 전공 및 진로탐색 프로그램 개발(II). 서울: 한국직업능력개발원.

http://www.career.go.kr

이 검사를 사용한 국내 연구

활용된 예를 찾을 수 없었음.

검사의 내용

<u>진로개발준비도 검사</u>

다음 내용이 자신의 모습과 어느 정도 일치합니까? 각 문항을 잘 읽고 자신의 생각이나 행동과 일치하는 정도에 ○표 해 주십시오.

1…………2…………3…………4…………5

전혀 그렇지 않다　　　　　　　　　　매우 그렇다

1. 나는 내가 어떤 일을 좋아하는지 안다.
2. 나는 내가 관심 있는 직업에서 하는 일과 필요한 능력에 대해 안다.
3. 나는 나의 진로를 결정했다.
4. 나는 진로를 결정하는 과정에서 주변 사람들에게 도움을 달라고 요청

할 수 있다.

5. 나는 관심 갖고 있는 기업에 대한 정보를 대학의 취업 관련 기관에 방문하여 알아 볼 수 있다.
6. 나는 직장에서 요구하는 능력을 준비하고 있다.
7. 나는 내 자신에 대해 잘 알고 있다.
8. 나는 내가 선택한 전공(학과)에 대해 잘 알고 있다.
9. 나는 내가 결정한 진로에 대하여 당분간은 바꿀 생각이 없다.
10. 나는 결정을 회피하려는 경향이 있다.
11. 나는 이력서 쓰는 방법을 잘 안다.
12. 나는 내가 무엇을 잘하는지 안다.
13. 나는 내가 관심 있는 직업의 향후 전망에 대해 안다.
14. 나는 내가 결정한 것에 대해 후회하는 경우가 많다.
15. 나는 취업 기회에 대한 정보를 주변 사람에게 요청하여 얻을 수 있다.
16. 나는 내가 소중하게 생각하는 가치가 무엇인지 안다.
17. 나는 내가 관심 있는 직업에 대해 잘 알고 있다.
18. 나는 내가 결정한 진로에 대해 만족한다.
19. 나는 내 문제를 스스로 결정한 적이 없다.
20. 나는 채용과 관련된 의문이 있을 때 인사담당자에게 직접 문의할 수 있다.
21. 나는 기업에서 요구하는 장점을 부각시켜 자기소개서를 작성할 수 있다.
22. 나는 내가 즐겁게 할 수 있는 일이 무엇인지 안다.
23. 나는 타인에게 내가 결정한 진로에 대해 말할 수 있다.
24. 나는 결과가 두려워서 결정을 못하는 경우가 많다.
25. 나는 내가 어려움에 처했을 때 도와줄 수 있는 사람을 찾아 도움을 요청할 수 있다.
26. 나는 면접에 대비할 자신이 있다.

27. 나는 나의 전공에 관련된 직업에 대하여 상세히 설명해 줄 수 있다.
28. 나는 내가 결정한 진로와 관련하여 구체적인 계획을 갖고 있다.
29. 나는 누군가가 대신 결정해 주기를 바란다.
30. 나는 취업을 위하여 구인정보를 주기적으로 확인할 수 있다.
31. 나는 내가 관심 있는 직업의 임금 수준과 근무환경에 대해 안다.
32. 나는 취업을 위해 주변 사람에게 도움을 요청할 수 있다.
33. 면접 시 질문에 대해 유연하게 대응할 수 있는 대화기술이 있다.
34. 나는 결정에 대해 두려움을 갖고 있다.
35. 나는 나의 이력서를 잘 작성할 수 있다.

이공계전공적합도 검사*

검사 개요

이 검사는 이공계 학생에게 이공계 내의 세부 전공별 적합성에 대한 정보 제공을 위하여 개발되었다. 각 전공별 교과에 대하여 어느 정도의 자신감이 있는가를 알아보는 이공계 전공 교과 효능감과 전공 관련 직업 흥미도를 중심으로 한다. 이공계 내의 전공을 선택하고자 할 때, 전공군별 상대적 적합도를 평가해 볼 수 있도록 돕는다.

검사의 개발

임언, 이지연, 윤형한(2004)은 이공계 대학생의 전공 및 진로탐색 프로그램을 개발하기 위한 1차년도 연구에서 이공계 교수 대상으로 실시한 델파이 조사 결과에 기초하여 전공별로 필수적으로 이수하는 교과명을 추출하였다. 전공별 필수교과 리스트 중에서 그 교과의 중요성을 인정한 교수의 수에 따라 정렬하여 상위 5개 교과를 선택하여 전공별 교과 효능감 검사의 문항으로 활용하였다. 이 검사는 검사 문항과 교과명과 함께 그 교과에 대한 간략한 설명을 제시하고 그 교과를 공부할 수 있는 자신감을 묻는 형식으로 구성되었다.

검사의 구성

이 검사는 11개 전공군(수학, 물리, 생명과학, 지구과학, 건축토목, 기계, 재료금속, 전기전자, 컴퓨터공학, 화학공학, 산업공학)별 교과에 대한 자신감 및 관련 직업에 대한 흥미의 상대적 수준 정보를 기초로 문항이 구성되고, 각각의 문항은 5점 척도로 반응한다.

신뢰도 및 타당도

이 검사의 신뢰도 계수 α는 다음 표와 같다.

전 공	효능감 검사		흥미 검사	
	문항수	신뢰도 계수 α	문항수	신뢰도 계수 α
수학	5	.78	2	.66
물리	6	.85	2	.66
생명	6	.85	2	.80
지구	6	.85	5	.78
건축	5	.80	4	.83
기계	5	.86	5	.85
재료	5	.84	2	.68
전기	5	.83	5	.84
컴퓨터	5	.85	4	.80
화공	7	.85	4	.82
산업	5	.81	4	.78

원 검사의 출처

임언, 정윤경, 백순근(2003). 이공계 대학생의 전공 및 진로탐색 프로그램 개발(I). 서울: 한국직업능력개발원.
임언, 정윤경, 윤형한(2004). 이공계 대학생의 전공 및 진로탐색 프로그램 개발(II). 서울: 한국직업능력개발원.
http://www.career.go.kr

이 검사를 사용한 국내 연구

활용된 예를 찾을 수 없었음.

검사의 내용

이공계전공적합도 검사

만약에 기회가 된다면, 다음에 제시된 교과를 얼마나 잘 공부할 수 있을 것이라 생각합니까? 각 문항을 잘 읽고 자신이 생각하는 정도에 표시하여 주십시오.

1…………2…………3…………4…………5

전혀 못할 것 같다　　　　　　　　매우 잘할 것 같다

1. 선형대수학

행렬, 연립방정식, 가우스소거법, 벡터, 공간의 성질, 차원 정리, 선형변환

2. 유전학 및 실험

유전의 원리, 염색체의 구조와 기능, 유전자의 이동과 증폭

3. 단위조작실험

정상/비정상 상태에서의 열전달 방정식, 상평형, 증류, 기체흡수, 흡착, 조습, 침출과 추출

4. 프로그래밍언어론

프로그래밍 언어의 논리적 구조화 및 비판적 평가, 컴파일러 구성을 위한 기본 지식, 지식처리 언어의 설계 이론 및 기법

5. 암석학

암석의 구성 광물 및 조직의 특성, 판구조론, 암석의 성인 및 분포상태

6. 생산관리 및 실험

계량적 방식에 의한 의사결정방법, 수요예측, 최적생산량 및 재고관리, 생산공정 설계

7. 유기화학 및 실험

유기화합물의 구조, 합성법, 반응 분석, 화학전 변환 이해

8. 도로공학

능률적 교통 계획을 위한 도로 조사 및 설계, 배수, 포장 설계

9. OR 및 실험

모형작성 및 해를 도출하는 방법, 대기 이론, 시뮬레이션, 선형계획법, 수송/할당문제, 효율적 생산/자원/재고관리

10. 인간공학 및 실험

사용자 인터페이스의 설계와 분석, 작업장/도구/설비의 설계 및 평가/운영

11. 위상수학

위상과 극학과정의 연관성, 긴밀성과 연속성, 분리공간과 가상공리

12. 분석화학

중량 및 적정 분석방법, 수용액에서의 화학평형, 산화와 환원

13. 화공양론

화학공정의 원리, 화학반응, 물질의 상과 상평형에 대한 원리, 물질/열/운동량의 보존식

14. 철근콘크리트공학

철근콘크리트 구조 설계, 강도 설계, 안전도, 옹벽 설계

15. 시뮬레이션

연속 및 이산체제, 시스템 모형화, 무작위수 추출방법, 확률변수 추출, 결과의 통계적 분석방법

16. 미적분학

실수계, 함수의 극한과 연속성, 수열의 수렴과 발산, 다변수 함수의 극한과 연속

17. 건축설계

개념구축 및 공간화 방법, 설계도 작성 및 모형 제작

18. 지구물리학

지진, 지진파, 지자기 중력, 지열

19. 분리공정

열역학적 효율 및 분리 장치의 설계, 다양한 분리 공정의 해석 및 설계

20. 품질경영

공정최적화, 통계적 품질관리기법, 관리도법

21. 집합론

집합의 연산, 순서수, 선택공리, 파라독스와 공리론적 집합론

22. 지구환경과학

자연재해가 인간에 미치는 영향, 지구환경 변화에 따른 문제해결책

23. 양자역학

전자 및 양성자 등 초미세 입자의 운동 및 에너지

24. 지구화학

지구 구성물질의 화학성분, 화학평형 및 열역학, 방사성 동위원소 시스템

25. 재료가공기술론

단조/압연가공, 성형가공, 관제조 이론, 결함 및 대책, 품질관리

26. 반응공학 및 실험

반응기의 선택, 크기 및 시스템 운전 조건 결정 방법, 반응속도론, 고체 촉매 반응

27. 컴퓨터 네트워크

네트워크의 기본 구조 및 프로토콜, 데이터 전송 부호화 방식, 데이터 통신망 원리

28. 기계설계

부하해석, 응력의 변형 계산, 변동하중에서의 재료 한계, 동력전달장치 및 차단장치

29. 수리학(水理學)

수격작용, 유체 흐름의 원리, 부정류 흐름의 특성 곡선

30. 기계진동

진동제어, 측정, 행렬식을 이용한 진동계 해석, 방진대책

31. 물리화학 및 실험

양지화학과 분광학, 생체 분자의 구조와 특성, 효소 반응

32. 건축시공학

고객이 의도하는 기능과 성능을 갖춘 공사계획, 공법 및 장비

33. 컴퓨터구조론

하드웨어의 구조, 중앙처리/기억/주변 장치의 기능 및 구조, 명령어 및 제어형식, 인터페이스

34. 기계공작법

기계 제조 및 가공법, 주조, 열처리, 밀링 등 절삭 가공의 기본 이론

35. 박막공학

박막 제조의 원리, 특성 평가방법, 미세구조와의 상관관계

36. 회로 이론

전기적 현상의 해석방법, 회로망 함수 및 정리, 전달함수, 회로망 감도, 4단자망 해석

37. 재료강도학

금속제로의 소성변형, 격자결합 및 기계 강도, 금속의 결정 구조 및 기초 전위론

38. 재료물리학

재료의 물리적 성질, 결합에 의한 현상, 금속의 기본 특성

39. 전자기학

전계 및 자계 이론과 벡터해석, 자성체의 성질과 저항, 전자파의 기초 이론

40. 운영체제론

컴퓨터의 효율적 이용 방안, 중앙처리장치, 기억장치 경영, 교착상태, 병행 프로세스, 분산시스템, 화일관리

41. 현대물리학

특수상대성 이론, 양자물리학, 질량과 에너지의 등가성, 물질의 이중성, 불확정성 원리

42. 고체물리학

고체의 기본결정구조, 반도체 및 초전도 현상, 원자간 상호작용, 격자진동

43. 분자생물학 및 실험

생명의 본질과 기원, 에너지학, 핵산의 성분과 구조, 유전자발현의 조건, 돌연변이

44. 창의설계

기계설계의 원리와 절차, 추상개념 표현 방법, 기계 설계 사례

45. 재료상변태

에너지 수급관계 및 반응속도론, 상변태의 속도론 및 강화론, 열역학적 확산론

46. 동물생리학 및 실험

생명현상 분석, 신경의 흥분전도, 감각기관기능, 근수축과 이완

47. 광학

파동론 및 양자론, 전파의 특성, 가간섭성, 레이저의 원리

48. 생화학

생체대사 작용과 질병의 관계, 생체 구성 성분 구조와 특성, 효소 반응 속도론

49. 지구과학

지구의 내외적 환경과 구성, 지질시대의 변천

50. 고분자화학

고분자 정의, 합성 방법의 종류, 구조와 물성에 대한 기본 개념

51. 해석학

수렴성, 실수계의 해의 공리, 순서 공리, 실수체계와 실변수, 연속함수

52. 마이크로프로세서

디지털 회로의 기초, 마이크로프로세스 시스템의 동작과 운용체제, 기억 및 주변장치

53. 미생물학 및 실험

미생물의 영양, 물질대사, 생합성, 미생물의 유전자 구조 및 기능, 배양법

54. 핵물리학

물질의 기본 입자간 상호작용, 입지의 측정장치와 가속기, 입자의 발견과 분류, 대칭과 보존법칙

55. 식물계통분류

식물군 분류기준, 식물보전, 야외실습, 표본제작, 화분분류법

56. 신호 및 시스템

연속/이산 신호 및 시스템 정의 및 분석을 위한 라플라스/Z변환, 프리에급수/변환

57. 기계재료

재료의 기계적 · 역학적 특징, 전위 이론에 입각한 재료의 변형, 부식, 잔류응력

58. 시스템프로그래밍

시스템 구조 설계 기법, 어셈블리어 프로그램의 기능 및 구성, 마이크로 처리 기능법

59. 전자회로 및 실험

주파수 응답특성, 반도체 소자 집적화기법, 연산증폭기 회로 구조

다음 직업에 대하여 어느 정도 선호하십니까? 각 문항을 잘 읽고 자신의 정도에 표시하여 주십시오.

1. 기계제도사

기계장치 및 관련 장비 제조를 위한 시공도 및 설계서 작성

2. 응용소프트웨어개발자

사무, 기업관리, 게임오락, 교육에 사용할 수 있는 응용소프트웨어 개발 및 설계

3. 수학연구원

수학 이론 연구, 관련 분야 문제해결을 위한 수학적 기술개발 및 응용

4. 물리교사

중 · 고교 또는 사설 교육기관에서 물리를 가르침

5. 데이터베이스관리자

데이터 구축, 관리, 분석 시스템 설계 및 구축

6. 산업공학기술자

생산, 시스템 및 정보 운영, 경영 및 관리와 관련된 문제를 공학 및 수학적으로 해결 모색

7. 수학교사

중 · 고교 또는 사설 교육기관에서 수학을 가르침

8. 지적 및 측량기술자

고정점 및 경계를 결정하기 위한 측량, 설계를 위한 지도 작성, 토지특성 관련 자료 제공

9. 화학공학기술자

화학공정 및 장비를 연구 · 설계 · 개발하고, 화학공장설비를 운영 및 유지 · 관리

10. 화학교사

중 · 고교 또는 사설 교육기관에서 화학을 가르침

11. 항공공학기술자

항공기, 우주선, 미사일 장비 및 설비 관련 연구, 제작, 유지, 보수

12. 반도체제조기술자

반도체 재료 가공 및 처리, 반도체 제조 장비 설치

13. 건물구조물기술자

건물건설 관련 토목공사 설계, 기획, 조직 및 감독

14. 석유화학제품기술자

원유정제, 석유제품 가공 관련 연구 및 개발

15. 기계공학기술자

기계시스템의 평가, 설치, 운영 및 유지관리 업무

16. 기계공학자

편리하고 안전하게 다양한 종류의 기계를 만들기 위한 연구 및 개발

17. 재료공학자

첨단 재료의 생성 및 응용방법에 대한 연구

18. 반도체설계기술자

반도체 생산공정조건 설정, 불량원인 분석 및 조치, 견본생산부품의 시험

19. 화학연구원

생산, 품질관리, 공정 개발의 목적으로 물질의 화합에 관한 연구

20. 전기공학기술자

전기설비 분야에서의 계획, 설계, 시공, 감리, 유지, 보수

21. 생물학연구원

생명체의 기원, 발달에 대한 연구 및 의학 및 농업 분야에 응용

22. 품질관리기술자

생산품과 부품의 생산기준 적합성 여부 검사

23. 건축설계기술자

건축물의 건설 및 수리를 위한 설계를 개념화하고 계획

24. ERP기술자

기업의 자산, 인사, 재고 등 자산에 대한 효율적 관리 시스템 구축을 통한 경영성과 극대화

25. 탐사기술자

지하자원 부존 예상지역 선정 및 탐사

26. 건축토목기술자

빌딩, 도로, 철도, 교량 등 구조물의 건설 계획 수립, 설계 및 관리

27. 컴퓨터공학기술자

컴퓨터시스템 및 주변기기에 대한 지식을 바탕으로 하드웨어시스템 설계 및 생산지원

28. 물리학연구원

물리학의 원리탐구, 산업 의료 군사 분야에 응용

29. 자동차공학기술자

각종 차량의 차체, 엔진, 제동장치에 대한 연구 및 개발

30. 생산관리자

각종 제품을 생산하는 과정에 대한 관리

31. 생물교사

중 · 고등학교 또는 사설 교육기관에서 생물을 가르침

32. 지질학자

특수 시설물 지역의 지반, 골재자원 및 지열자원 조사, 암석분포, 지질구조에 대한 연구

33. 금속공학기술자

금속 및 합금의 제조를 위한 금속의 물리화학적 특성에 대한 연구

34. 지구물리학자

지진, 중력, 전기, 온도, 자기적 요인의 측정 및 연구

35. 전자 및 통신공학기술자

전자 및 통신장비 제품의 설계, 연구개발, 검사 업무

36. 의약학연구원

생물체의 조직 및 생명 작용에 영향을 미치는 의료 행위 및 약품에 대한 연구

37. 네트워크관리자

전산망 관련 하드웨어 및 소프트웨어 자원 관리 운영

38. 농림학연구원

육종연구, 품종개량, 재배법 개선 연구

39. 지구과학교사

중 · 고등학교 또는 사설 교육기관에서 지구과학을 가르침

40. 전자제품설계기술자

전자 이론 및 재료 속성에 관한 지식을 기초로 전자부품 및 시스템 설계 및 개발

41. 식품학연구원

식품 안전성, 영양성분 분석 연구

다음 문장 내용이 자신의 모습과 어느 정도 일치합니까? 각 문항을 잘 읽고 자신이 생각하는 정도에 표시하여 주십시오.

1. 현재 전공(학과)에서 배우는 내용에 만족한다.
2. 다시 대학에 진학하더라도 현재의 전공(학과)를 선택할 것이다.
3. 전공(학과) 과목에서 좋은 학점을 받았다.
4. 전공(학과)와 관련된 직업을 가질 계획이다.
5. 다른 전공으로 바꾸고 싶다.
6. 내가 원하는 직업을 갖기 어려울 것이다.

향후 종사할 직업 결정 여부를 표시하여 주십시오.

귀하는 향후 종사할 직업을 정했습니까?

- 예(구체적인 직업명을 입력해 주세요.)
- 아니요

주요능력효능감 검사*

검사 개요

이 검사는 이공계 대학생이 전공탐색을 할 때, 이공계열을 넘어서 타 분야 직업에 대한 탐색을 하고 관련된 전공을 부전공 등으로 택하고자 할 때의 정보를 제공하고자 개발되었다. 이 검사를 통하여 9개 주요능력과 관련된 활동에 대한 자신감이 전체 대학생과 비교할 때 어느 수준인가를 알 수 있으며, 14개 직업군별로 요구되는 능력에 따른 자신의 적합도를 판단할 수 있다.

검사의 개발

이 검사는 임언과 정윤경이 2001년도에 개발한 중 · 고등학생을 위한 직업적성 검사 척도에 기초하여 개발되었다. 중 · 고등학생용 직업적성 검사와 하위영역 및 하위 요소는 동일하나 문항 형식에 차이가 있다.

검사의 구성

이 검사는 신체 · 운동능력, 공간 · 지각능력, 음악능력, 창의력, 언어능력, 수리 · 논리능력, 자기성찰능력, 대인관계능력, 자연친화능력 등 9개 영역으로 구성되고, 각각의 문항은 5점 척도로 반응한다.

신뢰도 및 타당도

이 검사의 신뢰도 계수 α는 다음 표와 같다.

주요능력	문항수	신뢰도 계수 α
신체운동	5	.70
공간시각능력	6	.72
음악능력	6	.80
창의력	5	.72
언어능력	7	.77
수리논리능력	5	.86
자기성찰능력	6	.67
대인관계능력	6	.69
자연친화능력	3	.69

원 검사의 출처

임언, 정윤경, 백순근(2003). 이공계 대학생의 전공 및 진로탐색 프로그램 개발(I). 서울: 한국직업능력개발원.
임언, 정윤경, 윤형한(2004). 이공계 대학생의 전공 및 진로탐색 프로그램 개발(II). 서울: 한국직업능력개발원.
http://www.career.go.kr

이 검사를 사용한 국내 연구

활용된 예를 찾을 수 없었음.

검사의 내용

<u>주요능력효능감 검사</u>

다음 문장이 나타내는 바를 얼마나 잘할 수 있습니까? 해당하는 정도에 표시하여 주십시오.

1…………2…………3…………4…………5

전혀 못 할 것 같다 매우 잘할 것 같다

1. 오랫동안 지치지 않고 몸 움직이기
2. 손으로 하는 일을 정확하게 하기
3. 입체 도형을 펼친 모습(전개도) 떠올리기
4. 정확한 음정으로 노래하기
5. 사물에 대하여 호기심 가지고 관찰하기
6. 자신의 감정이나 느낌을 글로 표현하기
7. 교양 수학책에서 나오는 개념 이해하기
8. 자신이 무슨 생각을 하고 있는지 알아차리기
9. 다른 사람의 슬픔이나 기쁨 공감하기
10. 동식물 보살피기
11. 몸을 유연하게 구부리고 펴기

12. 박자 맞추어 북치기
13. 정해진 틀을 벗어나 새로운 방식으로 문제해결하기
14. 시나 소설을 즐겨 읽고 감상하기
15. 수학 문제의 핵심을 찾아내고 요소 간의 관계 파악하기
16. 자신의 부정적 감정을 바라보고 조절하기
17. 모임에서 밝은 분위기를 주도적으로 만들어 내기
18. 운동이나 무용의 동작을 빠르고 정확하게 배우기
19. 종이접기나 로봇조립의 그림으로 된 설명서 이해하기
20. 음악을 듣고 음의 높낮이와 장단 구분하기
21. 말로써 감정과 기분을 다른 사람에게 전달하기
22. 잘못된 일에 대한 자기 책임 인정하기
23. 사람들 사이의 갈등이 있을 때 중간에서 조정하기
24. 몸을 순간적으로 정확하게 움직이기
25. 악기로 간단한 곡 연주하기
26. 짧은 시간에 많은 아이디어 생각해 내기
27. 일상대화에서 다른 사람의 말 이해하기
28. 수학 응용 문제를 잘 파악하고 답을 구하기
29. 자신이 세운 목표에 따라 실천하기
30. 다른 사람이 나의 판단을 중요하게 여기고 따르게 하기
31. 동식물의 차이점과 공통점에 관심 갖기
32. 의견을 분명하게 글로 표현하기
33. 농구공 드리블을 하면서 뛰기
34. 약도 보고 길 찾아가기
35. 음악에 푹 빠져서 감상하기
36. 아이디어를 정교하게 구체화하기
37. 설명과 의견이 담긴 글을 읽고 이해하기
38. 수학 문제풀이를 다른 사람에게 설명하기

39. 자신의 감정이나 느낌의 흐름 알아차리기
40. 친구와 오랫동안 사귀기
41. 나만의 독창성 있는 아이디어 만들어 내기
42. 생각과 의견을 말로 전달하기
43. 복잡한 계산을 정확하게 하기
44. 목표를 세워 이루기 위한 방법을 진지하게 생각하기
45. 다른 사람과 협조하여 일하기
46. 동식물에 관한 프로그램이나 글을 관심 있게 보기
47. 작은 조각을 흔적 없이 보기 좋게 붙이기
48. 느낌을 잘 표현하여 노래하거나 연주하기
49. 복잡한 입체도형을 표현하기 위하여 본 모습을 머릿속에서 그리기

제12장

워크넷

성인용 직업적성 검사

영업직무 기본역량 검사

직업가치관 검사

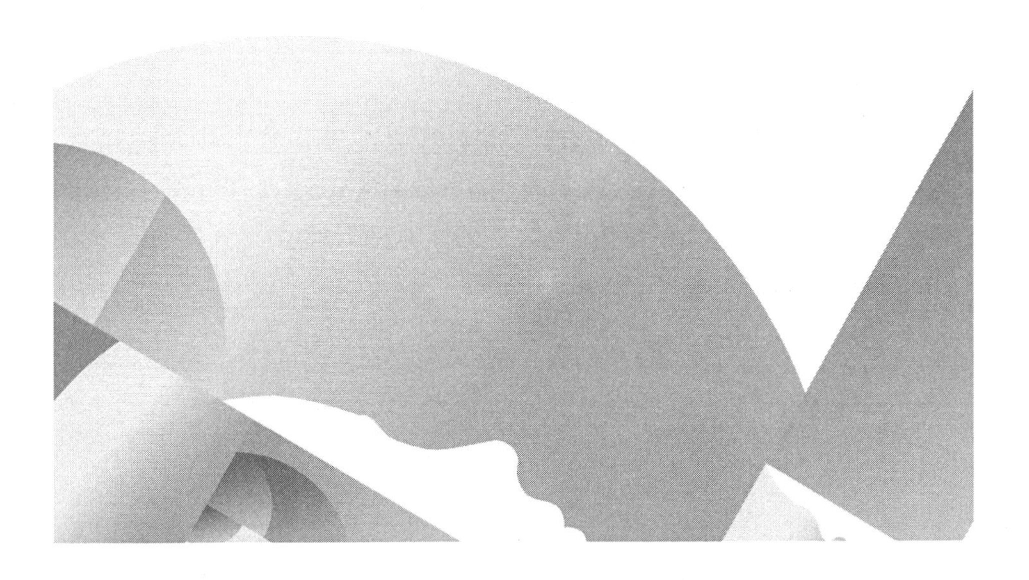

성인용 직업적성 검사*

검사 개요

이 검사는 만 18세 이상 성인의 직업선택 시 중요한 능력과 적성을 토대로 적합한 직업을 선택할 수 있도록 돕기 위해 개발되었다. 이 검사는 직업적성을 종합적으로 판단하는 능력 검사로 구성되어 있으며 시간 제한(약 90분)이 있다.

검사의 개발

이 검사는 국내에서 기존에 개발되어 있는 여러 적성 검사와 다르게 검사에서 측정하는 적성요인을 선정하기 위해서 304개 직업을 대상으로 직무분석을 실시하였으며, 이를 근거로 우리나라에서 필요한 11개 적성요인을 선정하여 개발하였다.

검사의 구성

이 검사는 11개 적성요인 16개 하위 검사로 구성된다.

적성 요인	하위 검사	세부 능력
언어력	어휘력 검사 문장 독해력 검사	일상생활에서 사용되는 다양한 단어의 의미를 정확히 알고 글로 표현된 문장의 내용을 올바르게 파악하는 능력
수리력	계산능력 검사 자료해석력 검사	사칙연산을 이용하여 수리적 문제를 풀어내고 일상생활에서 접하는 통계적 자료(표와 그래프)의 의미를 정확하게 해석하는 능력
추리력	수열추리력 1 검사 수열추리력 2 검사 도형추리력 검사	주어진 정보를 종합해서 이들 간의 관계를 논리적으로 추론해 내는 능력
공간지각력	조각맞추기 검사 그림맞추기 검사	물체를 회전시키거나 배열했을 때 변화된 모습을 머릿속에 그릴 수 있으며, 공간 속에서 위치나 방향을 정확히 파악하는 능력
사물지각력	지각속도 검사	서로 다른 사물 간의 유사점이나 차이점을 빠르고 정확하게 지각하는 능력
상황판단력	상황판단력 검사	실생활에서 자주 당면하는 문제나 갈등 상황에서 문제를 해결하기 위한 여러 가지 가능한 방법 중, 보다 바람직한 대안을 판단하는 능력
기계능력	기계능력 검사	기계의 작동원리나 사물의 운동원리를 정확히 이해하는 능력
집중력	집중력 검사	작업을 방해하는 자극이 존재함에도 불구하고 정신을 한 곳에 집중하여 지속적으로 문제를 해결할 수 있는 능력
색채지각력	색혼합 검사	서로 다른 두 가지 색을 혼합하였을 때의 색을 유추할 수 있는 능력
사고유창력	사고유창성 검사	주어진 상황에서 짧은 시간 내에 서로 다른 많은 아이디어를 개발해 내는 능력
협응능력	기호쓰기 검사	눈과 손이 정확하게 협응하여 세밀한 작업을 빠른 시간 내에 정확하게 해 내는 능력

 신뢰도 및 타당도

이 검사의 하위 척도별 신뢰도 계수 α는 어휘력 .898, 문장독해력 .755, 계산력 .853, 자료해석력 .699, 수열추리1 .768, 수열추리2 .768, 도형추리 .495, 조각 맞추기 .470, 그림 맞추기 .868, 지각속도 .866, 상황판단력 .740, 기계능력 .499, 집중력 .937, 색혼합 .585로 각각 나타났다.

 원 검사의 출처

http://www.career.go.kr

 이 검사를 사용한 국내 연구

활용된 예를 찾을 수 없었음.

검사의 내용(워크넷의 직업심리 검사에서 예시 문항을 발췌함)

성인용 직업적성 검사(예시 문항)

지금부터 성인용 직업적성 검사를 실시하겠습니다. 이 검사는 고용노동부 한국고용정보원에서 개발한 적성 검사로 여러분의 능력과 적성을 파악하여 적합한 직업선택을 도와주기 위한 검사입니다. 따라서 여러분이 모든 문항에 성실히 답할 때 자신의 능력과 적성에 대한 올바른 정보를 제공받을 수 있습니다.

이 검사는 16개의 하위 검사로 구성되어 있으며 약 80분 가량 소요됩니다. 검사문항 중에는 여러분이 쉽게 풀 수 있는 문제도 있고 그렇지 않은 문제도 있습니다. 하위 검사마다 제한시간이 있으므로 답을 모르는 경우에는 지체없이 다음 문제를 풀도록 하시고 모든 검사의 진행은 녹음된 소리에 맞춰 실시해 주시기 바랍니다.

이 검사는 여러분의 적성을 파악하기 위한 것이므로 긴장하지 마시고, 편안한 마음으로 성실하게 최선을 다하시길 바랍니다.

1. 어휘력

이 검사는 당신이 직장생활이나 일상생활에서 접할 수 있는 단어에 대한 어휘력을 측정하기 위한 것입니다. 제시된 문제를 잘 읽고 다음 예제와 같은 방식으로 가능한 한 빠르고 정확하게 답해 주시기 바랍니다.

이 검사는 동의찾기 10문제, 반의어찾기 10문제, 단어뜻찾기 10문제로 전체 30문제로 이루어져 있으며, 제한시간은 각각 1분입니다.

(동의어 찾기) 밑줄 친 단어와 동일한 뜻을 가진 단어를 보기 중에서 찾으시오.

그는 국가발전에 커다란 기여를 했다.

봉사 / 헌신 / 공헌 / 희생

▶ 정 답: 공헌

▶ 해 설: 기여란 '이바지함' 이란 뜻으로, 이와 가장 가까운 뜻을 가진 단어는 '공헌' 입니다.

(반의어 찾기) 밑줄 친 단어와 반대의 뜻을 가진 단어를 보기 중에서 찾으시오.

홍길동은 서자였다.

적자 / 세자 / 손자 / 원자

▶ 정 답: 적자

▶ 해 설: 서자란 '첩에게서 난 아들' 이란 뜻의 단어이므로, 이와 반대되는 뜻의 단어는 '적자' 입니다.

(단어의 뜻 찾기) 제시된 뜻을 가진 단어를 보기 중에서 찾으시오.

본디 가진 성질

야성 / 개성 / 이성 / 본성

▶ 정 답: 본성

▶ 해 설: '본디 가진 성질' 이란 뜻을 가진 단어는 '본성' 입니다.

2. 색혼합

이 검사는 색혼합능력을 측정하기 위한 검사입니다. 이 검사는 두 가지 색을 감산(물감)혼합하였을 때 나타나게 될 색을 유추해 낼 수 있는 능력을 측정하기 위한 것입니다. 제시된 문제를 잘 읽고 다음의 예제와 같은 방식으로 가능한 한 빠르고 정확하게 답해 주시기 바랍니다.

이 검사는 전체 18문제로 이루어져 있으며, 제한시간은 2분 30초입니다.

왼쪽의 가, 나 두 색을 섞었을 때 나타나게 될 색과 가장 가까운 색을 보기 중에서 찾으시오.

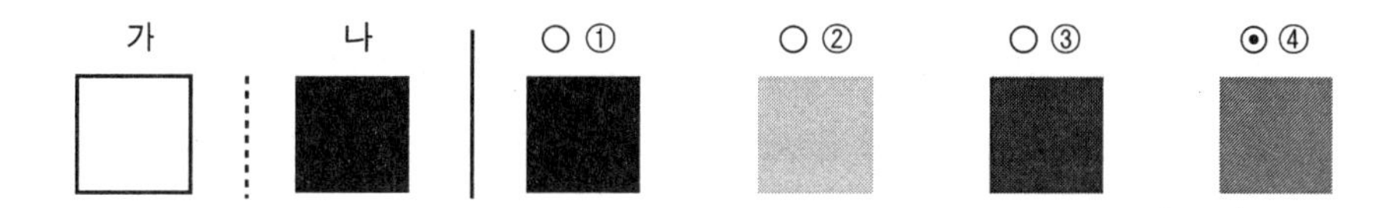

▶ 정 답: ④

▶ 해 설: 가의 흰색과 나의 검정색을 섞게 되면, 보기 중 ④인 회색이 된다.

3. 지각속도

이 검사는 지각속도를 측정하기 위한 검사입니다. 제시된 문제를 잘 읽고 다음 예제와 같은 방식으로 가능한 한 빠르고 정확하게 답해 주시기 바랍니다.

이 검사는 전체 30문제로 이루어져 있으며, 제한시간은 1분 30초입니다.

다음에 가로로 제시되는 문자 · 숫자 · 도형 · 그림 등이 가운데 직선을 기준으로 왼쪽과 오른쪽이 같으면 ①을, 다르면 ②를 선택하십시오.

1	1 3 5 7 9 6	1 3 5 7 9 6	①	②
2	ㄱ ㄴ ㄷ ㄹ ㅁ ㄷ ㄱ	ㄱ ㄹ ㄷ ㅁ ㄷ ㄱ	①	②

▶ 정 답: 1번 – ①, 2번 – ②

4. 계산능력

이 검사는 계산능력을 측정하기 위한 검사입니다. 당신이 직장생활이나 일상생활에서 접할 수 있는 수리적 문제에서, 사칙연산을 이용한 논리적이고 수리적인 사고능력을 측정하기 위한 것입니다. 또한 계산풀이 시 미리 준비한 백지를 사용하시기 바랍니다.

제시된 문제를 잘 읽고 다음 예제와 같은 방식으로 가능한 한 빠르고 정확하게 답해 주시기 바랍니다.

이 검사는 전체 13문제로 이루어져 있으며, 제한시간은 4분입니다.

제시된 문제에 대한 해답을 보기 중에서 찾으시오.

$4 \times 2 = ?$

2 / 4 / 6 / 8

▶ 정 답: 8

5. 조각맞추기

이 검사는 조각맞추기능력을 측정하기 위한 검사입니다. 제시된 완전한 도형이 되기 위해서는 주어진 조각과 어떤 조각이 짝이 되어야 하는지에 대한 입체공간에서의 표상능력을 측정하기 위한 것입니다. 제시된 문제를 잘 읽고 다음 예제와 같은 방식으로 가능한 한 빠르고 정확하게 답해 주시기 바랍니다.

이 검사는 전체 10문제로 이루어져 있으며, 제한시간은 3분입니다.

'가'의 완전한 입체도형이 되기 위해서 '나'에 제시된 도형과 보기 중 몇 번 조각을 합쳐야 하는지 찾으시오.

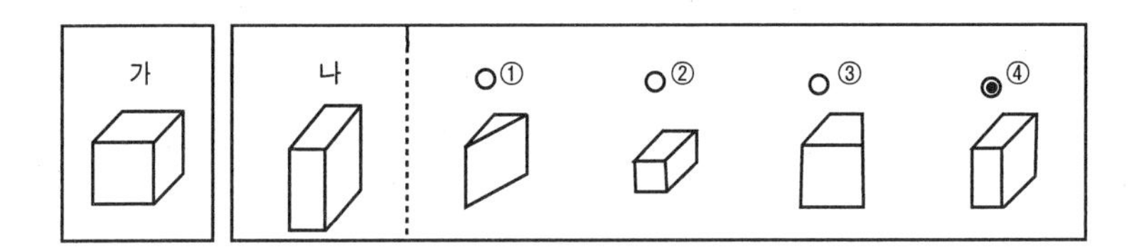

▶ 정 답: ④

6. 자료해석력

이 검사는 자료해석력을 측정하기 위한 검사입니다. 당신이 직장생활이나 일상생활에서 접할 수 있는 다양한 자료에 대한 이해능력을 측정하기 위한 것입니다. 제시된 문제를 잘 읽고 다음 예제와 같은 방식으로 가능한 한 빠르고 정확하게 답해 주시기 바랍니다.

이 검사는 전체 13문제로 이루어져 있으며, 제한시간은 7분입니다.

다음은 각 지역별 인구수에 대한 자료입니다. 도표를 보고 물음에 답하십시오.

지 역	A지역	B지역	C지역	D지역
인구수	32명	15명	24명	29명

A지역의 인구는 전체 인구의 몇 %인가?

15% / 24% / 29% / 32%

▶ 정 답: 32%

▶ 해 설: 전체 인구가 100명이고, A지역의 인구는 32명 이므로 (32/100)×100%＝32%

7. 그림맞추기

이 검사는 그림맞추기능력을 측정하기 위한 검사입니다. 제시된 문제를 잘 읽고 다음 예제와 같은 방식으로 가능한 한 빠르고 정확하게 답해 주시기 바랍니다.

이 검사는 전체 16문제로 이루어져 있으며, 제한시간은 3분입니다.

왼쪽의 그림과 같은 모양이 되도록 오른쪽의 조각난 그림을 조합한 보기를 찾으시오.

①
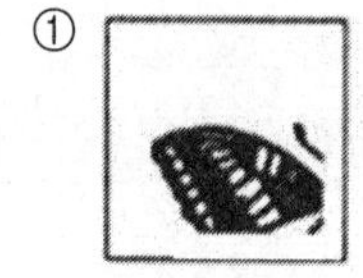

②
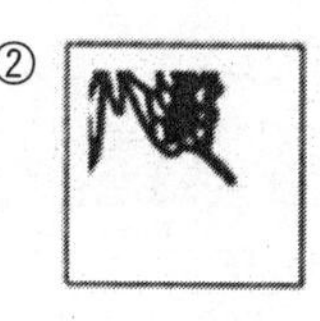

③

④
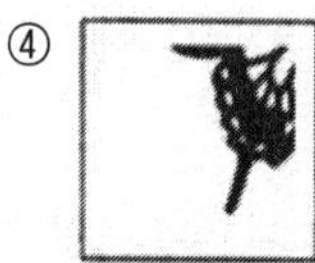

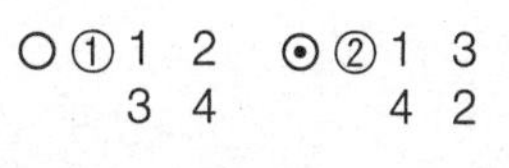

▶ 정 답: ②

▶ 해 설: 다음과 같은 방식으로 그림을 맞추어야 원래의 그림이 된다.

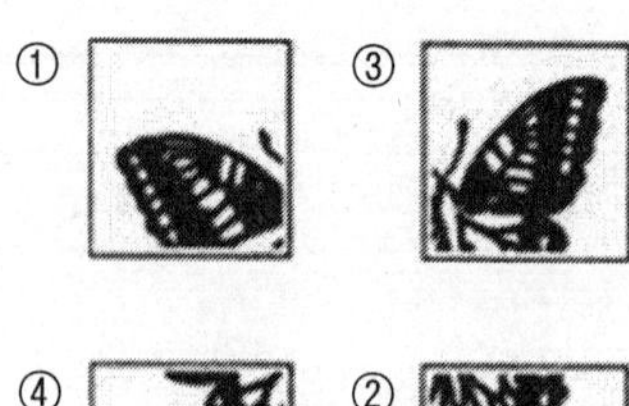

④
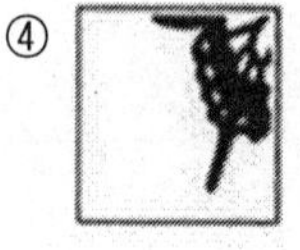

②
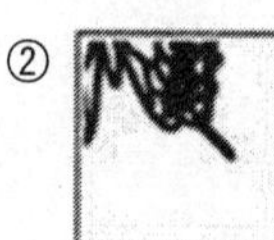

8. 문장독해력

이 검사는 당신이 일상생활에서 접할 수 있는 문장에 대한 독해력을 측정하기 위한 것입니다. 제시된 문제를 잘 읽고 다음 예제와 같은 방식으로 가능한 한 빠르고 정확하게 답해 주시기 바랍니다.

이 검사는 전체 13문제로 이루어져 있으며, 제한시간은 4분입니다.

원래는 대기업에 다녔어요. 그런데 사회생활을 할수록 전문직을 가져야 하겠다는 생각이 절실해지더군요. 그래서 여성에게 적합한 ( )을 찾다 보니 저에게 맞겠다고 생각이 드는 것이 바로 이 웹디자이너이었어요.

01. ( ) 안에 들어갈 적당한 말은?

임시직 / 사무직 / 전문직 / 일용직

▶ 정 답: 전문직

▶ 해 설: 전문직을 가져야겠다는 생각에서 선택한 것이 웹디자이너이므로 괄호에 들어갈 적당한 말은 '전문직' 이다.

02. 앞 글의 주제로 알맞은 것은?

웹디자이너의 특성

전문직의 필요성

웹디자이너를 선택한 이유

여성과 웹디자이너의 관계

▶ 정 답: 웹디자이너를 선택한 이유

▶ 해 설: 앞 글은 어떤 여성이 '직업으로서 웹디자이너를 선택한 이유' 에 대해 이야기 하는 글이므로, 주제는 '웹디자이너를 선택한 이유' 다.

03. 앞 글의 내용과 다른 것은?

앞 글의 주인공은 이전에 대기업에 다닌 적이 있다.

웹디자이너는 전문직이다.

앞 글의 주인공은 여성이다.

여성에게 있어 대기업에 다니는 것보다 웹디자이너를 하는 것이 더 낫다.

▶ 정 답: 여성에게 있어 대기업에 다니는 것보다 웹디자이너를 하는 것이 더 낫다.

▶ 해 설: 웹디자이너의 특성, 전문직의 필요성, 웹디자이너를 선택한 이유는 앞 글에 제시된 내용이나, 여성과 웹디자이너의 관계는 앞 글과 직접 관련이 없는 내용이다.

9. 집중력

이 검사는 집중력을 측정하기 위한 검사입니다. 다음 예제와 같은 방식으로 가능한 한 빠르고 정확하게 답해 주시기 바랍니다.

이 검사는 전체 45문제로 이루어져 있으며, 제한시간은 1분 30초입니다.

01. 제시된 단어의 색깔을 보기 중에 찾으시오

보라

보라 / 파랑 / 노랑 / 초록

▶ 정 답: 노랑

▶ 해 설: 글자의 색은 '노란색' 이므로 '노랑' 이 정답이다.

02. 제시된 도형의 모양을 보기 중에 찾으시오

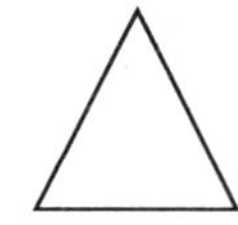

사각형 / 오각형 / 원 / 삼각형

▶ 정 답: 삼각형

▶ 해 설: 도형의 모양은 '삼각형' 이므로, 정답은 '삼각형' 이다.

10. 수열추리력 1

이 검사는 수열추리력 1을 측정하기 위한 검사입니다. 당신이 직장생활이나 일상생활에서 접하는 다양한 수에 관한 추리능력을 측정하기 위한 것입니다. 제시된 문제를 잘 읽고 다음 예제와 같은 방식으로 가능한 한 빠르고 정확하게 답해 주시기 바랍니다.

이 검사는 전체 8문제로 이루어져 있으며, 제한시간은 2분입니다.

※ 주의) 한 문제에서는 한 가지 사칙연산(+, -, ×, ÷)만 사용됩니다.

다음에 제시된 수열의 일정한 규칙을 찾아, 공란에 올 수를 보기 중에서 찾으시오.

01. 다음 빈칸에 들어갈 수를 보기에서 찾으시오.

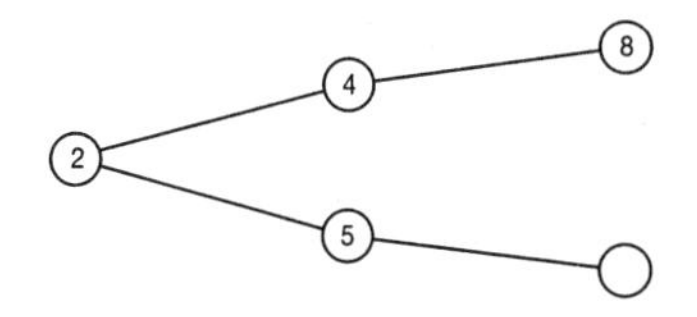

10 / 11 / 12 / 13

▶ 정 답: 10

▶ 해 설: 앞 그림에서 2×4=8이 되고 2×5=10이 됩니다. 그러므로 답이 10이 됩니다.

02. 다음 빈 칸에 들어갈 수를 보기에서 찾으시오.

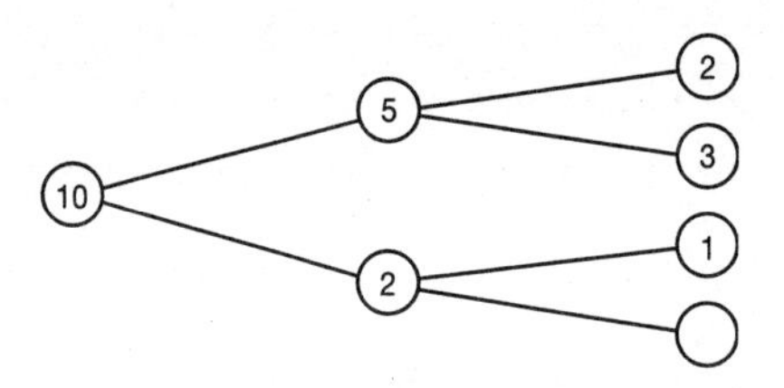

5 / 6 / 7 / 8

▶ 정 답: 7

▶ 해 설: 앞 그림은 10에서 갈라진 5, 2, 3을 더하면 10이 되고 밑에 있는 숫자도 같은 방식(2+1+7)으로 더하면 10이 되므로 답은 7이 됩니다.

11. 수열추리력 2

이 검사는 수열추리력 2를 측정하기 위한 검사입니다. 당신이 직장생활이나 일상생활에서 접하는 다양한 수에 관한 추리능력을 측정하기 위한 것입니다. 제시된 문제를 잘 읽고 다음 예제와 같은 방식으로 가능한 한 빠르고 정확하게 답해 주시기 바랍니다.

이 검사는 전체 7문제로 이루어져 있으며, 제한시간은 2분입니다.

다음에 제시된 수열의 일정한 규칙을 찾아, 공란에 올 수를 보기 중에서 찾으시오.

0 1 3 6 ( ) 15

9 / 10 / 11 / 12

▶ 정 답: 10

▶ 해 설: 0에 1을 더해 1이 되었고, 1에 2를 더해 3이 되었으며, 3에 3을 더해 6이 되었으므로, 괄호 안의 수는 6에 4를 더한 10이 됩니다.

12. 상황판단능력

이 검사는 상황판단능력을 알아보기 위한 검사입니다. 일상생활이나 직장생활에서 경험할 수 있는 다양한 상황에 대한 판단능력을 측정하기 위한 것입니다. 제시된 문제를 잘 읽고 다음 예제와 같은 방식으로 가능한 한 빠르고 정확하게 답해 주시기 바랍니다.

이 검사는 전체 14문제로 이루어져 있으며, 제한시간은 3분입니다.

다음 상황에서, 가장 바람직하다고 생각하는 행동(가장 좋은 행동)과 가장 바람직하지 않다고 생각하는 행동(가장 나쁜 행동)을 각각 하나씩 선택하여 주시기 바랍니다.

회사에 처음 입사해서 당신이 잘 모르는 분야의 새 일을 맡게 되어 어떻게 일을 시작해야 할지 당혹스럽기만 합니다. 이런 경우 당신이 먼저 할 일은 어떤 것입니까?

▶ 보 기

① 그 일에 능숙한 사람에게 일을 넘긴다.

② 관련자료를 찾아보거나 관련된 사람에게 물어본다.

③ 같이 일할 사람을 구해 본다.

④ 상사나 선배에게 물어본다.

▶ 응답 표기 예:

가장 좋은 행동	가장 나쁜 행동
① ② ③ ④	① ② ③ ④

▶ 해 설: 만약 2번이 가장 바람직하고, 1번이 가장 바람직하지 않다고 생각하면 가장 좋은 행동은 2번을 선택하고 가장 나쁜 행동은 1번을 선택하시면 됩니다.

13. 도형추리력

이 검사는 도형추리력을 측정하기 위한 검사입니다. 당신이 직장생활이나 일상생활에서 접하는 다양한 도형에 대한 추리능력을 측정하기 위한 것입니다. 제시된 문제를 잘 읽고 다음 예제와 같은 방식으로 가능한 한 빠르고 정확하게 답해 주시기 바랍니다.

이 검사는 전체 9문제로 이루어져 있으며, 제한시간은 3분입니다.

※주의: 도형 간의 관계는 좌우 또는 상하의 방향으로만 추론하여 주십시오.

다음 빈칸에 들어갈 도형을 보기에서 찾으시오.

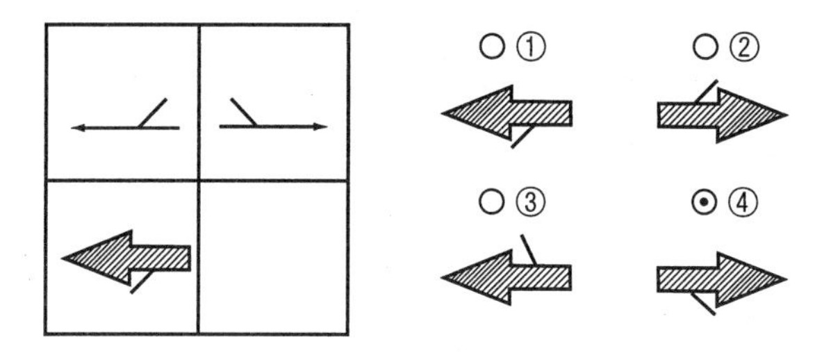

▶ 정 답: ④

▶ 해 설: 위의 도형은 좌우로 관련된 도형입니다. 그러므로 다음 빈칸에 들어올 도형은 왼쪽 도형과 좌우로 관련된 ④번 도형이 들어와야 합니다.

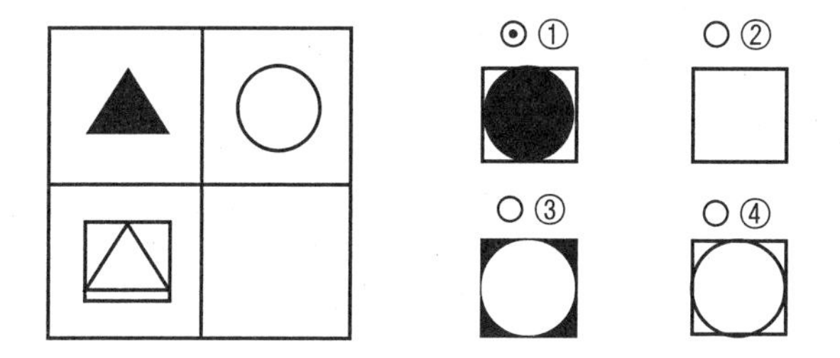

▶ 정 답: ①

▶ 해 설: 앞의 도형은 좌우로 관련된 도형입니다. 그러므로 다음 빈칸에 들어올 도형은 왼쪽 도형과 좌우로 관련된 ①번 도형이 들어와야 합니다.

14. 기계능력

이 검사는 기계능력을 알아보기 위한 검사입니다. 제시된 문제를 잘 읽고 다음 예제와 같은 방식으로 가능한 한 빠르고 정확하게 답해 주시기 바랍니다.

이 검사는 전체 15문제로 이루어져 있으며, 제한시간은 5분입니다.

다음 그림과 같이 도르래를 이용하여 물체를 잡아당기려고 합니다. 이때 어느 정도의 힘이 들까요?

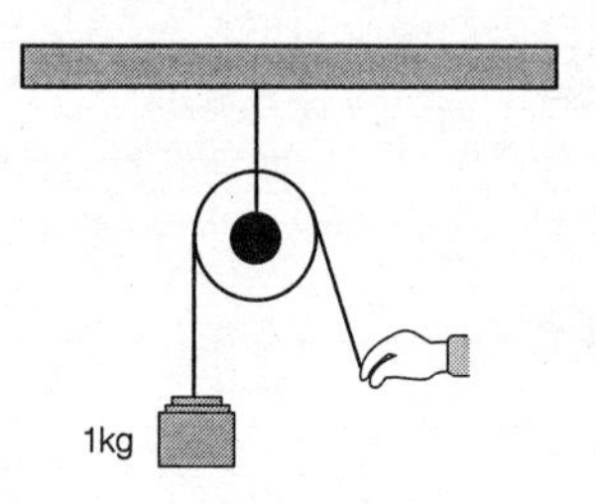

2kg중 / 1kg중 / 1/2kg중 / 1/4kg중

▶ 정 답: 1kg중

▶ 해 설: 앞의 그림에서와 같이 고정 도르래를 이용할 때는 물체의 무게만큼 힘이 작용해야 물체를 들어 올릴 수 있으므로, 정답은 1kg중이다.

15. 사고유창성

이 검사는 사고유창성을 측정하기 위한 검사입니다. 창의적이고 기발한 아이디어의 산출능력을 측정하기 위한 것입니다. 제시된 문제를 잘 읽고 다음 예제와 같은 방식으로 가능한 한 빠르게 많이 답해 주시기 바랍니다.

이 검사는 전체 2문제로 이루어져 있으며, 제한시간은 1분입니다. 미리 인쇄해 놓은 용지에 기입하시기 바랍니다.

01. 헌 옷으로 활용할 수 있는 가능한 모든 것을 적으시오.

▶ 해 설: 걸레, 베게 속, 수도 동파방지용 덮개……

▶ 주 의: 단 '방 닦는 걸레' '차 닦는 걸레' 등과 같은 응답은 모두 '걸레'라는 하나의

응답으로 간주한다.

02. 인간의 팔이 현재 2개에서 3개로 늘어난다면, 현재에서 변화가 가능한 모든 것을 적으시오.

▶ 해 설: 입는 옷의 팔이 세 개가 될 것이다. 컴퓨터의 키보드가 바뀔 것이다.
▶ 주 의: '컴퓨터 키보드가 바뀐다' '타자기가 바뀐다' 등의 응답은 모두 하나의 응답으로 간주한다.

16. 기호쓰기

이 검사는 기호쓰기를 측정하기 위한 검사입니다. 제시된 문제를 잘 읽고 다음 예제와 같은 방식으로 가능한 한 빠르고 정확하게 적어 주시기 바랍니다.

이 검사는 전체 5문제로 이루어져 있으며, 제한시간은 1분입니다. 미리 인쇄해 놓은 용지에 기입하시기 바랍니다.

다음에 제시된 왼쪽의 기호를 오른쪽의 빈칸에 가능한 빠르고 정확하게 써 넣으시오.

화살표 방향으로 시작하시오. →

+	+	+	+	+	+	+	+	+	+	+	
	+	+	+	+	+	+	+	+	+	+	

--	--	--	--	--	--	--	--	--	--	--	
	--	--	--	--	--	--	--	--	--	--	

영업직무 기본역량 검사

검사 개요

이 검사는 만 18세 이상 성인을 대상으로 영업직을 세분화하여 이 분야에 적합한 개인의 역량을 파악할 수 있도록 개발되었다. 이 검사는 적성과 인성을 종합적으로 판단하는 검사로 시간 제한(약 50분)이 있다.

검사의 개발

이 검사는 특성 이론을 바탕에 두고 개발되었다. 특성 이론은 사람의 특성을 유형으로 분류하기보다는 기준이 되는 몇 가지의 큰 요인을 설정해 놓고, 검사를 받은 개인이 각각의 기준에서 다른 사람에 비해 얼마나 다른지를 파악하는 것으로, 기준이 되는 요소의 전체적인 프로파일 모습을 보고 개인의 능력을 파악할 수 있다. 또한 능력에 대한 최근의 이론적 관점을 통합하여 이와 관련된 부분을 능력 측정의 요소로 포함시키고 있다.

검사의 구성

이 검사는 크게 인성과 적성요인의 두 가지 측면을 측정하며, 그 하위요인으로 언어력, 기억력, 근면, 자율, 심리적 탄력, 사회성, 타인배려, 감정조절 등 8개 영역으로 구성된다.

구 분	하위 요인	세부 능력 및 성향
적성	언어력 (어휘력, 문장논리, 문맥논리)	전달하고자 하는 내용을 정확하고 효과적인 말과 글로 표현하고, 상대방의 말과 글을 잘 이해하여 의사소통을 할 수 있는 능력
	기억력	새로운 제품에 대한 끊임없는 학습능력, 고객정보를 잘 기억하기 위한 능력
인성	근면	목표를 세워 지속적으로 지치지 않고 부지런히 일하는 성향
	자율	자기가 할 일을 스스로 찾고, 자신이 맡은 역할을 주도적으로 수행하려는 성향
	심리적 탄력	고객의 거절과 같은 어려운 상황이나 좌절에도 낙심하지 않고 평상심으로 빨리 돌아올 수 있는 성향
	사회성	고객과의 관계 맺음을 중요하게 여기고 여러 사람 앞이나 모르는 사람 앞에서 불편함을 느끼지 않는 성향
	타인배려	타인과 편안하고 조화로운 관계를 유지하려 하며, 타인에 대해 관대하고, 타인을 이해하고, 세심한 배려를 해 주는 성향
	감정조절	화가 나더라도 충동적으로 행동하지 않고 참는 성향

신뢰도 및 타당도

이 검사의 하위 척도별 신뢰도 계수 α는 어휘력1(반의어) .80, 어휘력 2(유사어) .74, 문장논리 .80, 문맥논리 .66, 기억력 .77, 근면 .84, 자율 .73, 심리적 탄력 .75, 사회성 .88, 타인배려 .71, 감정조절 .83로 각

각 나타났다.

원 검사의 출처

http://www.work.go.kr

이 검사를 사용한 국내 연구

활용된 예를 찾을 수 없었음.

검사의 내용

<u>영업직무 기본역량 검사</u>

지금부터 영업직무 기본역량 검사를 실시하겠습니다. 이 검사는 고용노동부 한국고용정보원에서 여러분이 영업직 직무를 성공적으로 수행할 수 있을지에 관한 체계적인 정보를 제공해 주기 위해 개발한 검사입니다. 따라서 여러분께서 모든 문항에 성실히 답해 주실 때, 보다 신뢰롭고 타당한 검사 결과를 제공받으실 수 있습니다.

이 검사는 적성 검사와 인성 검사로 이뤄져 있으며 이중 적성 검사는 4개의 하위 검사로 구성되어 있습니다. 적성 검사의 내용 중에는 여러분이 쉽게 풀 수 있는 문제도 있고, 그렇지 않은 문제도 있습니다.

적성 검사에는 시간제한이 있으므로 정확하고 빠르게 푸셔야 합니다. 잘 풀리지 않는 문제는 건너 띄어 다음 문제를 풀도록 하십시오. 다른 시험을 칠 때처럼 긴장하지 마시고 편안한 기분으로 최선을 다하시면 됩니다.

인성 검사는 본인의 성격이 영업직 직무에 적합한지를 알아보는 것입니다. 인성 검사는 옳고 그름이 없으므로 평소 본인의 생각을 솔직하게 답하시면 됩니다.

언어력 – 1. 어휘력

이 검사는 영업직종 현장에서 사용하는 단어의 의미를 파악하여 이와 반대적 의미나 유사한 의미를 이해하는 능력을 측정하는 검사입니다.

이 검사는 반의어 찾기 30문항, 유사어 찾기 30문항의 전체 60문항으로 구성되어 있으며, 제한시간은 각각 2분입니다.

(반의어 찾기) 문제에 제시된 밑줄 친 단어에 대한 반대말을 보기에서 찾으시오.

<u>증가</u> (유지, 증폭, 감소, 증분)

▶ 정 답: 감소

▶ 해 설: '증가' 는 양이나 수치가 늘어나는 것을 의미하므로 반대말은 양이나 수치가 줄어드는 것을 의미하는 '감소' 가 정답입니다.

(유사어 찾기) 문제에 제시된 밑줄 친 단어와 비슷한 말을 보기에서 찾으시오.

<u>요금</u> (이익, 가격, 마진, 할인)

▶ 정 답: 가격

▶ 해 설: '요금' 은 남의 힘을 빌리거나 사물을 사용 · 소비 · 관람한 대가로 치르는 돈을 뜻하므로, 물건이 지니고 있는 가치를 돈으로 나타낸 것을 의미하는 '가격' 이 같은 상황에서 대치할 수 있는 비슷한 말입니다.

언어력 - 2. 문장논리

이 검사는 정확한 문장을 신속하게 구사하고 뒤섞인 언어적 과제를 전체로 의미화할 수 있는 언어구성능력과 언어논리능력을 측정하는 검사입니다.

이 검사는 30문항으로 구성되어 있으며, 제한시간은 5분입니다.

한 개의 긴 문장이 여러 부분으로 조각나 있으며, 각 부분의 순서가 섞여 있습니다. 문장의 내용을 생각하면서 완전한 문장으로 순서를 바로잡았을 때, 네 번째에 해당하는 부분이 어느 것인지 골라 답란에 기입하세요.

(사람에게, 나를 공격하려는, 우리 집 강아지는, 주인에게 충성을 다하는, 덤벼든다.)

▶ 정 답: 사람에게,

▶ 해 설: 내용을 제대로 갖춘 완전한 문장이 되도록 다시 배열하면, '주인에게 충성을 다하는 우리 집 강아지는 나를 공격하려는 사람에게 덤벼든다.' 가 되는 것이 올바릅니다. 따라서 네 번째에 해당하는 부분은 '사람에게' 가 됩니다.

언어력 - 3. 문맥논리

이 검사는 논리적인 의사소통을 할 수 있는 능력, 뒤섞인 문장을 전체 문맥에서 논리적으로 의미화하는 언어구성능력과 언어논리능력을 측정하는 검사입니다.

이 검사는 30문항으로 구성되어 있으며, 제한시간은 20분입니다.

한 개의 문단이 여러 문장으로 조각나 있으며, 각 부분의 순서가 섞여 있습니다. 문단 전체의 의미를 생각하면서 문단으로 순서를 바로잡았을 때 순서를 바르게 표시한 것을 골라 선택하세요.

ㄱ. 반면에 기본원리에 충실한 학생은 논술고사 성적이 높다.
ㄴ. 따라서 원리의 이해 없이 공식 암기나 관련 교과 지식만을 습득한 학생은 논술고사 성적이 낮다.
ㄷ. 수능 성적이 좋다고 해서 논술고사의 성적이 좋은 것은 아니다.
ㄹ. 왜냐하면 논술고사는 보다 통합적인 사고능력을 측정하려 하기 때문이다.

ㄱ-ㄴ-ㄷ-ㄹ　ㄴ-ㄷ-ㄹ-ㄱ　ㄷ-ㄹ-ㄴ-ㄱ　ㄷ-ㄹ-ㄱ-ㄴ　ㄴ-ㄱ-ㄷ-ㄹ

▶ 정 답: ㄷ-ㄹ-ㄴ-ㄱ
▶ 해 설: 내용을 제대로 갖춘 완전한 문단이 되도록 다시 배열하면, '수능 성적이 좋다고 해서 논술고사의 성적이 좋은 것은 아니다. 왜냐하면 논술고사는 보다 통합적인 사고능력을 측정하려 하기 때문이다. 따라서 원리의 이해 없이 공식암기나 관련 교과지식만을 습득한 학생은 논술고사 성적이 낮다. 반면에 기본원리에 충실한 학생은 논술고사 성적이 높다.' 가 되는 것이 올바릅니다. 따라서 정답은 'ㄷ-ㄹ-ㄴ-ㄱ' 이 됩니다.

기억력

이 검사는 사물을 빠르고 정확하게 지각하고 기억하는 능력을 측정하는 검사입니다. 기억력 검사는 다양한 종류의 자극을 제시하는 부분과 제시된 자극을 기억하여 반응하는 부분이 하나의 세트로 구성되어 있습니다. 각 세트에서는 우선 그림, 기호, 숫자 등의 자극이 20초 동안 제시됩니다. 자극이 제시되는 동안 되도록 많이 기억해 두시기 바랍니다. 제한시간이 지나면 자극이 사라지며 문제풀이 시간이 10초 동안 제공됩니다. 문제풀이에서는 앞서 제시된 자극을 기억하고 있는지를 확인하게 됩니다.

각 문항의 기호나 그림 등이 앞서 제시되었던 것인지를 기억하여 답란에 기입하시기 바랍니다. 기억이 나지 않아 잘 모르겠는 문제는 임의로 답하지 마시고, 공란으로 두시기 바랍니다.

이 검사는 30문항으로 구성되어 있으며, 제한시간은 3분입니다.

▶ 정 답: 1 – ① 있다, 2 – ② 없다

1	¥	앞장에	① 있다(○) ② 없다(X)
2	§	앞장에	① 있다(○) ② 없다(X)

인성 검사

이제부터 나오는 문항은 여러분의 성격에 대한 질문입니다.

앞에서 제시되었던 능력 검사와 더불어 여러분의 인성역량이 영업직에 적합한지를 알아보기 위한 결과산출에 활용될 검사이므로 빠짐없이 성실하게 응답해 주시기 바랍니다.

정답이 없는 질문이니 솔직하게 선택해 주시기 바랍니다.

문 항	전혀 그렇지 않다	그렇지 않은 편이다	중간 정도다	그런 편이다	매우 그렇다
나는 타인의 의사를 존중하다.					
뭐든지 시작하면 꾸준히 하는 편이다.					
일을 할 때 내가 주도적으로 하고 싶다.					
마음이 부드럽다는 말을 듣는다.					
감정이 상해도 잘 조절할 수 있다.					

직업가치관 검사

검사 개요

이 검사는 한국고용정보원이 운영하는 웹사이트 워크넷(www.work.go.kr)에서 무료로 제공하는 검사다. 만 15세 이상의 중 · 고등학생 대상과 대학생 및 일반구직자 대상으로 구분되어 있다. 개인이 중요하게 생각하는 직업가치관을 측정하여, 이를 실현할 수 있는 가장 적합한 직업 정보를 제공해 준다.

검사의 개발

한국고용정보원이 2005년 개발하였다. 직업에 종사하는 재직자들에 대한 실사조사를 통해 얻어진 가치 기준점수를 활용하여 직업을 추천해 준다.

검사의 구성

성취, 봉사, 개별활동, 직업안정, 변화지향, 몸과 마음의 여유, 영향력

발휘, 지식추구, 애국, 자율, 금전적 보상, 인정, 실내활동 등 총 13개 하위요인으로 구성되어 있다. 각 요인별로 6개 문항씩 총 78개 문항으로 구성되어 있으며, 5점 리커트 척도로 평정한다. 검사 소요시간에 제한은 없으나 약 15분~20분가량 소요된다.

신뢰도 및 타당도

각 하위요인별 신뢰도 계수 α는 .70~.85의 범위로 양호한 편이다. 이 검사의 준거타당도 검증을 위해 직업가치요인과 준거변인 상관을 분석하였으며, 그 결과 대부분의 직업가치요인이 준거변인과 유의한 관계를 나타내었다.

원 검사의 출처

한태영, 이병관, 이상희(2006). 직업가치관 검사 시범운영 및 평가 결과보고서. 서울: 한국고용정보원.

이 검사를 사용한 국내 연구

활용된 예를 찾을 수 없었음.

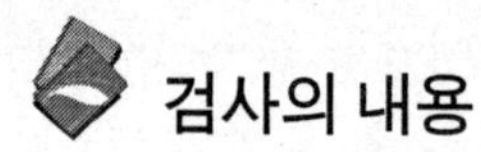

검사의 내용

직업가치관 검사

다음은 사람들이 자신의 직업에서 중요하게 생각하는 가치에 관한 내용입니다. 당신이 직업을 선택하고자 할 때, 각 문항에 제시되어 있는 직업 관련 가치를 얼마나 중요하게 생각하는지를 선택하신 후, 응답표의 해당번호에 표시해 주시기 바랍니다.

1…………2…………3…………4…………5

전혀 그렇지 않다　　그저 그렇다　　매우 그렇다

Ⅰ. 성취

1. 목표했던 것을 성취한다.
4. 자기 분야에서 최고가 된다.
27. 일에 대한 성과가 분명히 나타난다.
38. 목표를 스스로 세우고 그 목표를 달성한다.
46. 성취를 맛본다.
54. 어려운 일에 도전하여 달성한다.

Ⅱ. 봉사

5. 남을 위해 봉사한다.
16. 다른 사람을 위해 봉사한다.
28. 자신의 이익보다 사회에 대한 봉사를 우선하다.
39. 인류애를 발휘한다.
45. 어려운 사람을 돕는다.

52. 타인을 위해 개인적 희생을 감수한다.

Ⅲ. 개별활동

13. 여러 명이 함께 일하지 않는다.
14. 일에서 나만의 시간을 많이 가진다.
20. 나만의 공간을 가지고 일을 한다.
36. 혼자 일하는 시간이 많다.
43. 혼자서 일한다.
56. 여러 사람과 어울려 일하지 않고 혼자 일한다.

Ⅳ. 직업안정

2. 하는 일에 안정적으로 종사할 수 있다.
12. 평생 할 수 있는 일이다.
40. 일반적으로 정년까지 지속할 수 있다.
42. 안정적으로 수입이 생긴다.
53. 쉽게 해고당하는 일이 없다.
74. 직업을 바꾸는 걱정을 안 해도 된다.

Ⅴ. 변화지향

22. 일이 정형화되지 않고 변화 가능하다.
24. 하는 일이 반복적이지 않다.
25. 늘 새로운 것을 경험한다.
59. 항상 새로운 일로 가득 차 있다.
67. 일이 단조롭지 않다.
75. 새로운 방법으로 업무를 처리한다.

VI. 몸과 마음의 여유

3. 일과 후에 취미활동을 할 만큼 일이 여유롭다.
33. 일하면서도 심신의 여유를 가질 수 있다.
70. 일이 즐거워야 한다.
71. 일하면서 스트레스를 적게 받는다.
72. 마음에 맞는 사람과 같이 일을 한다.

VII. 영향력 발휘

9. 다른 사람들을 이끈다.
18. 다른 사람이 내 말을 듣도록 한다.
31. 다른 사람들에게 영향력을 행사한다.
50. 다른 사람들에게 영향력을 발휘한다.
55. 조직이나 단체의 나아갈 방향을 제시한다.
60. 다른 사람들을 지도한다.

VIII. 지식추구

29. 새로운 기술을 배운다.
35. 새로운 지식을 얻는다.
37. 독창적인 아이디어와 접근방법을 찾는다.
63. 새로운 원리와 사실을 발견한다.
65. 다양한 방법으로 결과를 만들 수 있다.
73. 일을 통해 자신의 능력을 향상시킬 수 있다.

IX. 애국

6. 국가의 장래를 위해 노력한다.
7. 국가에 해가 되는 행위를 하지 않는다.
19. 국가발전에 기여한다.

41. 국가를 위해 도움이 된다.
48. 자신보다는 국가의 이익을 먼저 고려한다.
57. 국가를 위해 나 자신을 희생한다.

X. 자율

11. 다른 사람의 지시나 통제를 받지 않는다.
15. 자율적으로 업무를 해 나간다.
30. 일하는 시간을 자율적으로 조정한다.
47. 독자적으로 결정하고 책임진다.
49. 일처리 방식을 스스로 결정한다.
76. 출퇴근 시간 조정이 가능하다.

XI. 금전적 보상

8. 비슷한 조건의 다른 사람보다 봉급이 많다.
21. 생계유지 이상의 돈을 번다.
44. 일이 조금 힘들어도 보수가 많다.
51. 금전적 보상을 중시한다.
77. 무엇보다 월급을 많이 받는 것이 중요하다.
78. 생활하는 데 경제적인 어려움이 없다.

XII. 인정

10. 타인으로부터 인정을 받는다.
17. 내 일에 대해서 주위 사람으로부터 존경받는다.
26. 남에게 말하기 좋은 직장(혹은 직업)을 다닌다.
58. 사회적 지위를 인정받는다.
66. 남이 내가 다니는 직장(혹은 직업)을 부러워한다.
68. 직장상사와 동료로부터 칭찬과 인정을 받는다.

XIII. 실내활동

23. 강한 체력이 그다지 필요하지 않다.
32. 신체활동을 덜 요구한다.
34. 주로 실내에서 일한다.
61. 몸을 쓰기보다는 머리를 많이 쓴다.
62. 여기저기 돌아다니지 않아도 된다.
64. 체력소모가 많지 않다.
69. 일로 인해 건강을 해쳐서는 안 된다.

제4부 참고문헌

권희진(2011). 커리어넷을 활용한 진로지도가 인문계 고등학생의 진로성숙도에 미치는 효과. 공주대학교 석사학위논문.

김규효(2011). LCSI 진로집단 프로그램이 고등학생의 자아존중감과 진로성숙도에 미치는 효과. 아주대학교 석사학위논문.

김미연, 이칭찬, 한기호, 윤봉기, 조성근(2012). 동아리학급 지도를 위한 진로교육기반의 창의적체험활동 프로그램 개발. 교육과학연구, 43(1), 33-61.

임언, 정윤경(2000). 중 · 고등학생을 위한 직업적성 검사 개발(I). 서울: 한국직업능력개발원.

임언, 정윤경(2001). 중 · 고등학생을 위한 직업적성 검사 개발(II). 서울: 한국직업능력개발원.

임언, 정윤경, 상경아(2001). 직업가치관 검사 개발 보고서. 서울: 한국직업능력개발원.

임언, 정윤경, 백순근(2003). 이공계 대학생의 전공 및 진로탐색 프로그램 개발(I). 서울: 한국직업능력개발원.

임언, 정윤경, 윤형한(2004). 이공계 대학생의 전공 및 진로탐색 프로그램 개발(II). 서울: 한국직업능력개발원.

한태영, 이병관, 이상희(2006). 직업가치관 검사 시범운영 및 평가 결과보고서. 서울: 한국고용정보원.

http://www.career.go.kr

http://www.work.go.kr

제 5 부

대상별 적용 가능한 척도

제5부에서는 앞서 소개된 척도를 그 대상에 따라 청소년, 대학생, 성인, 장애인으로 분류하여 소개하였다. 진로상담 및 연구에서는 내담자나 관심 연구 집단에 맞는 척도를 활용하고자 할 때 적합한 정보를 얻을 수 있다. 우선 생애 주기에 따른 대상별로 해당 척도를 분류하였다. 단 대학생 대상 척도의 경우 일반적으로 대학생 대상 척도와 성인 대상 척도 모두 활용할 수 있더라도, 오직 대학생만을 대상으로 개발된 척도만을 소개하였다. 각 척도에 대한 자세한 설명은 앞 장을 참고하기 바란다. 마지막으로 장애인의 진로 및 직업상담의 경우에 비장애인에게 적용되는 진로발달 및 상담 이론을 적용하는 데 한계가 있으므로, 대상의 특수성을 고려하여 별도로 소개하였다.

제13장

청소년

1. 진로발달 이론에 근거한 척도
2. 진로상담 과정별 적용 가능한 척도
3. 진로상담을 위한 평가

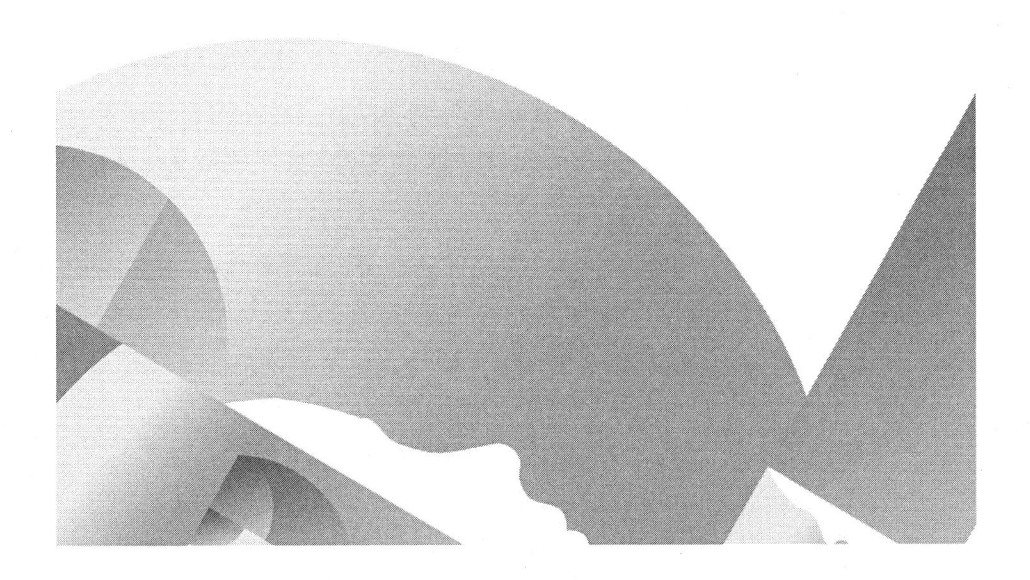

1. 진로발달 이론에 근거한 척도

1) 진로성숙도 검사

진로성숙도 검사는 1961년 Career Maturity Inventory(CMI)라는 지필 척도로 처음 개발되었고 이후 여러 차례 개정되었다. 2011년 개정된 CMI-Counseling Form C 척도는 Crites와 Savickas(2011)에 의해 개발되었으며, 5학년에서 12학년 학생을 대상의 24개 문항으로 개발된 도구다. 이 척도를 통해서 진로선택 준비의 총점과 관심, 호기심, 자신감이라는 진로 적응의 세 측면, 진로선택 과정에서의 관계적 양상을 평가할 수 있다. 국내 진로상담 연구에서 번안되어 타당화한 작업은 이루어지지 않았다.

2) 커리어넷 진로성숙도 검사*

이 검사는 청소년의 진로발달 상황을 진단하며, 진로교육의 효과를 측정할 뿐만 아니라, 검사를 치르는 과정 자체가 진로발달에 도움이 될 수 있도록 개발되었다. 검사를 통해 자신의 진로를 위하여 어느 정도의 구체적인 준비행동을 하고 있는가를 알 수 있다. 임언, 정윤경, 상경아(2001)가 개발하였으며, 태도 및 능력만을 포함하는 기존의 검사와 달리 자신의 결정을 실행하는 정도가 포함되는 중·고등학생용 직업가치관 검사를 개발하였다. 진로성숙 태도, 진로성숙능력, 진로성숙 행동 등 3개 영역으로 구성된다.

3) 진로결정 자기효능감 척도

이 척도는 중고등학생 및 대학생을 대상으로 진로결정 자기효능감(career decision-making self-efficacy)을 측정한다. 진로결정 자기효능감은 Bandura(1977)의 자기효능감의 정의에 근거한 개념으로, 개인이 진로와 관련된 다양한 진로탐색 활동을 성공적으로 수행할 수 있는지에 대한 개인적인 확신성의 정도를 의미하는 것으로 자신의 능력과 개인적인 직업적 가치 등을 효율적으로 확인함으로써 자신의 선택이 정확하다는 믿음을 가지게 해 주는 것이다(Taylor & Betz, 1983). 국내에서는 이은경(2001)이 Taylor와 Betz(1983)가 개발한 진로결정 자기효능감 척도(Career Decision-Making Self-Efficacy Scale: CDMSES)의 단축형인 CDMSES-SF(Betz, Klein, & Taylor, 1996)를 대학생뿐 아니라 중고등학생까지를 포함해서 타당화하였다. 하위요인으로는 목표선택, 직업정보, 문제해결, 미래계획으로 구성되어 있다.

4) 진로사고 척도*

이 척도는 Sampson, Peterson, Lenz, Reardon과 Saunder(1996)에 의해 개발된 척도로 진로문제해결과 진로의사결정에 손상을 일으킬 수 있는 진로와 관련된 역기능적 사고를 측정한다. 진로사고 검사(Career Thoughts Inventory Scale: CTI)는 인지적 정보처리 이론(cognitive information processing: CIP)과 인지치료(cognitive therapy)를 이론적 근거로 하여 개발되었다. 국내 진로상담 연구에서는 이재창, 최인화, 박미진(2003)에 의해 번안되고 타당화되었다. 하위요인은 의사결정 혼란, 수행 불안, 외적 갈등, 역기능적 사고 등이다.

2. 진로상담 과정별 적용 가능한 척도

1) 청소년용 여성 진로 장벽 척도*

이 척도는 초·중·고 여학생을 대상으로 '직업이나 진로계획상의 진전을 방해하는 요인'으로 진로장벽을 정의하고, 진로선택과 진로결정에 부정적 영향을 주는 다양한 요인을 측정하기 위해 황매향, 이은설, 유성경(2005)에 의해 개발된 도구다. 하위요인으로는 자기이해의 부족, 자신감 부족, 성역할 갈등 성차별, 중요한 타인과의 갈등, 미래에 대한 불확실성, 진로 및 직업 정보의 부족, 경제적 어려움 등이 있다.

2) 청소년용 남성 진로장벽 척도*

이 척도는 초·중·고등학교 남학생을 대상으로 '직업이나 진로계획상의 진전을 방해하는 요인'으로 진로장벽을 정의하고, 진로선택과 진로결정에 부정적 영향을 주는 다양한 요인을 측정하기 위해 황매향, 이아라, 박은혜(2005)에 의해 개발된 도구다. 하위요인으로는 자기이해의 부족, 자신감 부족(낮은 학습 효능감), 성역할 갈등 성차별, 중요한 타인과의 갈등, 미래에 대한 불확실성, 진로 및 직업 정보의 부족, 경제적 어려움 등이 있다.

3. 진로상담을 위한 평가

1) 홀랜드 적성탐색 검사*

홀랜드의 진로탐색 검사(Self-Directed Search: SDS)는 중고등학생용 진로탐색 검사와 대학생 및 성인용 적성탐색 검사로 나누어진다. 국내에서는 안창규(1997)가 미국의 SDS를 단순히 번안하기보다는 한국의 문화적 차이를 감안하여 미국의 SDS 개발과정과 거의 같은 방법으로 재구성하였다. Holland는 여섯 가지의 직업환경유형과 여섯 가지의 결합된 개인적 행동양식을 제시했다. 이러한 여섯 가지 유형을 각각 실재형(R: realistic), 탐구형(I: investigative), 예술형(A: artistic), 사회형(S: social), 기업형(E: enterprise), 관습형(C: conventional)의 부호체계로 정리하여, 성격특성과 환경특성과의 상호작용에 주안점을 두어 개발된 검사도구다.

2) 스트롱 직업흥미 검사*

스트롱 직업흥미 검사(Strong Interest Inventory: SII)는 Strong이 특정 직업활동에 종사하는 사람들에게 공통적인 흥미패턴이 있다는 점에 착안하여 다양한 직업에 종사하는 사람들의 흥미패턴을 사람들의 교육 및 진로계획 수립에 도움을 주려는 목적으로 1927년 SVIB(Strong Vocational Interest Blank)를 제작한 것에서 시작되었다. 이후 1985년, 1994년에 개정이 이루어졌으며, 명칭이 SII(Strong Interest Inventory, Form T317)로 변경되었다. 일반직업분류(General Occupational Themes: GOT), 기본흥미척도(Basic Interest Scale: BIS), 직업 척도(Occupational Scales: OS), 그리고 SS 척도(Special Scales: 학문적인 편안함/내외향성을 측정하는 척도)로 구성되었다.

한국판은 김청택 등(2001)에 의해 2001년 SII라는 명칭으로 한국심리검사연구소에서 출간되었고, 지금은 어세스타에서 이용이 가능하다. 한국판은 중 · 고등학생을 대상으로 하는 스트롱 진로탐색 검사와 대학생 이상 일반인을 대상으로 하는 스트롱 직업흥미 검사의 두 종류로 나뉘어 사용되고 있다. 스트롱 진로탐색 검사에는 미국의 GOT를 채택, 한국에서 자체 개발한 진로성숙도 척도를 포함하였으며, 스트롱 직업흥미 검사에서는 GOT, BIS, PSS의 세 가지 세부 척도를 적용하였다.

3) 커리어넷 직업흥미 검사(간편형)*

이 척도는 청소년이 건강한 진로발달에 필요한 태도, 능력, 행동을 어느 정도 갖추고 있는가에 대한 정보를 제공한다. 또한 직업에 대한 태도, 진로선택능력, 진로 준비행동을 평가하여 응답자의 진로성숙도 수준을 제시하고, 어떤 점에서 잘하고 있는지, 어떤 점에서 노력이 필요한지를 알려 주기 위해 개발된 도구다. 교육부의 위탁으로 한국직업능력개발원이 1998년에 개발하고, 2002년 커리어넷(www.career.go.kr)에 탑재되었다. 직업활동, 일상생활, 직업명 등 세 가지 하위 척도로 구성되어 있고, 총 16개의 직업흥미 영역을 분류하고 있다.

4) 커리어넷 직업가치관 검사(청소년용)*

이 척도는 직업과 관련된 여러 욕구와 가치에 대해 개인이 상대적으로 중요시하는 것이 무엇이며, 어느 정도 더 중요시하느냐에 대한 정보를 제공하기 위해 임언, 정윤경, 상경아(2001)가 개발하였다. 직업가치관 검사는 지필 검사와 함께 커리어넷(www.career.go.kr)을 통하여 진로교육 및 상담을 위하여 활용하고 있다.

5) 한국고용정보원 직업가치관 검사*

이 검사는 만 15세 이상의 중 · 고등학생 대상과 대학생 및 일반 구직자 대상으로 구분되어 있다. 개인이 중요하게 생각하는 직업가치관을 측정하여, 성취, 봉사, 개별활동, 직업안정, 변화지향, 몸과 마음의 여유, 영향력 발휘, 지식추구, 애국, 자율, 금전적 보상, 인정, 실내활동 등 총 13개 하위요인으로 구성되어 있다. 검사결과를 통해 직업가치를 실현할 수 있는 가장 적합한 직업 정보를 제공해 준다. 한국고용정보원이 운영하는 웹사이트 워크넷(www.work.go.kr)에서 무료로 제공된다.

6) 성인용 웩슬러 지능 검사*

웩슬러 지능 검사는 일반적 지능과 비지적 차원인 정신병리를 동시에 측정하기 위한 목적으로 개발되었다. 청소년에서부터 성인을 대상(16세 이상 64세 이하)으로 지능을 평가할 수 있다는 장점이 있다. 개인 검사이기 때문에 약 90분 동안 진행되는 과정에서 내담자의 다양한 행동 양상을 관찰할 수 있어 성격적 특성도 파악할 수 있다. 이 검사는 크게 언어성 검사(기본지식문제, 숫자외우기, 어휘문제, 산수문제, 이해문제, 공통성 문제)와 동작성 검사(빠진 곳 찾기, 차례 맞추기, 토막 짜기, 모양 맞추기, 바꿔 쓰기) 두 가지 영역에서 총 11개의 소 검사가 포함되어 있어서 전반적인 지능 수준뿐만 아니라 지능을 구성하는 여러 가지 하위 인지기능을 살펴볼 수 있기 때문에 진로상담 장면에서 내담자의 향후 직무능력을 예상하고 진로를 선택하는 데 도움이 된다. David Wechsler가 1939년에 웩슬러 벨레뷰 지능 검사 1판을 개발한 것을 시점으로, 1997년 성인용 지능 검사 3판이 표준화되었다. 한국에서는 성인용 수정판(WAIS_R)(Wechsler, 1981)을 이용하여 한국 임상심리학회에서 한국판 웩슬러 성인용 지능 검사(Korean-Wechsler Adult Intelligence Scale: K-WAIS)를 표준화하였고 현재까지 이 검사가 사용되고 있다.

7) 커리어넷 직업적성 검사

중학교 1학년부터 고등학교 3학년 학생을 대상으로 직업과 관련된 능력(신체 · 운동능력, 손재능, 공간 · 시각능력, 음악능력, 창의력, 언어능력, 수리 · 논리력)을 스스로 점검할 수 있는 도구다. 임언, 정윤경(2000, 2001)에 의해 개발되었으며, 지필 검사와 함께 커리어넷(www.career.go.kr)에서 제공되고 있다.

8) 직업능력 평가도구

직업능력을 평가하는 데에는 진로검사뿐만 아니라 다양한 지표를 활용할 수 있다. 고등학생의 경우는 대학수학능력 모의 평가와 내신 시험을 통해서 자신이 특별히 더 잘하는 영역을 확인할 수 있다. 미국의 경우에는 고등학생의 대학수학능력 평가를 위한 대표적인 평가도구로 EXPLORE, PLAN, ACT 검사 등이 있어 웹을 통해서 4시간 정도 평가할 수 있다(Metz & Jones, 2013). 국내에서는 워크넷에서 제공하는 진로 및 직업 탭에 들어가서 직업심리 검사 실시를 클릭하면 청소년용과 성인용이 구분되어 다양한 심리 검사가 소개되고 있다. 청소년용 적성 검사는 언어, 수리, 추리, 공간의 네 가지 영역을 평가하며 80분간 진행된다.

9) 기질 및 성격 검사*

기질 및 성격 검사(Temperament & Character Inventory: TCI)는 Clonninger의 심리생물학적 인성모델에 기초하여 개발된 검사로, 한 개인의 기질 및 성격을 측정한다. 기질을 측정하는 4개의 척도(자극추구, 위험회피, 사회적 민감성, 인내력)와 성격을 측정하는 3개의 척도(자율성, 연대감, 자기 초월)를 포함하여 모두 7개의 기이 척도로 이루어져 있다. 기질과 성격의 분리로 인해서, 인성발달에 영향을 미친 유전적 영향과 환경적 영향을 구분하여 인성발달 과정을 이해할 수 있도록 하는 장점이 있다. 1994년 Cloninger는 그의 동료들과 함께 TCI 검사를 성격장애를 진단하고 예측하며 성격장애의 발생과정을 설명하기 위한 목적으로 개발하였다. 한국판 TCI 검사군은 Cloninger와의 공동연구에 의해서 독일에서 개발된 독일판 TCI 검사군에 바탕을 두고 있다. 국내에서는 민병배, 오현숙, 이주영(2004)에 의해서 청소년용을 출간한 이후로 성인용, 아동용, 유아용을 대상으로 표준화되어 사용되고 있다.

제14장

대학생

1. 진로발달 이론에 근거한 척도
2. 진로상담 과정별 적용 가능한 척도
3. 진로상담을 위한 평가

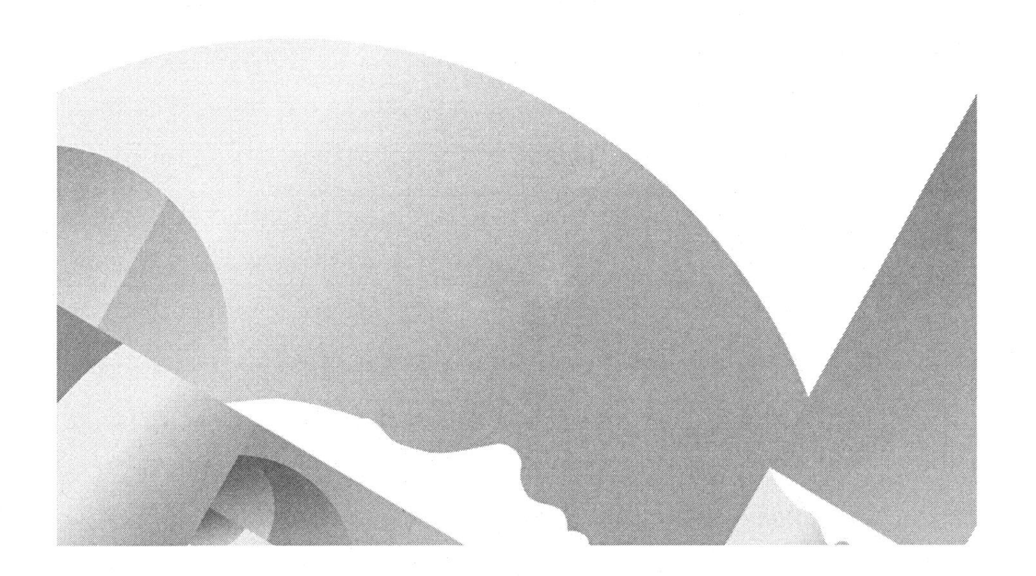

1. 진로발달 이론에 근거한 척도

1) 진로발달 질문지

이 척도는 Sakurako(2004)가 미국의 진로장애 발달에 대한 가설을 일본 여대생에게 적용하기 위해 개발하였다. 국내에서는 Sakurako(2004)의 28문항 7점 Likert 척도를 정미예(2007)는 5점 척도로 수정하여 사용하였다. 점수가 높을수록 진로발달 수준이 높음을 의미한다.

2) 진로적응능력 검사*

이 척도는 대학생과 성인의 진로적응을 측정하기 위해 개발된 것이다. 진로적응은 각 개인이 일의 세계와 자신의 개인적 환경 사이에서 추구하는 균형에 초점을 맞춘 것으로 성인이 진로조건의 변화에 대응함에 따라 그 개인이 환경에 영향을 주고, 환경을 다시 그 개인에게 영향을 주게 되는 과정에서 나타나는 것이다(김봉환 외, 2010). 진로적응의 측정을 위해 구성된 국제연구 팀은 Career Adapt-Abilities Scale-International Form 2.0(CA-AS)를 개발하였다. Savickas & Profeli(2012)의 연구를 통해 이 척도가 우수한 신뢰도를 나타내며 국가간 측정에서 동질성이 확인되는 것이 입증되었다. Savickas & Profeli(2012)의 연구에서 한국의 표집에 대한 분석이 함께 이루어졌지만 진로적응능력 검사(Career Adapt-Abilities Scale: CAAS)가 한국에서 활용되는 데 타당성을 확인하는 추가적인 분석이 필요함에 기초하여 Tak(2012)에서 한국판에 대한 연구가 진행되었다. Tak(2012)에 의해 CAAS의 한국판 문항이 신뢰로우며 요인구조가 국가간 연구에서 활용된 데이터에서 나타난 결과와 상당히 유사하다는 결과가 나타났다. 또한 CAAS-한국판은 국제적으로 활용되고 있는 Savickas

와 Profeli(2012)의 2.0 형식과 동일하다는 결과를 입증하였다.

3) 대학생의 진로적응성 척도*

이 척도는 개인의 직업행동을 조절하는 자기조절 전략으로 기능하는 진로적응성(career adaptability) 구인을 국내 대학생을 대상으로 측정하기 위하여 개발한 것이다. 장계영(2009)가 Super의 전생애주기-생애공간적 관점에 기초하여 진로적응성을 탐색적으로 구성하여 이 척도를 개발하였다. 하위요인은 책임감, 목표의식, 창의성, 대인관계, 개방성, 주도성, 직무능력, 긍정적 태도 등이다.

4) 자기효능감 척도*

이 척도는 대학생의 자기효능감의 개인적 수준을 측정하기 위한 것이다. 자기효능감이란 바람직한 결과를 얻기 위한 방법으로 어떤 행동을 할 수 있다는 능력에 대한 자신감을 의미한다. Sherer, Maddux, Mercandante, Prentice-Dunn, Jacobs와 Rogers(1982)가 개발하였다. 하위요인은 일반적인 상황에서 자기효능감인 '일반적 자기효능감(General Self-Efficacy)'과 대인 관련 사회적 기술 등의 요소와 관련 있는 '사회적 자기효능감(Social Self-Efficacy)'으로 구분된다. 국내에서는 홍혜영(1995)이 번안하여 타당화하였다. 원 척도는 대학생을 대상으로 개발되었으나, 국내 연구에서는 청소년에게도 사용되었다.

5) 진로결정 자기효능감 척도*

이 척도는 중 · 고등학생 및 대학생을 대상으로 진로결정 자기효능감(career decision-making self-efficacy)을 측정한다. Taylor와 Betz(1983)에 의해 개발되었으며, Betz, Klein과 Taylor(1996)이 단축형인 진로결정 자기효능감 척도(Career Decision-Making Self-Efficacy Scale-Short Form: CDMSES-SF)를 개발하였다. 국내에서는 후자의 단축형 척도를 이은경(2001)이 대학생 및 중 · 고등학생을 대상으로 타당화하였다.

6) 결과기대 척도*

이 척도는 대학생 대상의 척도로 진로결정 과제와 진로결정 간의 관련성에 대한 믿음을 평가한다. Betz와 Voyten(1997)이 Bandura(1977, 1986)의 개념적 정의에 근거하여 Lent 등(1994), Fouad와 Smith(1996)의 연구에 사용한 척도를 참고하여 개발하였으며, 국내에서는 양난미(2005)가 번안하여 타당화하였다. 학문적 결과기대와 진로결과기대의 2개 하위요인으로 구성되어 있다.

7) 목표 척도*

이 척도는 대학생의 특정한 결과를 만들거나 특정한 활동에 참여하는 의도를 측정한다. Lent 등(1994)이 주장한 사회인지 진로 이론의 모형에서 목표는 계획, 의사결정, 포부, 행동선택 등을 포함한다. 이 척도는 Betz와 Voyten(1997)는 Bandura(1977, 1986)의 개념적 정의를 바탕으로 Lent 등(1994), Fouad와 Smith(1996)의 연구에서 사용한 척도를 참고하여 탐색적 의도(Exploratory Intentions) 척도를 개발하였다. 국내에서는 목표를 측정하기 위해 이를 양난미(2005)가 번안하여 타당화했으며, 탐색의도라는 단일요인으로 구성되어 있다.

8) 직업정체감 검사의 진로정체감 척도

이 척도는 Holland, Daiger와 Powe(1980)의 직업정체감(My Vocational Situation: MVS) 검사의 정체감 척도(Identity scale)를 김봉환(1997)이 번안하여 사용한 척도다. 진로정체감이란 자신의 목표, 흥미, 성격, 재능 등에 관하여 개인이 가지고 있는 심상을 의미한다(김봉환, 1997). '그렇다' 또는 '아니다'로 응답하되, '아니다'란 응답의 총수로 계산된다. 점수가 높을수록 자신의 목표(goals), 흥미(interests), 성격(personality), 재능(talents)에 대한 이해 수준이 높음을 의미한다. 김봉환(1997)은 '아니다' '그렇다'의 응답을 4점 척도로 수정하였으며, 역채점하여 총점이 높을수록 진로정체감이 높은 것을 나타낸다.

9) 진로사고 척도*

이 척도는 Sampson, Peterson, Lenz, Reardon과 Saunder(1996)에 의해 개발된 척도로 진로와 관련된 역기능적 사고를 측정한다. 이 척도는 인지적 정보처리 이론(Cognitive Information Processing: CIP)과 인지치료(cognitive therapy)를 이론적 근거로 하여 개발되었다. 국내 진로상담 연구에서는 이재창, 최인화, 박미진(2003)에 의해 번안 및 타당화되었다.

2. 진로상담 과정별 적용 가능한 척도

1) 진로장벽 척도

이 척도는 '직업이나 진로계획상의 진전을 방해하는 요인'으로 진로장벽을 정의하고, 남녀 대학생을 대상으로 진로선택과 진로결정에 부정적 영향을 주는 다양한 요인을 측정하기 위해 개발된 도구다. Swanson과 Daniels(1995)에 의해서 개발되었으며, 국내 진로상담 연구에서 번안되어 타당화한 작업은 이루어지지 않았다. 하위요인은 성차별, 자신감 부족, 다중 역할 갈등, 자녀와 진로 요구사항 간의 갈등, 인종차별, 부적절한 준비, 의미 있는 타인의 불인정, 의사결정의 어려움, 진로 불만족, 비전통적 진로선택에 대한 지지 부족, 장애/건강 염려, 노동 시장의 제약, 관계망 만들기/사회화 어려움 등이다.

2) 여대생용 진로장벽 척도*

이 척도는 우리나라 여대생을 대상으로 '직업이나 진로계획상의 진전을 방해하는 요인'으로 진로장벽을 정의하고, 진로선택과 진로결정에 부정적 영향을 주는 다양한 요인들의 방해 정도를 측정하기 위해 손은령(2001)에 의해 개발된 도구다. 하위요인으로는 차별, 직장생활에 필요한 개인특성의 부족, 다중역할로 인한 갈등, 미결정 및 직업준비 부족, 노동시장과 관습의 제약, 기대보다 낮은 직업 전망, 여성취업에 대한 고정관념 등이 있다.

3) 진로 결정문제 척도*

이 척도는 대학생을 대상으로 진로 미결정을 다루는 이론과 진로 미결정 분류에 관한 경험적 연구를 토대로, 진로 미결정을 야기하는 다양한 문제를 측정하기 위해 개발된 도구다. 이 척도는 진로 미결정의 하위 차원을 살펴보고자 하는 도구가 아니라, 진로 미결정의 상태를 가져오는 다양한 문제(준비 부족, 정보 부족, 모순된 정보)를 분류하는 데 초점을 두고 있다. Gati, Krausz와 Osipow(1996)가 개발하였으며, 이스라엘 대학생과 미국 대학생 두 집단을 대상으로 타당화되었다. 국내 진로상담 연구에서 김동준(1997)에 의해 번안되어 타당화된 후 다양하게 활용되어 왔다. 원 척도는 대학생을 대상으로 개발되었으나, 국내 연구에서는 청소년을 대상으로 활용되기도 했다.

4) 진로 미결정 프로파일

이 척도는 대학생의 진로 미결정문제를 측정하기 위해 개발되었다. Brown과 Rector(2008)는 진로 미결정과 관련된 경험적 연구물을 망라하여, 진로 미결정과 관련이 있다고 여겨지는 모든 변인을 수집하여 요인분석을 통해 진로 미결정의 요인을 네 가지 주요 잠재 요인으로 추출해 내었다. 이를 바탕으로 Brown 등(2012)이 167문항을 개발하여 타당화하였으며, 후에 Hacker, Carr, Abrams과 Brown(2013)이 65문항의 간략형 진로 미결정 척도를 개발하고 타당화하였다. 하위 영역은 신경증 및 부적 정서, 선택 및 전념하는 것에 대한 불안, 준비 부족, 대인관계에서의 갈등 등으로 구성되어 있다. 국내에서는 번안 및 타당화가 이루어지지 않았다.

5) 한국판 진로결정 척도*

이 척도(Korean Career Indecision Inventory: KCII)는 대학생의 진로 결정문제를 측정하기 위해 개발된 도구다. 한국의 대학생이 진로 결정에 어려움을 겪는 원인으로 진로정보가 부족해서, 자아정체감이 아직 제대로 형성되지 못해서, 우유부단해서, 진로를 결정해야 할 필요성을 별로 느끼지 못해서, 그리고 부모님 등 자신에게 가깝고 중요한 사람들로부터의 영향력 때문에, 학연문제 등 외부로부터 오는 장벽의 총 다섯 가지 요인이 있을 수 있다고 보았다. 탁진국과 이기학(2003)이 개발하였으며, 남녀 대학생을 대상으로 타당화되었다. 하위요인으로는 진로정보의 부족,

자아정체감의 부족, 우유부단함, 필요성 인식의 부족, 외부 장벽 등이 있다.

6) 진로결정 자율성 척도*

이 척도는 자기결정 동기 이론(Decy & Ryan, 2002)에 기초하여, 대학생을 대상으로 진로결정 과정에서 스스로 선택하고 즐겁게 진로 의사결정을 수행하는지, 아니면 외적인 불안에 의해서 또는 외부의 압력과 가치의 주입에 따라 진로를 결정하는지 그 동기의 유형을 측정하는 척도다. 진로상담 장면에서 내담자가 얼마나 내적인 동기에 따라서 스스로 자신의 진로를 결정한 것인지에 대한 평가는 내담자의 가치와 진정성을 확인할 수 있는 유용한 평가도구가 된다(최윤정, 구본정, 2010). Guay (2005)에 의해 개발되었으며, 내적동기, 동일시된 조절, 주입된 조절, 외적 조절 4개의 하위 요인으로 구성되어 있다. 국내에서는 한주옥(2004)이 타당화하였다.

7) 커리어넷 진로개발준비도 검사*

이 척도는 대학생이 자기주도적으로 진로를 개발하기 위하여 필요한 역량이 무엇인지를 파악하여 각 요소별로 부족한 점을 알고 이를 보완하기 위한 방법을 알 수 있도록 하기 위하여 개발되었다. 이 척도는 개인이 자신의 진로를 탐색하고 계획하여 준비하고 적응해 가는 과정에서 일정하게 요구되는 지적 · 정의적 특성을 개인이 대학생 전체 집단과 비교할 때 어느 정도 갖추고 있는가를 알게 해 줌으로써 보다 어떠한 노력을 해야 하는가에 대하여 조언을 제공해 준다. 임언, 이지연, 윤형한(2004)이 개발하였으며, 하위요인은 자기이해, 전공 및 직업에 대한 지식, 진로결정 확신도, 의사결정 자신감, 관계 활동 효능감, 구직기술 등이 있다.

8) 진로준비행동 척도

이 척도는 대학생을 대상으로 자신의 진로를 위한 준비행동을 실제 얼마나 하고 있고 구체적으로 실천하고 있는지를 평가하기 위한 도구다. 진로상담 종결 시에 내담자가 진로와 관련된 문제를 해결하기 위해 실행하는 정도를 평가할 수 있다. 김봉환(1997)이 대학생 55명을 대상으로 진로선택에 요구되는 행동에 대해 질의하여 응답한 내용과 진로준비행동과 관련된 해외 척도를 바탕으로 총 16문항의 척도를 개발하였다.

3. 진로상담을 위한 평가

1) 커리어넷 주요능력효능감 검사

대학생을 대상으로 다중 지능 이론에 근거해서 신체운동, 대인관계 능력, 언어능력, 논리수학적 능력, 시공간능력, 신체능력, 음악능력, 자기성찰능력, 자연친화능력의 아홉 가지 영역에서 주관적으로 자신의 능력을 추정해 볼 수 있는 검사 도구다. 임언과 정윤경이 2001년도에 개발한 중·고등학생을 위한 직업적성 검사 척도에 기초하여 개발되었다. 중·고등학생용 직업적성 검사와 하위영역 및 하위 요소는 동일하나 문항 형식에 차이가 있다.

2) 커리어넷 이공계전공적합도 검사*

이 척도는 이공계 학생에게 이공계 내의 세부 전공별 적합성에 대한 정보 제공을 위하여 개발되었다. 각 전공별 교과에 대하여 어느 정도의 자신감이 있는가를 알아보는 이공계 전공 교과 효능감과 전공 관련 직업

홍미도를 중심으로 한다. 이공계 내의 전공을 선택하고자 할 때, 전공군별 상대적 적합도를 평가해 볼 수 있도록 돕는다. 임언, 이지연, 윤형한(2004)에 의해 개발되었다. 11개 전공군(수학, 물리, 생명과학, 지구과학, 건축토목, 기계, 재료금속, 전기전자, 컴퓨터공학, 화학공학, 산업공학)별 교과에 대한 효능감 및 관련 직업에 대한 홍미를 측정한다.

제15장

성 인

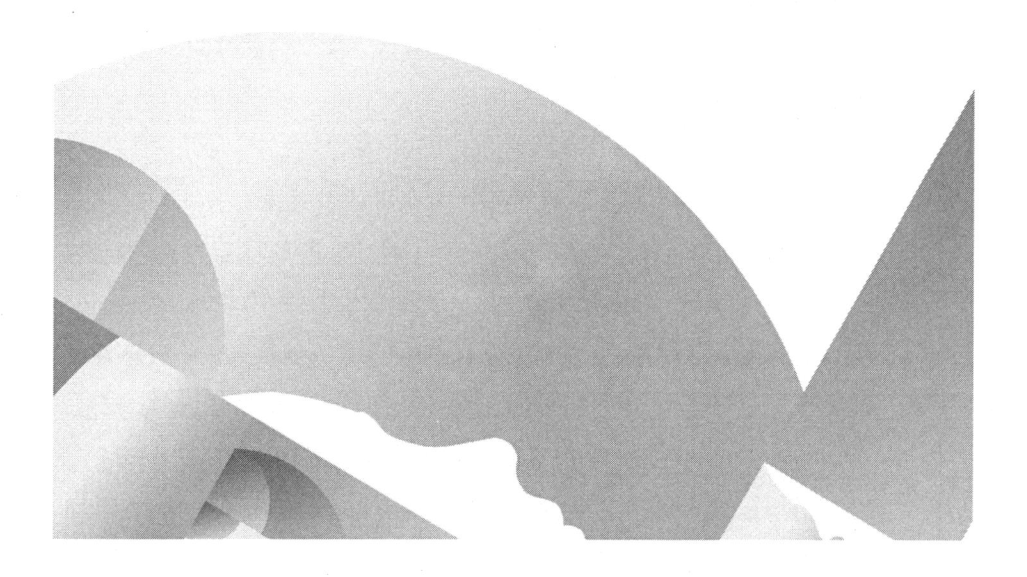

1. 진로발달 이론에 근거한 척도

1) 진로적응능력 검사*

이 척도는 성인의 진로성숙을 설명하기 위한 진로적응을 측정하기 위해 개발된 것이다. 즉, Savickas와 Porfeli(2011)는 기존의 진로성숙 검사(Career Maturity Inventory: CMI)를 개정하면서 진로적응성 척도를 제안하였다. 여기서의 진로적응은 각 개인이 일의 세계와 자신의 개인적 환경 사이에서 추구하는 균형에 초점을 맞춘 것으로 성인이 진로조건의 변화에 대응함에 따라 그 개인이 환경에 영향을 주고, 환경을 다시 그 개인에게 영향을 주게 되는 과정에서 나타나는 것이다(김봉환 외, 2010). Savickas와 Profeli(2012)가 진로적응능력 검사(Career Adapt-Abilities Scale: CAAS)를 제안하고 13개 국가에서 구성개념, 신뢰도, 측정의 동질성을 확인한 결과, 국가별 진로적응 개념에 대한 잠재적인 특성은 유사했고, 신뢰도는 편차가 존재하는 것으로 나타났다. 관심, 통제, 호기심, 자신감이라는 진로적응의 네 가지 차원을 측정한다.

2) 진로미래 검사 개정판

이 척도는 성인의 진로와 관련하여 미래에 대한 우호적인 시각이나 적응성을 평가하기 위해 개발된 도구다. 이 척도를 통해 진로적응, 진로에 대한 긍정성, 직업 시장에 대한 지식 등을 평가할 수 있다. Rottinghaus, Day와 Borgen(2005)는 Super와 Knasel(1981)의 진로적응성 구인에 대한 지속적인 연구를 실시한 Savickas(1997)의 진로적응성 개념을 확장하고 Scheier와 Carver(1985)의 기질적 낙관성에 기초하여 진로 관련 적응성 및 낙관성을 측정하는 진로미래 검사(Career Futures Inventory: CFI)를 개발하였다. 국내 진로상담 연구에서는 최옥현과 김봉환(2006)이 CFI를 번안 및 타당화하여 '진로미래 검사' 라는 이름으로 활용하고 있다. 그 이후 CFI를 Rottinghaus, Buelow, Matyja와 Schneider(2012)가 개정하여 진로미래 검사 개정판(Career Futures Inventory-Revised: CFI-R)이 연구되었다. 하위요인은 직업적 자각, 지지체계, 일-삶의 균형, 부정적인 진로 전망 등 다섯 가지다.

3) 결과기대 척도

이 척도는 대학생 이상의 성인을 대상으로 특정 행동을 수행한 결과에 대한 믿음(Lent & Brown, 2006)을 측정한다. 특히 진로결정에서 결과기대는 구체적인 교육, 진로 영역 의사결정에서 장기간의 성공적 결과에 대한 믿음이라 볼 수 있다. 이 척도는 Lent 등(2003)의 결과기대 척도를 참고하여 이정애(2009)가 개발하였으며, 단일 하위요인으로 구성되어 있다.

2. 진로상담 과정별 적용 가능한 척도

1) 생애 역할 중요도 척도

이 척도는 성인 남성과 여성을 대상으로 직업, 결혼, 부모, 가사의 역할과 관련된 개인의 기대를 측정하기 위해 개발된 도구다. 이 척도를 통해서 개인적 역할 기대의 두 가지 측면을 평가할 수 있다. 특정한 역할에 참여하고자 하는 개인적 중요성이나 가치 그리고 의도적으로 어떤 역할을 수행하기 위해 필요한 시간과 에너지를 들이는 정도를 각 역할에 대한 태도 문항을 이용하여 측정한다. Amatea, Cross, Clark과 Bobby (1986)에 의해서 개발되었으며, 국내 진로상담 연구에서 번안되어 타당화한 작업은 이루어지지 않았다. 네 가지 역할(부모, 결혼, 직업, 가사 역할)의 중요도와 헌신의 두 가지 측면, 즉 총 8개의 영역을 측정한다.

2) 일-가족 갈등 척도

이 척도(Carlson, Kacmar, & Willimas, 2000)는 성인 남녀를 대상으로 일이 가족의 역할을 수행하는 데 방해가 되는 갈등과 반대로 가족의 역할이 일의 역할에 방해를 주는 갈등을 측정하는 척도다. Carlson, Kacmar, Williams(1998; 2000)에 의해 개발되었으며, Greenhaus와 Beutell(1985)의 일-가족 갈등에 대한 방향(일→가족, 가족→일)과 내용(시간, 긴장, 행동에 기반한 갈등)의 두 가지 차원 구조를 이론적 근거로 문항을 구성하였다. 국내에서는 최윤정(2010)이 번안하여 타당화하였으며, 행동에 기반한 하위 차원에 대한 신뢰도 문제로 인해 제외하고 시간과 긴장을 기반으로 하는 일-가족 갈등, 가족-일 갈등에 관한 문항만을 이용하였다. 원척도는 ① 시간을 기반으로 하는 일-가족 갈등, ② 가족-일 갈등, ③ 긴장을 기반으로 하는 일-가족 갈등, ④ 가족-일 갈등, ⑤ 행동을 기반으로 하는 일-가족 갈등, ⑥ 가족-일 갈등의 여섯 가지 차원으로 구성되어 있다.

3) 일-가족 갈등 척도

이 척도(Cinamon & Rich, 2002)는 일과 가족 영역에서의 다중역할을 더 잘 이해하기 위하여, 일에서 가족으로, 그리고 가족에서 일로의 두 방향성을 모두 고려한 검사다(유성경, 홍세희, 박지아, 김수정, 2012). Cinamon과 Rich(2002)가 Gutek, Searle와 Klewoa(1991)의 양방향 일-가족 갈등 측정 도구를 수정 · 보완하여 개발하였다. 국내에서는 유성경 외(2012)가 한국의 기혼 취업모를 대상으로 타당화하였다. 하위요인은 일 → 가족 갈등 요인, 가족 → 일 갈등 요인 등이 있다.

4) 한국인 직무스트레스 측정도구*

이 척도는 한국인 직무스트레스 측정도구의 표준화 전국조사연구를 통해서 개발된 도구다. 전국의 사업장에 근무하는 근로자 12,631명(남자 77%, 여자 23%)을 대상으로 하여 우리나라 직장인에게 발생할 수 있는 일반적이면서도 한국적인 직무스트레스 요인을 찾아내기 위한 목적으로 개발하였다. 이 척도를 통해서 직장인의 직무스트레스의 원인(물리환경, 직무 요구, 직무 자율성 결여, 관계 갈등, 직무 불안정, 조직체계, 보상 부적절, 직장문화)을 진단하고 직무스트레스 수준을 평가하는 데 활용할 수 있다.

5) 정서 · 성격 진로문제 척도*

이 척도는 19~30세의 성인을 대상으로 진로 결정문제와 관련된 정서 · 성격적 양상을 측정하기 위해 개발된 도구다. 이 척도는 진로 의사결정 과정에서 경험하는 주관적인 정서와 개인의 성격적인 부분과 관련된 어려움을 측정하기 위해 개발되었다. Saka, Gati와 Kelly(1996)에 의해서 개발되었으며, 국내 진로상담 연구에서는 최근 민경희(2012)가 대학생을 대상으로 번안하고 타당화하였다. 비관적 관점, 불안, 자아개념 및 자아 정체감 세 가지 하위 척도로 구성되어 있으며, 각각의 척도는 소하위 척도로 구성되어 있다.

6) 사회적 지지 척도

이 척도는 Vaux, Riedel과 Stewart(1987)에 의해 개발된 척도로, 성인 남녀가 지각한 사회적 지지를 정서적 지지, 사교적 지지, 물질적 지지,

재정적 지지, 충고/안내 지지의 차원에서 가족과 친구에 대한 지지원으로 구분하여 5점 척도로 반응하도록 설계된 척도다. 국내 진로상담 연구에서는 번안되고 타당화한 연구는 아직 없다.

7) 직무만족지수

이 척도는 성인의 전반적인 직무환경을 설명하는 문항으로 구성되어 있으며 다양한 직무에 대해 사용할 수 있는 척도다. Brayfield와 Rothe(1951)이 개발하였으며, 이 척도에서의 직무만족은 일에 대한 개인의 태도를 통해 추정된다. 국내 진로상담 연구에서는 번안되고 타당화한 연구는 아직 없다.

8) 직무전반조사

이 척도는 성인의 전반적인 직무만족을 측정하기 위해 개발된 도구다. 직무만족의 측정에 있어서 문항별 만족도의 합이 아닌 별도의 측정도구를 사용하여, 전반적 직무만족에 기여하는 비중을 고려해야 한다고 전제하고 있다. Ironson 등(1989)에 의해 개발되었으며, 국내 진로상담 연구에서 번안되고 타당화한 연구는 아직 없다.

9) 단일 문항을 통한 직무만족의 측정

이 척도는 단일 문항을 통해 성인의 전반적인 직무만족을 측정하기 위해 개발되었다. 국외에서는 Wanous, Reichers와 Hudy(1997)에 의해 전반적 직무만족을 측정하는 단일 문항에 대한 메타분석을 실시하여 그 타당성을 검증하였고 국내에서는 장재윤(2010), 유지수, 장재윤(2011) 등의 연구에서 활용된 바 있다.

10) MSQ 미네소타만족설문지*

이 척도는 성인의 직무만족을 측정하기 위해 미네소타 대학교 직업심리연구소(Vocational Psychology Research)에서 개발되었다. 이 척도는 직무만족을 내재적인 변인, 외재적인 변인, 전반적인 지료 변인으로 나누어 측정하는데, 양식에 따라 20문항에서 100개 문항으로 문항 수가 달라 연구자 또는 임상가의 필요에 따라 선택하여 사용할 수 있다. Weiss, Dawis, England와 Lofquist(1967)에 의해 개발되었으며, 국내에서는 문항이 이상금(1996)에 의해 번역된 척도나 박아이린(2005)이 번안 및 타당성을 확인한 척도가 사용되고 있다.

11) 직무서술지수

이 척도는 성인의 직무만족을 측정하기 위해 개발되었다. 직무에 대한 인지적 요소를 측정하기 위해 좋거나 나쁜 감정을 유도 수 있는 형용사들을 선택함으로써 감정적 요소에 의한 왜곡을 줄이는 강점이 있다. 이 검사도구는 직무만족도를 복수의 개념으로 파악하고 있으며 '근로자로서 자신의 직무에 대한 느낌(feeling)'으로 정의하고 있다. Smith, Kendall과 Hulin(1969)이 개발하였고, 이후 여러 차례 수정되었으며, Brodke(2009)의 개정판 등이 나와 있다. 직무, 급여, 승진기회, 감독, 동료 등의 다섯 가지 요인으로 구성되어 있다. 국내에서의 번안 및 타당화는 이루어지지 않았다.

12) 직무충족도

이 척도는 직무충족(satisfactoriness)을 측정하기 위한 것이다. 직무충족이란 개인의 능력과 태도가 직업환경의 요구 조건에 부합되는 정도를 의미한다. 즉, 근로자에 대한 조직의 만족도를 측정하기 위한 것으로 근로자의 상사에 의해 평정되는 척도다. 이 척도는 평가자에게 직업이 요구하는 개인의 능력과 태도의 부합 정도를 직접적으로 질문하여 파악한다. 이 척도는 국내에서는 타당화된 바 없으나 명대정(2013)의 연구에서 체계적인 번안과정을 거쳐 문항 내용을 확인하고 수정 · 보완하여 활용되었다. 저작권은 Vocational Psychology Research 406 Elliott Hall University of Minnesota Minneaplois, Minnesota 55455.에 있다.

3. 진로상담을 위한 평가

1) 직업선호도 검사*

Holland의 이론에 기초하여 노동부가 개발한 직업선호도 검사다. 고용노동부 고용정보시스템인 '워크넷(www.work.go.kr)'에서 무료로 제공받을 수 있다. 검사 대상은 만 18세 이상 연령이다.

2) 홀랜드 적성탐색 검사*

Holland가 제시한 여섯 가지의 직업환경 유형과 여섯 가지의 결합된 개인적 행동양식에 따라, 성격특성과 환경특성과의 상호작용에 주안점을 두어 개발된 검사도구다. 국내에서는 안창규(1997)가 미국의 SDS를 한국의 문화적 차이를 감안하여 재구성하였다.

3) 스트롱 직업흥미 검사*

이 검사는 다양한 직업에 종사하는 사람들의 흥미패턴을 사람들의 교육 및 진로계획 수립에 도움을 주려는 목적으로 Strong이 1927년에 SVIB(Strong Vocational Interest Blank)를 제작한 것에서 시작된 검사다. 이후 여러 차례의 개정을 통해 일반직업분류(General Occupational Themes: GOT), 기본흥미 척도(Basic Interest Scale: BIS), 직업 척도(Occupational Scales: OS), 그리고 SS 척도(Special Scales: 학문적인 편안함/내외향성을 측정하는 척도)로 구성되었다. 국내에서는 김청택 등(2001)에 의해 한국심리 검사연구소에서 출간되었고, 지금은 어세스타에서 이용이 가능하다. 한국판 스트롱 진로탐색 검사에는 미국의 GOT를 채택, 한국에서 자체 개발한 진로성숙도 척도를 포함하였으며, 스트롱 직업흥미 검사에서는 GOT, BIS, PSS의 세 가지 세부 척도를 적용하였다.

4) 직업가치목록

이 척도는 중학교 1학년 이상 대학생 및 일반 성인을 대상으로, 일에 대한 동기에 영향을 미치는 가치를 평가하기 위한 도구다. 일 자체가 갖는 보상적 측면인 내적 가치, 외적인 보상을 얻기 위한 수단적 측면의 외적 가치를 평가한다. Super(1957)가 진로 유형 연구에서 직업가치목록을 개발한 이래, 여러 차례 개정이 이루어졌다. 국내 연구에서는 Super(1970)가 개발한 직업가치목록(Work Value Inventory: WVI)을 번안하여 사용하였으나 타당화는 이루어지지 않았다.

5) 미네소타 직업가치 검사, 미네소타 중요도 검사

이 검사는 직업적응(work adjustment) 이론에 기반하여 개발되었다. 16세 이상의 성인을 대상으로 개인의 일과 관련된 욕구 및 가치를 측정하고, 이러한 욕구 및 가치와 각 직업이 제공하는 강화물 간의 일치를 통해 직업만족도를 예측하기 위하여 개발된 검사다(Rounds et al., 1981).

Schaffer(1953)의 연구 이후 수차례 개정을 거치며 Rounds, Henly, Dawis, Lofquist와 Weiss(1981)에 의해 최종 개발되었다. 성취, 편안함, 지위, 이타성, 안정성, 자율성 등 6개의 가치요인으로 구성되어 있다. 국내 연구에서는 이 척도가 번안되어 사용되었으나 타당화 작업은 이루어지지 않았다.

6) 한국고용정보원 직업가치관 검사*

이 검사는 한국고용정보원이 운영하는 웹사이트 워크넷(www.work.go.kr)에서 무료로 제공하는 검사다. 만 15세 이상의 중 · 고등학생 대상과 대학생 및 일반구직자 대상으로 구분되어 있다. 개인이 중요하게 생각하는 직업가치관을 측정하여, 성취, 봉사, 개별활동, 직업안정, 변화지향, 몸과 마음의 여유, 영향력 발휘, 지식추구, 애국, 자율, 금전적 보상, 인정, 실내활동 등 총 13개 하위요인으로 구성되어 있다.

7) 성인용 웩슬러 지능 검사*

이 검사는 일반적 지능과 비지적 차원인 정신병리를 동시에 측정하기 위한 목적으로 개발되었다. 1997년 성인용 지능 검사 3판이 표준화되었다. 국내에서는 성인용 수정판(WAIS_R)(Wechsler, 1981)을 이용하여 한국판 웩슬러 성인용 지능 검사(Korean-Wechsler Adult Intelligence Scale: K-WAIS)가 표준화되어 사용되고 있다.

8) 직업능력 평가도구

대학생이나 성인의 경우 직업능력을 평가하기 위해서 대기업에서 활용하는 인적성 평가 등의 기출 문제를 통해서 점검할 수 있다. 또는 청소년과 마찬가지로, 워크넷에서는 대학생과 성인을 대상으로 실시하는 성인용 적성 검사를 무료로 실시할 수 있다.

9) 워크넷 성인용 직업적성 검사*

이 검사는 만 18세 이상 성인의 직업선택 시 중요한 능력과 적성을 토대로 적합한 직업을 선택할 수 있도록 돕기 위해 개발되었다. 이 검사는 11개 적성 요인에 대하여 직업적성을 종합적으로 판단하는 능력 검사로 구성되어 있으며 시간 제한(약 90분)이 있다. 워크넷에서 무료로 제공 중이다.

10) 워크넷 영업직무 기본역량 검사

이 검사는 만 18세 이상 성인을 대상으로, 영업직을 세분화하여 이 분야에 적합한 개인의 역량을 파악할 수 있도록 개발되었다. 이 검사는 이 검사는 적성과 인성을 종합적으로 판단하는 검사로 시간 제한(약 50분)이 있다. 인성과 적성요인의 두 가지 측면을 측정하며, 그 하위요인으로 언어력, 기억력, 근면, 자율, 심리적 탄력, 사회성, 타인배려, 감정조절 등 8개 영역으로 구성된다.

11) 기질 및 성격 검사*

이 검사는 Clonninger의 심리생물학적 인성모델에 기초하여 개발되었고, 한 개인의 기질 및 성격을 측정한다. 기질을 측정하는 4개의 척도(자극추구, 위험회피, 사회적 민감성, 인내력)와 성격을 측정하는 3개의 척도(자율성, 연대감, 자기초월)를 포함하여 모두 7개의 하위 척도로 이루어져 있다. 1994년 Cloninger와 동료들에 의해 개발되었으며, 국내에서는 민병배, 오현숙, 이주영(2004)에 의해서 청소년용을 출간한 이후로 성인용, 아동용, 유아용을 대상으로 표준화되어 사용되고 있다.

제16장

장애인

지적장애인용 그림 직업흥미 검사

자기개념 검사

장애인용 구직욕구 진단 검사

직업기능스크리닝 검사

장애학생 직업재활훈련 핵심 성과지표

장애대학생용 진로장벽 검사

장애수용 척도

지적장애인용 그림 직업흥미 검사*

검사 개요

이 검사는 자신이 흥미로워하는 일을 알고 싶은 모든 장애인에게 적용할 수 있지만, 특히 지적장애를 가진 고등학생 혹은 성인 여성과 남성을 위해 개발된 척도다. 그림 직업흥미 검사는 그림을 통해 자신이 좋아하는 일과 활동을 찾도록 구성되어 있는 검사로서 글을 읽는 것이 다소 어려운 사람들을 위하여 구체적인 직업 활동을 그림으로 나타내었다는 특징이 있다. 이 검사는 그림 이해와 응답 연습을 거쳐 이 검사를 시작하도록 구성되어 있어 그림에 대한 이해력이 충분한 수준인지, 자신의 생각을 응답으로 표현할 수 있는지를 먼저 점검하도록 되어 있다. 이 검사에서 보여 주는 직업그림은 지적장애를 가진 사람이 가장 많이 하고 있는 직업이므로 지적장애를 가진 사람에게 가장 높은 만족도를 줄 수 있을 것이다.

검사의 개발

이 검사는 장애인고용공단에서 외부 연구단에 위탁하여 개발한 직업흥미 검사로서, 언어적 소통이 어려운 청각 장애인 혹은 언어적 능력(혹은 지적 능력)의 부족으로 언어성 검사가 어려운 지적 장애인을 대상으로 개발되었다. 검사의 개발은 지적 장애인이 가장 높은 취업률을 보이는 직업군에 대한 조사부터 시작되었으며, 직업군과 관련한 직무를 파악하여 삽화 제작에 들어갔다. 이후, 삽화를 정확하게 인식하는지에 대한 타당화 과정을 거쳤으며 현재 장애인고용공단 웹사이트에서 무료로 제공하고 있다.

 검사의 구성

이 검사는 서비스, 제조, 음식, 세탁, 청소, 임농의 여섯 가지 직업 분야에 대하여 운반, 정리, 조작이라는 활동 영역을 포함하여 각각의 직업 분야를 표현하는 그림 여섯 가지 중에 하나를 선택하도록 구성되어 있다. 또한 개인 활동과 집단 활동, 실내 활동과 실외 활동을 구분하는 그림이 포함되어 있어 활동 영역에 대한 선호도를 파악할 수 있다. 예비 검사는 2문항으로 이 검사를 시행하기 전에 시행하도록 되어 있으며 이 검사는 63문항으로 일관성 5문항을 포함하여 구성되어 있다.

 신뢰도 및 타당도

흥미 영역별 문항의 내적 일치도를 Kuder-Richardson의 내적일치도로 확인한 결과 신뢰도 계수 α는 .73~ .46으로 나타났으며, 재검사 신뢰도를 측정한 결과 .786~.520으로 나타났다.

 원 검사의 출처

한국장애인고용공단 웹사이트
(https://www.kead.or.kr/view/service/ service03_09_04.jsp)

 이 검사를 사용한 국내 연구

박휘숙(2001). 정신지체학생의 직업흥미도 특성분석. 인제대학교 석사학위논문.
이경림, 박희숙(2011). 정신지체학생의 직업흥미도 특성 분석. 지적장애연구, 13(4), 287-307.

 검사의 내용(한국장애인고용공단 웹사이트)

진로적응능력 검사

검사안내 1 | 정보입력 2 | 검사전 연습 3 | 검 사 4 | 완 료 5

1. 검사개요

가. 사람들은 자기가 좋아하는 일을 할 때, 더욱 즐겁고 만족스럽습니다. 또, 즐겁게 좋아하는 일을 하다가 보면, 그 일을 더욱 잘 할 수 있게 됩니다.

나. 이 검사는 그림을 통해 여러분이 좋아하는 일과 활동을 찾도록 도와주는 검사입니다.

다. 이 검사는 글을 읽기 어려운 사람들을 위하여 그림으로 만들어져 있습니다.

라. 이 검사는 여러분에게 여러 가지 직업의 다양한 활동들을 2개씩 보여줍니다. 여러분은 2개의 그림 중 더 하고 싶은 일, 혹은 더 재미있을 것 같은 일을 고르시면 됩니다.

마. 이 검사를 마치고 나면, 여러분은 6가지 분야의 직업 중에서 여러분이 좋아하는 직업이

취 소 × | 다 음 >

검사안내 1 | 정보입력 2 | 검사전 연습 3 | 검 사 4 | 완 료 5

2. 검사대상

이 검사는 자신이 좋아하는 일을 알고 싶어 하는 모든 사람이 하실 수 있지만, 특히 지적장애를 가지신 분을 위해 만들어졌습니다. 이 검사에서 보여주는 직업그림들이 바로 지적장애를 가지신 분들이 많이 하고 있는 일들이기 때문입니다.

이 전 | 다 음 >

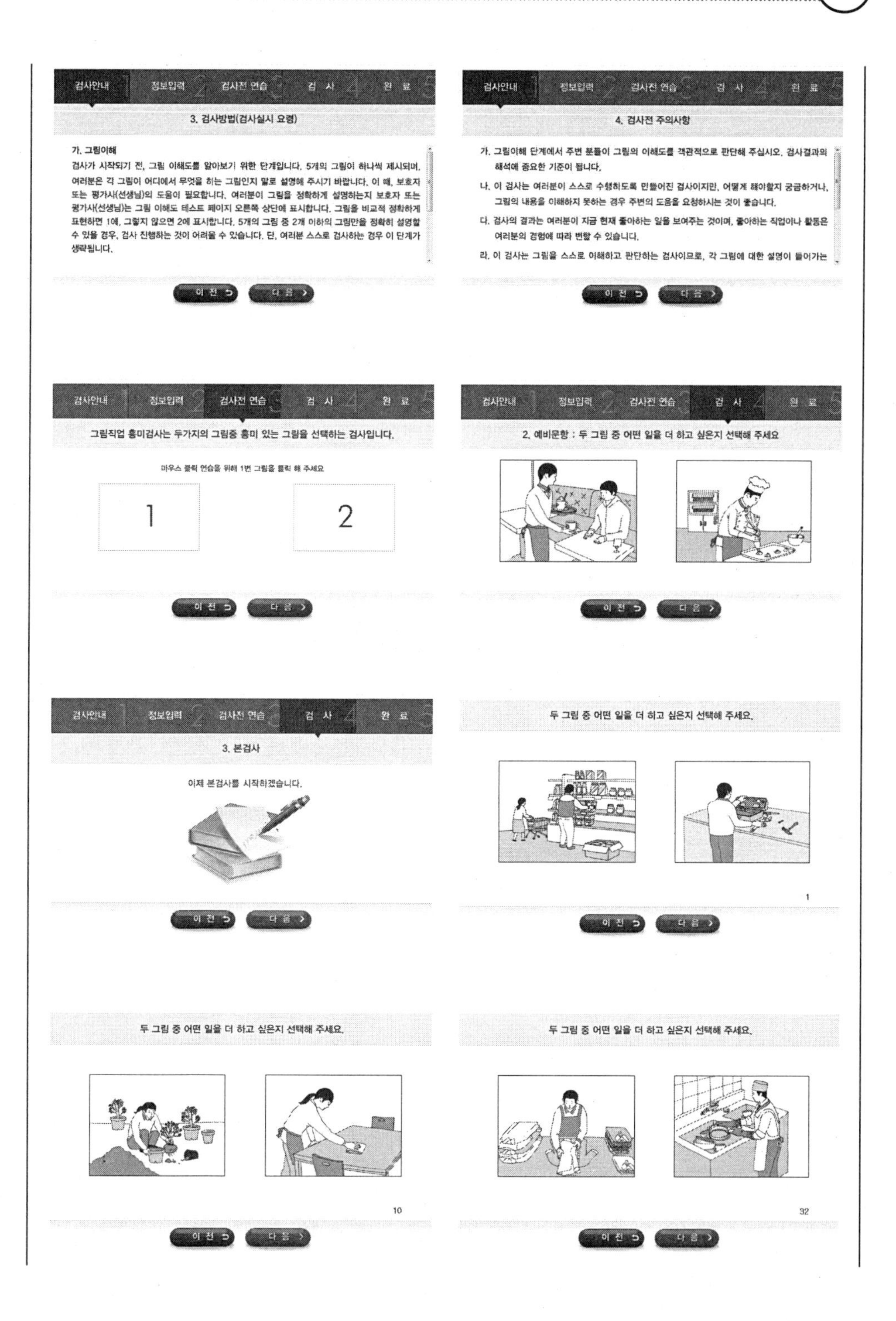
검사안내
정보입력
검사전 연습
검 사
완 료
3. 검사방법(검사실시 요령)
가. 그림이해
검사가 시작되기 전, 그림 이해도를 알아보기 위한 단계입니다. 5개의 그림이 하나씩 제시되며, 여러분은 각 그림이 어디에서 무엇을 하는 그림인지 말로 설명해 주시기 바랍니다. 이 때, 보호자 또는 평가사(선생님)의 도움이 필요합니다. 여러분이 그림을 정확하게 설명하는지 보호자 또는 평가사(선생님)는 그림 이해도 테스트 페이지 오른쪽 상단에 표시합니다. 그림을 비교적 정확하게 표현하면 1에, 그렇지 않으면 2에 표시합니다. 5개의 그림 중 2개 이하의 그림만을 정확히 설명할 수 있을 경우, 검사 진행하는 것이 어려울 수 있습니다. 단, 여러분 스스로 검사하는 경우 이 단계가 생략됩니다.
이 전
다 음
4. 검사전 주의사항
가. 그림이해 단계에서 주변 분들이 그림의 이해도를 객관적으로 판단해 주십시오. 검사결과의 해석에 중요한 기준이 됩니다.
나. 이 검사는 여러분이 스스로 수행하도록 만들어진 검사이지만, 어떻게 해야할지 궁금하거나, 그림의 내용을 이해하지 못하는 경우 주변의 도움을 요청하시는 것이 좋습니다.
다. 검사의 결과는 여러분이 지금 현재 좋아하는 일을 보여주는 것이며, 좋아하는 직업이나 활동은 여러분의 경험에 따라 변할 수 있습니다.
라. 이 검사는 그림을 스스로 이해하고 판단하는 검사이므로, 각 그림에 대한 설명이 들어가는
그림직업 흥미검사는 두가지의 그림중 흥미 있는 그림을 선택하는 검사입니다.
마우스 클릭 연습을 위해 1번 그림을 클릭 해 주세요
1
2
2. 예비문항 : 두 그림 중 어떤 일을 더 하고 싶은지 선택해 주세요
3. 본검사
이제 본검사를 시작하겠습니다.
두 그림 중 어떤 일을 더 하고 싶은지 선택해 주세요.
1
두 그림 중 어떤 일을 더 하고 싶은지 선택해 주세요.
10
두 그림 중 어떤 일을 더 하고 싶은지 선택해 주세요.
32

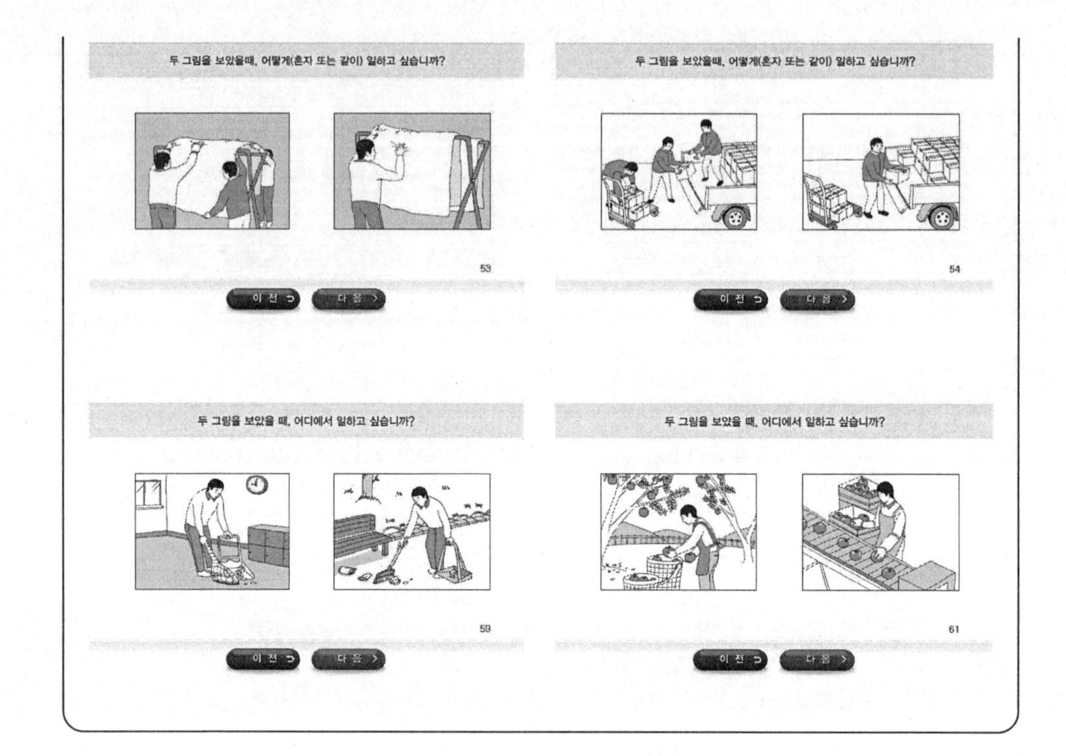
두 그림을 보았을때, 어떻게(혼자 또는 같이) 일하고 싶습니까?
53
이 전
다 음
두 그림을 보았을때, 어떻게(혼자 또는 같이) 일하고 싶습니까?
54
이 전
다 음
두 그림을 보았을 때, 어디에서 일하고 싶습니까?
59
이 전
다 음
두 그림을 보았을 때, 어디에서 일하고 싶습니까?
61
이 전
다 음

자기개념 검사*

 검사 개요

이 검사는 지체장애, 뇌병변 장애를 가진 성인 남성과 여성을 대상으로 개발한 척도로서 이외에 내부 장애인과 감각 영역 장애인, 정신적 장애인은 평가사의 도움을 받아 진행할 수 있다. 자기개념 검사는 자신에 대한 느낌과 판단, 그리고 장애에 대한 영향정도와 극복의지를 파악하기 위한 척도로서, 자기 자신에 대한 자신감을 측정하여 앞으로의 사회생활, 직업생활에 있어 장점은 더욱 부각시키고 단점은 보완할 수 있는 방법을 알아보기 위한 검사다. 부정적 자기개념은 행동을 위축시키고 자신감을 떨어뜨리며 부적응을 유발하는 반면, 긍정적 자기개념은 스스로의 능력을 믿고 자신감을 가짐으로써 새로운 일에 도전하고 적극적으로 생활하게 하므로 직업생활을 앞두고 있거나 직업인으로서 준비단계에 있는 장애인의 심리 내적인 강점을 살펴보는 데 활용할 수가 있다.

 검사의 개발

자기개념 검사는 2001년도에 개발된 자아인식 검사와 자아수용 검사를 하나의 검사로 합쳐 장애인의 특성을 충분히 반영하되 기존보다 쉽고 간단하게 재구성한 검사다. 현재 장애인고용공단 웹사이트에서 무료로 제공하고 있다.

검사의 구성

이 검사는 자기확신, 직업생활의욕, 가족관계, 대인관계, 계획수립, 장애몰입(직접적 영향, 상대적 영향), 장애극복으로 이루어진 일곱 가지 하위 영역에 해당하는 총 74문항으로 구성되어 있으며, 4점 척도로 반응한다.

- 자기확신
  직업생활뿐만 아니라 자신의 전반적인 삶 속에서 자신에 대한 믿음을 측정
- 직업생활의욕
  직업생활에 있어서 본인 스스로의 능력과 함께 직장 내 대인관계 능력에 대한 자신감을 측정한다.
- 가족관계
  가족관계에서 자신의 위치에 대한 자가과 가족에 대한 만족도 등을 측정한다.
- 대인관계
  낯선 사람과의 만남이나 적절한 인간관계 형성에 대한 자신감을 측정한다.
- 계획수립
  자신 스스로 어떤 일에 목표를 설정하고 이를 이루기 위한 계획 수립 정도를 측정한다.
- 장애몰입

- 직접적 영향: 자신의 삶과 일, 대인관계 등 전반전인 삶에 있어서 장애로 인한 영향을 얼마만큼 받고 있다고 생각하는지 측정한다.
- 상대적 영향: 자신의 장애로 인하여 어떤 일을 직접적으로 할 수 없다기보다 장애상황과 관련하여 비장애인과의 비교, 즉 '장애가 없었다면 어떠하였을까' 라는 비교로 인하여 자신감을 저하시키는 정도를 측정한다.

• 장애극복
장애를 지니고 있지만 삶은 즐겁고 재미있으며 장애와 상관없이 많은 일을 할 수 있으리라고 생각하는 긍정적인 마음가짐을 측정한다.

신뢰도 및 타당도

이 검사의 기반이 되었던 기존 자아인식 검사의 신뢰도는 .66~.88로 나타났고, 자아수용 검사는 .60~.84로 나타난 반면 이 척도의 신뢰도는 .776~.940으로 매우 높은 것으로 나타났다. 이 척도의 타당도는 기존 자아인식 검사를 기반으로 하여 추출된 자기개념 다섯 가지 요인이 전체 설명량의 45.4%로 RMR, GFI, AGFI, NFI 값이 각각 .39~.57, .903~.944, .877~.922, .735~.902로 나타났다. 기존 검사와 비교했을 때, RMR과 NFI 값은 유사하나 GFI와 AGFI값은 다소 낮은 것으로 나타났으며 RMSEA 값은 .063으로 나타나 모형적합성을 양호한 것으로 나타났다. 또한 자아수용 검사를 기반으로 추출된 자기개념 세 가지 요인은 기존 검사보다는 대부분의 영역에서 다소 저하된 값을 보였지만 RMSEA 값이 .064로 모형적합성은 양호한 것으로 나타났다.

 원 검사의 출처

한국장애인고용공단 웹사이트
(https://www.kead.or.kr/view/service/ service03_09_02.jsp)

 이 검사를 사용한 국내 연구

이성순(2009). 중도장애인의 자조집단 참여활동이 자기개념에 미치는 영향: 제주지역 지체장애, 뇌병변장애를 중심으로. 제주대학교 교육대학원 석사학위논문.

 검사의 내용(한국장애인고용공단 웹사이트)

자기개념 검사는 자신에 대한 느낌과 판단, 그리고 장애에 대한 영향 정도와 극복의지를 파악하기 위한 척도입니다. 이 척도를 잘 읽고 응답하여 주시기 바랍니다. 시간제한은 없으며, 자신의 능력, 자기 자신, 장애에 대해 어떤 생각을 가지고 있는지 가능한 솔직하게 응답하여 주시기 바랍니다.

1··················2··················3··················4

전혀 그렇지 않다 매우 그렇다

1. 자기확신

____ 나는 내 자신이 자랑스럽다.

____ 나는 내가 잘할 수 있는것이 무엇인지 정확하게 알고 있다.

____ 나는 내 자신의 재주를 믿는다.

____ 나는 솜씨가 좋다고 생각한다.

____ 나는 모든 일에 자신 있을 때가 많다.

____ 나는 쉽게 성공할 것 같지 않다.
____ 나는 무엇이든 쉽게 배우는 편이다.
____ 나는 스스로를 상당히 괜찮은 사람이라고 생각한다.
____ 나는 무슨 일을 하든지 잘 해낼 자신이 있다.
____ 나는 내 삶을 내 뜻대로 할 수 있다고 생각한다.

____ 나는 여러 가지 어려운 일을 쉽게 해결할 수 있다.
____ 다른 사람들은 내가 능력 있는 사람이라고 생각하는 것 같다.
____ 나는 조금만 일해도 사람들로부터 인정받을 수 있을 것 같다.
____ 내 자신의 능력을 믿을 수 없다.
____ 나는 능력 있는 편이다.

____ 나는 사회에서 꼭 필요한 존재다.
____ 나는 일을 잘하는 편이라고 생각한다.
____ 나는 할 수 있는 것이 많은 편이다.
____ 나는 창의적인 사람이다.
____ 나는 일을 잘할 수 있는 재주를 타고 난 것 같다.

2. 직업생활의욕
____ 나는 직장동료와 잘 어울릴 수 있을 것이라고 생각한다.
____ 나는 앞으로 주어지는 일에 있어서 지금보다 더 잘할 수 있다.
____ 나는 앞으로 훌륭한 근로자가 될 수 있다.
____ 나는 일을 잘할 자신이 있다.
____ 나는 지금보다 일을 더 잘할 수 있다.

____ 주위 사람의 의견을 잘 듣는다.

____ 나는 열심히만 하면 모든 일을 잘할 수 있다.

____ 다른 사람이 보는 입장이나 관점을 이해하려고 노력한다.

____ 노력을 하면 목표를 달성할 수 있다.

3. 가족관계

____ 나는 나의 가족에게 꽤 중요한 존재다.

____ 나와 우리집 식구와의 관계는 만족스러운 편이다.

____ 나는 가족에 대해서 상당한 관심을 가지고 있다.

____ 집안에서 나를 자랑스럽게 생각한다.

____ 우리 가족은 자유롭게 대화하는 편이다.

____ 나의 의견은 종종 집안에서 무시된다.

____ 가족과 상의하는 것이 어렵다.

____ 내 딴에는 우리집 식구를 잘 이해하고 있다고 생각한다.

____ 나는 우리집 식구가 나를 별로 신통치 않게 여기고 있다고 생각한다.

____ 우리 식구는 서로의 의견을 존중한다.

____ 나는 행복한 가정에서 살고 있다.

____ 나는 우리집에서 사랑을 받지 못하고 있다.

4. 대인관계

____ 나는 모르는 사람들과 어울릴 때 어딘지 어색함을 느낀다.

____ 나는 새로운 사람을 사귈 때 자신감이 부족하다.

____ 남들과 친밀하게 사귀는 것이 퍽 어렵다.

____ 나는 친구가 별로 없다.

____ 낯선 사람과 이야기하는 것이 어렵다.

5. 계획수립

____ 나의 거의 모든 행동에는 목적이 있다.

____ 나는 쉽게 포기한다.

____ 나는 일을 할 때 미리 목표를 정해 놓는다.

____ 나는 계획을 세우고 난 후 일을 시작한다.

____ 나는 하루하루 계획 없이 사는 편이다.

6. 장애몰입-직접적 영향

____ 나는 장애 때문에 할 수 없는 것이 많다.

____ 장애가 내 인생에 어떠한 방식으로는 영향을 준다.

____ 장애 때문에 내 능력을 발휘하는 것이 어렵다.

____ 장애는 모든 것을 다르게 생각하도록 한다.

____ 나는 살아가면서 장애 때문에 비참함을 느낀다.

____ 나의 가장 큰 소원은 장애가 없는 것이다.

____ 장애에 대해서 생각할 때, 할 수 없는 일 때문에 슬퍼지곤 한다.

____ 장애는 나에게 나쁜 영향을 끼치고 있다.

____ 나에게 장애가 없었다면 현재보다 나은 인간관계를 유지할 수 있었을 것이다.

____ 장애가 마음에 걸려서 마음먹은 일을 할 수 없을 때가 많다.

____ 나는 장애로 인해 좋은 기회를 놓치고 있다.

____ 장애로 인해 나는 비장애인이 할 수 있는 일을 하지 못한다.

____ 나는 장애로 인하여 내가 하고 싶은 일을 하지 못한다.

____ 사람들이 할 수 있는 일을 내가 할 수 없을 때 기분이 나쁘다.

____ 나는 장애로 인하여 내가 되고 싶은 인물이 되지 못한다.

7. 장애몰입-상대적 영향

____ 비장애인이 될 수 없기 때문에 나에게 가치 있는 일은 거의 없다.

____ 아무리 노력을 하고 열심히 한다 해도 비장애인보다 잘할 수는 없다.

____ 장애인이 아무리 일을 잘한다 해도 장애가 없는 사람보다 나을 수 없다.

____ 나는 장애로 인해 다른 데에 신경쓰기가 어렵다.

____ 나는 신체와 관련된 일 외에도 다른 많은 일을 할 수 없다.

8. 장애극복

____ 장애인이라는 것을 잊고 살 만큼 재미있는 일이 많다.

____ 장애 때문에 불편하지만 마음만 먹으면 무엇이든 할 수 있다.

____ 장애를 가지고 있지만 내 인생은 전혀 부족함이 없다.

장애인용 구직욕구 진단 검사*

검사 개요

이 검사는 장애인 성인 남성과 여성을 대상으로 구직자 스스로 구직욕구가 얼마나 있는지, 본인이 가지고 있는 장애에 대한 수용태도가 어떠한지 객관적으로 확인하기 위해 개발된 도구다. 이 척도는 노동부에서 직업상담 및 지도에 활용하기 위하여 1999년에 제작한 구직욕구진단 검사를 장애인에 맞게 재구성 및 추가 단계를 거쳐 만들어진 것으로, 이 검사에서 측정하고자 하는 구직욕구는 취업과 직장생활에 대한 욕구를 의미한다. 구직욕구가 높을수록 구직 대기 기간이 단축되고 직장유지 기간이 달라질 수 있으므로 장애인 스스로 본인의 장애와 구직욕구에 대한 생각을 객관적으로 비교 · 평가하는 문항을 이용하여 측정하도록 구성되었다.

검사의 개발

이 검사는 노동부 중앙 고용노동 정보관리소에서 1999년에 개발한 '구직욕구진단 검사' 를 장애인에게 적합하도록 검사문항을 일부 수정 ·

보완하고 장애수용 정도(7문항)를 파악할 수 있는 문항을 추가하여 재구성하였다. 현재 장애인고용공단 웹사이트에서 무료로 제공하고 있다.

검사의 구성

구직욕구 측정요인(구직욕구 적극성, 일자리 수용자세, 경제적 어려움), 장애유형 측정요인(장애수용 정도), 응답 신뢰성 측정요인(사회적 바람직성)의 세 가지 측정요인 다섯 가지 하위영역에서 각각 6~9문항씩 총 36문항으로 구성되었으며 5점 척도로 반응한다.

- 구직욕구 적극성(7문항)
  - 구직을 향해 얼마나 적극적으로 활동하는지 알아보는 문항으로 높은 점수일수록 구직에 적극성을 띄는 상태라고 할 수 있다.
- 일자리 수용자세(7문항)
  - 직업을 선택할 때 얼마나 취업 조건을 고려하는지에 대한 문항으로 높은 점수일수록 구인 업체의 조건을 따지지 않고 우선 취업하고자 하는 수용적인 상태라고 할 수 있다.
- 경제적 어려움(6문항)
  - 현재 경제적인 압박의 정도를 측정하는 문항으로 높은 점수일수록 경제적 압박감이 높음을 나타내며 구직욕구가 높은 상태라고 할 수 있다.
- 장애수용상태(7문항)
  - 자신의 장애에 대하여 어떤 심리적인 태도를 가지고 있는지 측정하는 문항으로 높은 점수일수록 장애가 대인관계 및 사회생활에 있어 큰 부담을 주지 않는다고 할 수 있다.
- 응답신뢰성 측정으로 인한 사회적 바람직성(9문항)

신뢰도 및 타당도

이 검사는 노동부의 비장애인용 구직욕구진단 검사지의 문항 일부를 긍정문으로 수정하고 장애수용 정도를 파악하는 7문항을 추가하여 제작된 척도이므로 새롭게 추가된 7문항에 대한 전문가 집단에서 파악한 타당도 점수는 .75 이상으로 나타났다.

원 검사의 출처

한국장애인고용공단 웹사이트
(https://www.kead.or.kr/view/service/ service03_09_01.jsp)

이 검사를 사용한 국내 연구

이재희(2010). 중도장애인의 구직욕구에 영향을 미치는 요인에 관한 연구. 이화여자대학교 사회복지대학원 석사학위논문.

검사의 내용(한국장애인고용공단 웹사이트)

구직욕구진단 검사는 본인 스스로 구직욕구가 얼마나 있는지, 본인이 가지고 있는 장애에 대한 수용태도가 어떠한지 확인하기 위한 검사입니다. 검사문항을 잘 읽으시고 해당하는 항목에 체크하여 주시기 바랍니다.

1…………2…………3…………4…………5

전혀 그렇지 않다 매우 그렇다

____ 나는 다른 사람보다 취업을 위해 더 적극적이다.
____ 이제껏 내가 관심 있었던 분야가 아니더라도 기회가 주어진다면 취직하겠다.
____ 우리 가족 중 돈 벌 사람은 오로지 나뿐이다.
____ 나는 직업을 구하기 위해서라면 누구에게라도 도움을 요청하겠다.
____ 나는 장애 때문에 살아가는 데 어려움이 많다.

____ 나는 평소에 실수를 자주하는 편이다.
____ 나는 최신의 구인정보를 자주 살펴본다.
____ 나는 하루 중 많은 시간을 직장을 구하기 위해 노력한다.
____ 내가 가지고 있는 장애는 내 스스로 충분히 극복할 수 있다.
____ 나의 능력 및 경력 등에 못 미치는 일자리는 거절하겠다.

____ 나는 나의 운명을 완전히 통제할 수 있다.
____ 비록 고용주가 원하는 자격조건에 미달되더라도 지원해 보겠다.
____ 나는 정규직이 아닌 임시직이라도 마다하지 않고 취직하겠다.
____ 나는 무단횡단을 해 본 적이 있다.
____ 나는 장애 때문에 죽고 싶을 때가 있다.

____ 우리집은 현재 경제적으로 어렵다.
____ 나는 다른 사람들이 부탁을 해 오면 짜증이 날 때가 있다.
____ 대부분의 사람이 기피하는 직종이라도 일단 취직하겠다.
____ 나는 현재 가족에 대한 부양 책임감이 많다.
____ 장애로 인하여 내 인생은 잘못되었다.

____ 나는 때로 상대방이 없을 때 그 사람의 험담을 한다.
____ 제시된 취업조건이 마음에 들지 않아도 우선 취업하겠다.

____ 나는 일자리만 있다면 조건이 만족스럽지 못해도 이를 받아들이겠다.
____ 나는 취업 관련 행사나 채용박람회에 매번 참석한다.
____ 나는 나보다 못한 사람이 출세하면 화가 난다.

____ 나는 구직활동보다 잡다한 일에 더 많은 시간을 보낸다.
____ 장애는 부끄러운 것이 아니라 조금 불편한 것이다.
____ 나는 돈이 없어 기본적인 생활의 유지도 어렵다.
____ 나는 내가 내린 결정 때문에 후회하는 일이 많다.
____ 나는 일자리를 구하기 위해 전력을 다하고 있다.

____ 가족은 나를 창피하게 여긴다.
____ 나는 평소에 거짓말을 자주하는 편이다.
____ 나의 가족은 내가 직장이 없어도 생계를 유지할 방법이 있다.
____ 내가 벌지 않아도 우리집은 한동안 버틸 여력이 있다.
____ 나는 나에 대한 비판을 들으면 기분이 나쁠 때가 있다.
____ 장애인도 노력하면 얼마든지 성공할 수 있다.

직업기능스크리닝 검사*

검사 개요

이 검사는 장애인의 취업 및 직업재활서비스에 대한 적격성 여부를 결정하기 위하여 추가적인 직업평가를 의뢰하기 위해 실시하는 검사로서, 성인 장애인 여성과 남성을 대상으로 개발되었다. 직업기능스크리닝 검사는 작업, 인지문제해결, 신체자립기능과 관련한 20문항으로 이루어진 비교적 간단한 스크리닝 검사로 짧은 시간 동안 적은 문항으로 피검사자의 직업적 능력에 관한 개략적인 정보를 제시해 줄 수 있으며, 직업적 배치에 관한 의사결정에 있어서 보다 객관적인 정보를 더해 줄 수 있을 것이다(김동일, 박희찬, 홍성두, 2012).

검사의 개발

이 검사는 기존에 개발된 'EDI(Employment Development Institute) 직업기능탐색 검사' 의 문항에 보다 엄격한 신뢰도와 타당도 검증을 토대로 새롭게 구성된 문항으로 개발되었으며, 이에 따라 문항 선별 작업이 우선적으로 진행되고 국내의 직업적 장애 판정 및 관련 법령, 학술논문,

연구보고서 등의 전반적 검토를 통해 문항분석을 실시하였다. 최종적인 문항 선정은 작업 기능, 인지문제해결 기능, 신체자립 기능으로 범주화 되었으며, 고용 및 직업재활 서비스 실시에 앞서 상담 단계에서 실시할 수 있는 검사가 개발되었다.

검사의 구성

이 검사는 작업기능 7문항, 인지 문제해결 기능 6문항, 신체 자립 기능 7문항으로 총 세 영역의 20문항으로 구성되어 있다. 작업기능은 작업기술, 작업동기, 작업 전(후)준비, 협력행동, 사회규칙, 지시 이해, 대중교통 이용의 7문항으로 구성되어 있으며, 인지문제해결 기능은 대인관계, 읽기, 요구하기, 장애인식하기, 정보활용하기, 문제인식하기의 6문항으로 이뤄져 있고, 신체자립 기능은 건강관리, 신변처리하기, 용모관리하기, 식사하기, 이동하기, 손 기능, 지구력의 7문항이 포함되어 있다. 총 20개의 문항 모두 5단계 척도로 측정된다.

신뢰도 및 타당도

이 검사에서는 구인타당도를 확인적 요인분석을 통해 검증하였는데, 모형비교 지표로서 최근 선호되는 NFI(Normed Fit Index), RFI(Relative Fit Index), CFI(Comparative Fit Index)에서 .0969~ .984로 우수하게 나타났으며 RMSEA는 .092로 나타나 모델이 데이터를 잘 적합시켰다고 나타났다. 이 검사의 신뢰도는 .92~ .95로 매우 높게 나타나 각 요인별 문항이 동일한 개념을 다루고 있다고 볼 수 있다.

 원 검사의 출처

김동일, 박희찬, 홍성두(2012). 직업정 장애 기준 개발 연구. 성남: 한국장애인고용공단 고용개발원.

 이 검사를 사용한 국내 연구

김동일, 박희찬, 홍성두, 유완식, 고혜정, 이재호, 김경선(2013). 직업기능스크리닝 검사의 타당성 연구. 장애와 고용, 23(3), 35-55.

 검사의 내용(김동일, 박희찬, 홍성두, 2012)

이 검사는 여러분의 근로능력이 어느 정도인지를 알아보기 위해 제작된 간편한 표준화 검사입니다. 여러분이 각 검사 문항에 대하여 정직하게 답할수록 보다 최선의 고용 및 직업재활 서비스를 제공하는 데 도움이 됩니다. 이 검사를 실시하는 데 제한 시간이나 옳고 그른 답은 없으므로 문항에 솔직하게 응해 주시고 빠진 문항 없이 답해 주시면 됩니다.

【작업 기능】

____ 자신의 작업에 필요한 문서, 규칙, 순서 등을 학습하고 기억하여 작업과정에 적절하게 활용할 수 있다.

____ 자신의 작업을 수행하기 위해서 지속적인 관심과 하고자 하는 욕구를 유지할 수 있다.

____ 자신의 작업을 원활히 수행할 수 있도록 작업 전에 필요한 도구를 준비하고, 작업 후에는 정해진 장소에 도구를 정리할 수 있다.

____ 자신이 속한 공동체 집단이 추구하는 목표를 달성하기 위해서 일정한 역할을 맡아 힘을 합하여 도울 수 있다.

____ 기본적인 도덕-규범-법규(어른 공경 및 인사, 경어 사용, 교통법규 등)를 알고 상황에 맞게 지킬 수 있다.

____ 자신에게 주어지는 지시를 올바르게 이해하고 지시 수행을 위해 시간, 사물, 그리고 공간을 적절하게 활용하여 실행할 수 있다.

____ 자신이 원하는 장소로 이동하기 위해 버스, 지하철, 택시 등의 운송수단(자가용 운전 포함)을 적절하게 활용할 수 있다.

【인지문제해결 기능】

____ 단순한 질문을 하거나 지원을 요청할 수 있다.

____ 자신의 장애로 인한 제약을 받아들여 주변의 지원체계를 활용할 수 있다.

____ 직무처리에 필요한 정보를 주변 환경으로부터 파악하여 이용할 수 있다.

____ 직무 처리 중 발생한 문제점을 인식하여 개선방향을 찾을 수 있다.

____ 직업 활동에 필요한 간단한 문장을 읽고 이해할 수 있다.

____ 자신의 감정과 충동을 조절하면서 다른 사람에게 적절한 양보, 배려, 존중을 하고 주어진 상황에서 적절하게 타인과 상호작용을 유지할 수 있다.

【신체자립 기능】

____ 자기의 장애상태 및 건강유지를 위하여 적절한 음식 섭취와 체중조절을 하며, 장애상태를 관리하기 위해 규칙적인 약을 복용하고 의사나 전문가의 조언을 받아 스스로 건강을 관리할 수 있다.

____ 자기 스스로 화장실을 사용하고(대변을 보고) 뒤처리를 할 수 있으며, 손발 등의 청결을 유지할 수 있다.

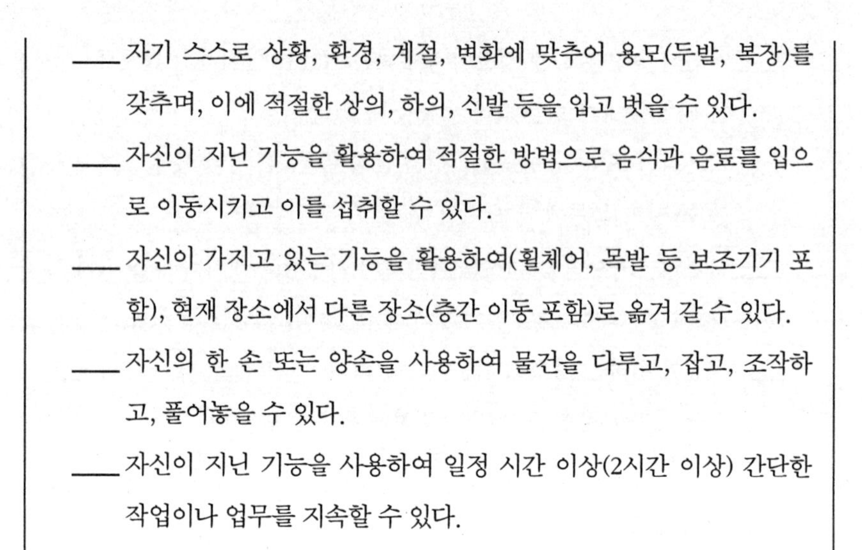

____ 자기 스스로 상황, 환경, 계절, 변화에 맞추어 용모(두발, 복장)를 갖추며, 이에 적절한 상의, 하의, 신발 등을 입고 벗을 수 있다.

____ 자신이 지닌 기능을 활용하여 적절한 방법으로 음식과 음료를 입으로 이동시키고 이를 섭취할 수 있다.

____ 자신이 가지고 있는 기능을 활용하여(휠체어, 목발 등 보조기기 포함), 현재 장소에서 다른 장소(층간 이동 포함)로 옮겨 갈 수 있다.

____ 자신의 한 손 또는 양손을 사용하여 물건을 다루고, 잡고, 조작하고, 풀어놓을 수 있다.

____ 자신이 지닌 기능을 사용하여 일정 시간 이상(2시간 이상) 간단한 작업이나 업무를 지속할 수 있다.

장애학생 직업재활훈련 핵심 성과지표

척도 개요

장애학생 직업재활 성과지표는 국립특수교육원이 2013년에 보고한 '장애학생 직업재활훈련 핵심 성과지표 개발' 연구보고서 내용을 축약, 수정, 보완한 것으로 현장에서 중 · 고등학교 전공과 학생에게 사용할 수 있다. 총 71문항으로 기초작업, 직업생활, 직업기능, 진로탐색 영역을 평가한다(김선미 외, 2013).

척도의 개발

성과지표를 활용하여 장애학생 개개인의 매년, 매학기 진로 · 직업교육 성취 정도를 확인하고, 개인별 강점과 약점을 파악하여 개별화 전환교육계획 수립 · 운영에 활용할 수가 있다.

 척도의 구성

기초 작업 15문항, 직업생활 21문항, 직업기능 25문항, 진로탐색 10문항의 총 71문항의 성과지표로 구성되었다.

 신뢰도 및 타당도

신뢰도와 직업준비 검사와의 상관분석 결과 타당도와 신뢰도가 높게 나타났다. 직업재활훈련 성과지표 검사도구의 전체 신뢰도는 α계수 .994이고, 기초작업 .975, 직업생활 .984, 직업기능 .988, 진로탐색 .966이다. 타당도는 내용타당도, 구인타당도, 공인타당도 결과를 제시하였는데 내용타당도는 전문가 6인이 실시하였으며, 구인타당도는 예비 검사 115명, 본 검사 358명을 대상으로 72문항의 탐색적 요인분석을 실시하여 40번 문항을 제외하고 4개 하위영역 총 71문항이 되었다. 확인적 요인분석 결과 네 영역 모두 GFI, AGFI, TLI, CFI, RMR, RMSEA 지수가 기준에 적합하여 매우 양호한 것으로 나타났다(김선미 외, 2013).

 원 척도의 출처

김선미, 정민호. 김영미, 이재섭, 김정희, 오영석(2013). 장애학생 직업재활훈련 핵심 성과지표 개발 연구. 장애와 고용, 5(23), 53-80, 355-374.

 이 척도를 사용한 국내 연구

활용된 예를 찾을 수 없었음.

척도의 내용(김선미 외, 2013)

기초작업

번호	문항	예	아니요
1	용도에 따라 작업 용구를 분류할 수 있다.	예	아니요
2	기준에 따라 작업 재료를 분류할 수 있다(예, 형태, 크기, 두께, 무게 등).	예	아니요
3	주어진 재료를 이용하여 특정한 모양을 만들 수 있다(예, 구슬, 찰흙, 블록, 종이상자 등).	예	아니요
4	주어진 물건의 개수를 셀 수 있다.	예	아니요
5	물건 값에 대한 금액을 제시할 수 있다.	예	아니요
6	표지판의 의미대로 행동할 수 있다.	예	아니요
7	안내문에 따라 행동할 수 있다.	예	아니요
8	도구를 사용하여 측정할 수 있다(예, 길이, 무게, 부피 등).	예	아니요
9	컴퓨터를 활용하여 간단한 글을 입력할 수 있다.	예	아니요
10	작업공구를 사용할 수 있다(예, 망치, 드라이버 등).	예	아니요
11	간단한 생활용품을 조립할 수 있다.	예	아니요
12	사무용품을 용도에 맞게 사용할 수 있다(예, 집게, 스테이플러, 문구류 등).	예	아니요
13	지시받은 심부름을 할 수 있다.	예	아니요
14	지시에 맞게 문서를 복사할 수 있다.	예	아니요
15	지시에 따라 물건을 옮길 수 있다.	예	아니요

직업생활

번호	문항	예	아니요
1	작업 지시에 따라 작업을 수행할 수 있다.	예	아니요
2	50분 이상 바른 작업 자세를 유지할 수 있다.	예	아니요
3	정해진 일과에 따라 업무에 임할 수 있다.	예	아니요
4	직장에서의 규칙을 지킬 수 있다.	예	아니요
5	작업장에서 보호 장구를 착용할 수 있다.	예	아니요
6	안전한 방법으로 작업 물품을 다룰 수 있다.	예	아니요
7	작업 중 안전사고 발생 시 응급조치를 취할 수 있다.	예	아니요
8	협력 작업에서 자기역할을 수행할 수 있다.	예	아니요
9	정해진 작업 시간 내에 작업 목표량을 달성할 수 있다.	예	아니요
10	작업결과의 불량률을 5% 이하로 유지하며 작업할 수 있다.	예	아니요
11	근무시간을 지키지 못할 경우 조치를 취할 수 있다(예, 조퇴, 지각, 결근 등).	예	아니요
12	상황에 따라 적절하게 인사할 수 있다.	예	아니요
13	상대방의 연령과 직함에 따라 존댓말을 사용할 수 있다.	예	아니요
14	남의 물건을 사용하고자 할 때 사전에 허락받을 수 있다.	예	아니요
15	필요 시 동료 및 상급자에게 도움을 요청할 수 있다.	예	아니요
16	실습지에서 맡은 직무를 처리할 수 있다.	예	아니요
17	스스로 출퇴근할 수 있다.	예	아니요
18	서비스 업무에 따른 의복을 착용하고 청결을 유지할 수 있다.	예	아니요
19	친절하게 고객을 맞이하고 응대할 수 있다.	예	아니요
20	방문객에게 음료를 대접할 수 있다.	예	아니요
21	청소 구역에 따라 청소할 수 있다.	예	아니요

직업 기능

번호	문항	예	아니요
1	좋은 식품을 선별하여 구입할 수 있다(예, 유통기한 확인 등).	예	아니요
2	용도에 맞게 조리 기구를 사용할 수 있다(예, 칼, 도마, 냄비 등).	예	아니요
3	가열 기구를 안전하게 사용할 수 있다(예, 가스레인지, 전자레인지, 가스버너 등).	예	아니요
4	조리 시 위생 상태를 점검할 수 있다.	예	아니요
5	외식업체나 단체급식소의 식기를 세척하고 정리할 수 있다.	예	아니요
6	간단한 음식을 조리할 수 있다.	예	아니요
7	냉장실과 냉동실을 구분하여 식품을 보관할 수 있다.	예	아니요
8	씨앗이나 모종을 심을 수 있다.	예	아니요
9	식물에 따라 바른 방법으로 관리할 수 있다(예, 물주기, 잡초 뽑기, 분갈이 등).	예	아니요
10	채소의 종류과 특성에 맞게 수확할 수 있다(예, 잎채소, 뿌리채소, 줄기채소 등)	예	아니요
11	분업 활동을 할 수 있다(예, 라인 작업 등).	예	아니요
12	제품의 조립 상태를 확인할 수 있다.	예	아니요
13	분류 기준에 따라 물품을 분류하여 진열할 수 있다.	예	아니요
14	물품 판대 대금을 수령할 수 있다.	예	아니요
15	포장 도구 및 기기를 사용할 수 있다(예, 테이프 커터, 손 접착기, 밴드실러 등).	예	아니요
16	상품의 종류와 특징에 따라 포장할 수 있다.	예	아니요
17	배달 주문서에 따라 물품을 준비할 수 있다.	예	아니요
18	주소를 보고 물품을 배달할 수 있다.	예	아니요
19	문서와 우편물을 종류 및 수신처에 따라 분류할 수 있다.	예	아니요
20	문서와 우편물 발송을 요청할 수 있다(예, 우체국, 행정실 등).	예	아니요

21	공예 종류에 따른 재료와 도구를 준비할 수 있다(예, 도자기공예, 목공예, 금속공예, 섬유공예, 민속공예, 창작공예 등).	예	아니요
22	공예 작업 과정에 따라 공예품을 만들 수 있다.	예	아니요
23	세탁방법에 따라 세탁물을 분류할 수 있다.	예	아니요
24	건조된 세탁물을 분류하여 정리할 수 있다.	예	아니요
25	세차도구를 사용할 수 있다(예, 물기제거 타월, 진공청소기, 매트세척기, 스펀지 등)	예	아니요

진로탐색

번 호	문 항	예	아니요
1	인터넷에서 직업 관련 정보를 검색할 수 있다.	예	아니요
2	직업의 종류와 하는 일을 알 수 있다.	예	아니요
3	내가 하고 싶은 일(직업 등)을 구체적 언어로 표현할 수 있다.	예	아니요
4	내가 희망하는 직업을 선택할 수 있다.	예	아니요
5	장애 관련 기관에 직업재활서비스를 요청할 수 있다(예, 직업상담 및 평가, 직업훈련, 직업배치, 사후관리 등).	예	아니요
6	전환계획 수립 및 취업을 위한 평가에 임할 수 있다(예, 작업표이 검사 등).	예	아니요
7	희망 직업을 갖기 위한 진로 계획을 세울 수 있다.	예	아니요
8	취업에 필요한 서류를 준비할 수 있다(예, 졸업증명서, 자격증 사본, 주민등록등본, 가족관계증명서 등).	예	아니요
9	이력서를 작성할 수 있다.	예	아니요
10	면접 상황에서 자신을 소개할 수 있다.	예	아니요

장애대학생용 진로장벽 검사*

검사 개요

진로장벽(career barriers)은 장애인의 진로선택 및 진로행동에 영향을 미치는 내적 · 심리적 요인과 외적 · 환경적 요인을 포괄적으로 설명해 줄 수 있는 개념이다. 진로장벽 항목과 진로장벽 검사 문항을 통해 실제 상담 과정에서 장애 대학생 내담자가 지각하는 진로장벽을 효율적으로 파악하는 데 활용될 수 있다(김원호, 김동일, 2011).

검사의 개발

김은영(2000)에 의해 한국 대학생 진로탐색 장애 검사(KCBI)가 45문항으로 개발되었다. 이를 김원호와 김동일(2011)이 25문항으로 수정하여 장애대학생용 진로장벽 검사를 개발 및 타당화하였다. 총 203명의 장애 대학생을 대상으로 검사를 실시하였다.

검사의 구성

이 검사를 통해 장애를 가진 대학생의 장애 관련 요인, 자기 명확성 부족, 경제적 어려움, 진로정보 부족과 미래 불안, 중요한 타인과의 갈등, 나이 문제의 여섯 가지 하위요인을 알 수 있으며 총 25문항으로 구성되었다. 25개의 진로 장벽 항목에 대해 이 항목의 내용이 진로를 결정하는 데 얼마나 방해가 될 것인지 예상하는 정도에 따라 5점 척도로 응답한다. 이 검사에서는 높은 점수를 보일수록 진로 장벽의 방해 정도를 강하게 인식하는 것으로 해석된다(김원호, 김동일, 2011).

신뢰도 및 타당도

장애대학생용 진로 장벽 검사의 내용기술 타당도는 이론적 문헌조사를 바탕으로 요인을 정리하고 문항을 개발하였다. 개발된 문항을 바탕으로 전문가 및 장애대학생에게 안면타당화를 하였으며 Amos 7.0을 사용하여 확인적 요인분석 방법으로 구성타당화를 하였다. 각 요인별 내적 일관도를 묻는 신뢰도 계수 α가 자기 명확성 부족 요인 .779, 경제적 어려움 요인 .733, 정보부족과 미래 불안요인 .705, 중요 타인과의 갈등 .814, 나이 문제.733, 그리고 장애 관련요인 .835로 Kline(2005)의 기준에 따르면 적합 또는 매우 좋은 신뢰도임을 알 수 있다(김원호, 김동일, 2011).

원 검사의 출처

김은영(2000). 한국 대학생 진로탐색장애 검사(KCBI)의 개발 및 타당화 연구. 이화여자대학교 박사학위논문.

김원호, 김동일(2011). 장애 대학생용 진로 장벽 검사 개발 및 타당화 연구. 장애와 고용. 21(2). 5-25.

이 검사를 사용한 국내 연구

활용된 예를 찾을 수 없었음.

검사의 내용(김원호, 김동일, 2011)

장애대학생용 진로장벽 검사

1············2············3············4············5

전혀 그렇지 않다 매우 그렇다

1. 나는 우유부단해서 무엇인가를 결정하기가 어렵다.
2. 나는 일하는 데 필요한 주장성(나의 의견을 설득시키는 능력)이 부족하다.
3. 나는 무엇인가를 결정 내리고 난 후 하는 경우가 많다.
4. 나는 일반적으로 어떠한 결정을 내리는 것이 어렵다.
5. 나에게 중요한 사람들이 내가 생각하고 있는 진로에 동의하지 않는다면, 진로를 결정하기 어려울 것이다.
6. 내가 원하는 진로와 목표의 성취를 위해 필요한 경제적인 지원이 부족하다.
7. 내가 원하는 일을 할 수 없는 것은 돈이 없기 때문이다.
8. 경제적 문제로 인해 내가 원하는 일을 할 수 없다.
9. 내가 하고자 하는 일이나 교육 등에 대한 자료 얻기가 어렵다.

10. 나는 앞으로의 진로에 대해 막연한 불안감이 있다.
11. 나는 앞으로 내가 원하는 진로를 갖지 못할까 봐 불안하다.
12. 장애인 직업 관련 전문상담의 부족과 정보접근의 제한으로 내가 원하는 직업 관련 정보를 얻기가 쉽지 않다.
13. 앞으로 나의 진로는 부모님의 반대나 간섭으로 인해 영향을 많이 받을 것이다.
14. 나는 부모님이나 이성친구가 나의 진로선택을 좋아하지 않을까 봐 걱정된다.
15. 나는 부모님이나 집안의 기대 때문에 내가 하고 싶은 일을 하지 못할 것이다.
16. 부모님이 반대하시면, 내가 하고 싶은 일이라도 직업으로 결정하기는 어려울 것이다.
17. 나는 나이 때문에 진로에 대한 결정을 빨리 내려야 한다.
18. 나는 나이 때문에 하고 싶은 일을 할 시기를 놓쳤다고 생각한다.
19. 나는 나이 때문에 진로를 계획하고 행동으로 옮기는데 있어 지장을 받을 것이다.
20. 내가 가진 장애로 인해 직업을 계속 유지하는 것이 어려울 것이다.
21. 내가 가진 장애가 더 진행(퇴행성)될 것이라는 생각에 구직활동을 하거나 경제활동 하기가 두렵다.
22. 나의 장애로 인해 좋은 성적을 받지 못한 것이 진로 및 구직상황에서 좋지 않은 영향을 줄 것으로 예상된다.
23. 내가 하고 싶은 일을 하기에는 나의 신체적 조건이 나쁘다.
24. 나는 건강(신체적 장애) 때문에 직업 선택에 어려움을 겪을 것이다.
25. 나의 장애는 직업 선택 및 결정에 다른 요소(학업, 나이, 경제형편 등)보다 부정적인 영향을 미칠 것이다.

장애수용 척도

척도 개요

이 척도는 장애수용 척도로 자신의 장애에 대해 얼마나 수용하고 있는지에 대해 측정함으로써 직업 생활을 준비하는 장애인 내담자의 현실적인 준비의 정도를 가늠할 수 있다.

척도의 개발

이 척도는 Linkowski(1971)가 중도시각장애인의 장애수용을 측정하기 위해 개발한 척도로 국내에서는 홍려교(2001)가 번안하여 사용하였으나 표준화되어 있지는 않다. 이후 이종하(2007)에 의해 수정되어 사용되었다. 원 척도는 중도시각장애인을 위해 개발되었지만 국내연구에서는 다른 장애에도 적용하여 사용되고 있다.

 척도의 구성

홍려교(2001)가 번안한 장애수용 척도는 자기만족(Self-satisfaction) 영역 5문항, 장애를 특출하게 여기지 않는(De-Emphasis on Disability Salience) 영역 13문항, 보상적 행동의 질(Compensatory) 영역 7문항의 총 25문항으로 구성된다. 이종하(2007) 연구에서는 생활만족 6문항, 사회적 제약에 대한 의연성 8문항, 활동적 삶에 대한 긍정적 태도 5문항으로 구성되었다. Likert 척도는 '전혀 그렇지 않다'의 1점에서 '매우 그렇다'의 5점으로 되어 있으며, 부정적 내용 문항은 역으로 환산하여 점수를 부여한다. 점수가 높을수록 장애수용 정도가 높은 것을 의미한다.

 신뢰도 및 타당도

홍려교(2001) 연구에 사용된 장애수용과 관련된 문항의 신뢰도 계수 α는 자기만족 영역 =.70, 장애를 독특하게 여기지 않는 영역 =.88, 보상적 행동의 질 =.73이었다. 이종하(2007) 연구에서 신뢰도는 .84에서 .87 수준으로 나왔다. 김선희(2010)에서 신뢰도 계수 α가 .84, 엄정혜(2012) 연구에서는 .86으로 나왔다.

 원 척도의 출처

Linkowski, D. C. (1971). A scale to measure acceptance of disability. *Rehabilitation Counseling Bulletin, 14*(4), 236-244.

이 척도를 사용한 국내 연구

김선희(2010). 중도시각장애인이 지각한 사회적지지가 장애수용에 미치는 영향. 제주대학교 교육대학원 석사학위논문.

엄정혜(2012). 장애수용, 장애정체감, 사회적지지가 장애인의 비전통적 진로효능감 및 진로흥미에 미치는 영향. 고려대학교 석사학위 논문.

이종하(2007). 신체장애자들의 스포츠 참여정도, 장애수용 및 자기효능감의 인과관계. 한국체육대학교 박사학위 논문.

홍려교(2001). 스포츠참여가 지체장애인의 장애수용과 신체상에 미치는 영향. 이화여자대학교 박사학위논문.

척도의 내용(홍려교, 2001)

장애수용 척도

다음은 귀하가 장애에 관해 어떻게 느끼는지에 대한 질문입니다. 다음 문항을 읽어 보고 자신의 생각과 가장 가까운 곳에 V 표 해 주세요.

1…………2…………3…………4…………5

전혀 그렇지 않다 　　　　　　　　　　매우 그렇다

1. 장애와 관계없이 나는 인생을 잘 살아갈 것이다.
2. 장애인이기 때문에 많은 시간 비참함을 느낀다.
3. 장애로 인해 내가 원하는 인생을 살 수 없다.
4. 장애인일지라도 나의 인생은 충만하다.
5. 지체장애인은 장애가 없는 사람보다 못한 사람이다.
6. 신체적 능력보다 어떻게 사느냐가 더 중요하다.

7. 내가 장애인이라는 사실은 까맣게 잊어버릴 때가 있다.
8. 건전한 정신을 갖기 위해서는 온전한 육체를 가지고 있어야 한다.
9. 장애인이 할 수 있는 일은 많다.
10. 나의 다른 어떤 특성보다 장애는 내 삶에 영향을 미친다.
11. 나와 같은 장애를 가진 사람은 인생을 즐길 수 없다.
12. 이 세상에서 가장 중요한 것은 신체적으로 정상인 것이다.
13. 장애인은 자신의 능력을 발휘하는 데 특별한 어려움을 갖는다.
14. 신체적 겉모습은 그 사람이 어떤 사람인지를 보여 준다.
15. 장애인이라는 사실이 내 생활 전반을 구속한다.
16. 개인의 인성이 외모보다 중요하다.
17. 남들이 나를 도우려고 할 때 불쾌감을 느낀다.
18. 장애는 내 인생의 모든 부분에 영향을 미친다.
19. 장애인이 여러 분야에서 두각을 나타낸다 할지라도, 일반인보다 나은 삶을 살 수는 없다.
20. 무슨 일을 하든지, 장애가 없는 사람만큼 잘할 수는 없다.
21. 나와 같은 사람이 즐겁게 할 만한 일은 없다.
22. 장애 때문에 남과의 사회적 친분관계를 누릴 수 없다.
23. 장애로 인해 할 수 없는 일 말고도 삶에는 중요한 것이 있다.
24. 장애는 한 인간의 삶을 완전히 변화시킬 수 있다.
25. 장애로 인해 할 수 없는 부분에 대해서는 신경 쓰지 않는다.

제5부 참고문헌

김선미, 정민호. 김영미, 이재섭, 김정희, 오영석(2013). 장애학생 직업재활훈련 핵심 성과지표 개발 연구. 장애와 고용, 5(23), 53-80, 355-374.

김선희(2010). 중도시각장애인이 지각한 사회적지지가 장애수용에 미치는 영향. 제주대학교 교육대학원 석사학위논문.

김동일, 박희찬, 홍성두(2012). 직업적 장애 기준 개발 연구. 성남: 한국장애인 고용공단 고용개발원.

김원호, 김동일(2011). 장애 대학생용 진로장벽 검사 개발 및 타당화 연구. 장애와 고용, 21(2), 5-25.

김은영(2000). 한국 대학생 진로탐색장애 검사(KCBI)의 개발 및 타당화 연구. 이화여자대학교 박사학위논문.

엄정혜(2012). 장애수용, 장애정체감, 사회적지지가 장애인의 비전통적 진로효능감 및 진로흥미에 미치는 영향. 고려대학교 석사학위논문.

이종하(2007). 신체장애자들의 스포츠 참여정도, 장애수용 및 자기효능감의 인과관계. 한국체육대학교 박사학위논문.

강용주, 박자경, 강필수, 김미경(2008). EDI 직업기능탐색 검사 개발 I. 성남: 한국장애인고용촉진공단 고용개발원.

홍려교(2001). 스포츠참여가 지체장애인의 장애수용과 신체상에 미치는 영향. 이화여자대학교 박사학위논문.

Linkowski, D. C. (1971). A scale to measure acceptance of disability. *Rehabilitation Counseling Bulletin, 14*(4), 236-244.

저자 소개

최윤정(Choi Yoonjung)

연세대학교 대학원 교육학과 석사(상담심리 전공)
서울대학교 대학원 교육학과 박사(교육상담 전공)
미국 위스콘신 매디슨 대학교 진로교육센터 초빙연구원
한국기술교육대학교 테크노인력개발전문대학원 교수
현 강원대학교 교육학과(교육상담 전공) 교수

김지연(Kim Jiyeon)

서울교육대학교 교육대학원 석사(초등상담교육 전공)
서울대학교 대학원 교육학과 박사과정 수료(교육상담 전공)
현 서울용마초등학교 교사

김하나(Kim Hana)

서울대학교 대학원 교육학과 석사(교육상담 전공)
서울대학교 대학원 교육학과 박사과정 재학(교육상담 전공)
전 한국청소년상담복지개발원 근무

최정아(Choi Jungah)

서울대학교 대학원 교육학과 석사(교육상담 전공)
서울대학교 대학원 교육학과 박사과정 수료(교육상담 전공)
전 서울대학교 교수학습개발센터 연구원(학습상담)

이은숙(Lee Eunsuk)

연세대학교 교육대학원 교육학과 석사(상담교육 전공)
중앙대학교 대학원 교육학과 박사과정 수료(교육상담 전공)
현 통일초등학교 교사(특수교육)

이재선(Lee Jaeseoun)

서울대학교 대학원 농산업교육과 석사(직업교육 전공)
서울대학교 대학원 농산업교육과 박사과정 재학(직업교육 전공)
현 충북반도체고등학교 교사

윤병배(Yoon Byoungbae)

서울대학교 대학원 농산업교육과 석사(직업교육 전공)
서울대학교 대학원 농산업교육과 박사과정 수료(직업교육 전공)
현 부천내동중학교 기술 교사

임효신(Lim Hyoshin)

서울대학교 대학원 농산업교육과 석사(진로교육 전공)
서울대학교 대학원 농산업교육과 박사과정 재학(진로교육 전공)
전 한국발명진흥회 창의인재육성팀 근무

이미지(Lee Miji)

미국 텍사스오스틴 주립대학교 대학원 석사(특수교육 전공)
서울대학교 대학원 교육학과 박사과정 재학(특수교육 전공)
전 서울시 남부교육지원청 특수교육지원센터 교사

진로상담과 연구를 위한
진로상담 척도 핸드북
Handbook of Career Assessments for Career Counseling and Research

2014년 4월 25일 1판 1쇄 발행
2018년 3월 20일 1판 2쇄 발행

지은이 • 최윤정 · 김지연 · 김하나 · 최정아 · 이은숙
이재선 · 윤병배 · 임효신 · 이미지

펴낸이 • 김진환

펴낸곳 • (주) 학지사
04031 서울특별시 마포구 양화로 15길 20 마인드월드빌딩
대표전화 • 02)330-5114 팩스 • 02)324-2345
등록번호 • 제313-2006-000265호

홈페이지 • http://www.hakjisa.co.kr
페이스북 • https://www.facebook.com/hakjisabook

ISBN 978-89-997-0353-9 93180

정가 18,000원

이 도서의 국립중앙도서관 출판시도서목록(CIP)은 서지정보유통지원시스템 홈페이지(http://seoji.nl.go.kr)와 국가자료공동목록시스템(http://www.nl.go.kr/kolisnet)에서 이용하실 수 있습니다.
(CIP제어번호: CIP2014010577)